蘭州大學

“一带一路”研究报告

Research Report on "the Belt and Road" of Lanzhou University

（2017）

兰州大学“一带一路”研究中心　编

图书在版编目（CIP）数据

兰州大学"一带一路"研究报告. 2017 / 兰州大学"一带一路"研究中心编. -- 兰州 : 兰州大学出版社, 2018.10
ISBN 978-7-311-05380-2

Ⅰ. ①兰… Ⅱ. ①兰… Ⅲ. ①"一带一路"—国际合作—研究报告—2017 Ⅳ. ①F125

中国版本图书馆CIP数据核字(2018)第161115号

策划编辑 陈红升
责任编辑 马继萌 陈红升
封面设计 郇 海

书 名 兰州大学"一带一路"研究报告(2017)
作 者 兰州大学"一带一路"研究中心 编
出版发行 兰州大学出版社 (地址:兰州市天水南路222号 730000)
电 话 0931-8912613(总编办公室) 0931-8617156(营销中心)
0931-8914298(读者服务部)
网 址 http://press.lzu.edu.cn
电子信箱 press@lzu.edu.cn
印 刷 甘肃澳翔印业有限公司
开 本 710 mm×1020 mm 1/16
印 张 20.25(插页4)
字 数 304千
版 次 2018年10月第1版
印 次 2018年10月第1次印刷
书 号 ISBN 978-7-311-05380-2
定 价 58.00元

(图书若有破损、缺页、掉页可随时与本社联系)

序　言

乘风破浪会有时，直挂云帆济沧海。中国人从站起来到富起来再到强起来，经历了太多磨难，克服了诸多困难。这一历程铭刻了中国人的自强不息，记录了中国人的勤劳奋进。而习近平新时代中国特色社会主义思想的提炼总结，改革开放四十周年的时代节点，是对中国人强起来了的生动诠释，开启了中国人“求富”“自强”的新征程。

新时代呼唤新发展理念和治理方略。“人类命运共同体”理念的提出，是中国在新时代为参与全球治理、解决世界“三大赤字”而构想的新理念；而“一带一路”倡议，是中国为国际社会提供国际公共产品、让国际社会搭乘中国发展成果“顺风车”而制定的新方略。对中国而言，“一带一路”倡议是对中国实现内外联合发展、统筹国内国外“两个大局”的崭新超越；而对世界而言，“一带一路”倡议是反击各种反全球化、逆全球化浪潮的解毒剂，是改良不公正、不正义、不平等既有国际秩序的一缕新风。

新的发展和治理方略，为学术研究提供了新的机遇和挑战。当前，渴望形成具有中国特色、中国风格、中国气派的哲学社会科学已成时代强音。“一带一路”倡议，因其涵盖为数众多的国家与地区、涉及政治经济社会文化历史生态等诸领域，囊括文史哲政法经理工农医等学科，故为不同门类的学科提供了一个难得的协同研究主题。中国学人能否在"一带一路"的研究中"究天人之际,通古今之变,成一家之言"，已不仅仅关乎个人荣辱，还是对整个中国学术界创新能力的全面考验。

兰州大学在"一带一路"倡议的研究中应有为有位。秉持"做西部文章、创一流大学"办学理念的兰州大学，虽地处西北一隅，但一向以维护西部安全与稳定、促进西部经济社会发展建言献策为己任。"一带一路"横穿甘肃、途经兰州，兰州大学没有理由在"一带一路"的研究中无动于衷，理应有所作为。而兰州大学学科门类齐全的优势，对西北边境和周边国家的长期关注，为兰州大学的"一带一路"奠定了坚实基础。

兰州大学在"一带一路"的研究中，已展示了"自强不息、独树一帜"之风骨。在"一带一路"研究中，兰州大学不仅有中亚研究所、西北少数民族研究中心、敦煌学研究所、舆论调查与舆情研判中心等研究机构，而且有经济学院、文学院、管理学院、医学院、新闻学院等，迄今已产出蔚为大观的成果。为保证协同发力，兰州大学先建"丝绸之路经济带研究中心"，后拓展成立"一带一路"研究中心，意在组建跨学科交叉集群、文理农医深度融合、高水平国际合作的研究团队，聚合智库资源，建设中国特色新型智库，把“一带一路”研究推向纵深。

以特色谋发展，既是兰州大学的破局之方，也是兰州大学奋起之途。“一带一路”的研究虽可宽可泛，但也可窄可深。依己愚见，惟有先窄先深，其后可达至宽至泛。据此，兰州大学在“一带一路”研究中，特别是在西部边疆安全与稳定、周边国家间关系的问题与解决、跨国民族与反分裂反恐怖研究、敦煌丝路文化与艺术、西部社会发展与治理创新等事涉国家社会之大局，又关乎“一带一路”之大事的议题中，有望产出成果、形成特色，带动兰州大学“一带一路”整体研究水平之提升。

“以学生为中心、以教师为主体”是兰州大学新的治校方向。“一带一路”的研究，既有赖于各学科学生的积极参与，也有赖于科研人员的奋力攻关。学生与教师在“一带一路”研究中携手合作，可有效促进教学互长。为达此目标，兰州大学正在考虑设置“一带一路”相关课程、增设相关学生科研奖助学金、重组“一带一路”相关教研机构、出台“一带一路”人才引进措施、制定人文社会科学提升计划、改革既有人员评价机制、构想研究基地管理办法等。实施诸多新举措的目的无它，旨在借助“一带一路”建设之机，完善兰州大学人才培养体系、提升兰州大学整体科研水平，最终使兰州大学在“双一流”建设中披荆斩棘、破浪前行，以打赢兰州大学“双一流”建设的攻坚战，书写兰州大学新的“奋进之笔”。

收集整理自2013至2017年间兰州大学“一带一路”研究成果并予以展示，本意非露才或扬己，而在于照观与求教。此书之出版，有益于兰州大学反观自身在国家“一带一路”研究中之位置，明兰州大学研究之特色与不足；俟读者诸君反馈高见，可悉兰州大学“一带一路”研究之缺憾，后励兰州大学诸君奋力改之，以求未来之精进。敬请读者诸君不吝赐教，促兰州大学“一带一路”研究“乘风破浪”“以济沧海”。

是为序。

兰州大学党委书记

兰州大学校长

2018年6月18日

目 录

第一部分 总体概览

第二部分 典型案例

第三部分　机构简介

第四部分 主要成果

第五部分　学术会议

第六部分 国际交流

第七部分 大事记

第一部分　总体概览

乘势而起：兰州大学积极参与『一带一路』研究

全面发力：兰州大学介入『一带一路』研究的诸多机构

独树一帜：兰州大学『一带一路』研究的鲜明特色

重拳出击：兰州大学继续推进『一带一路』研究的举措

兰州大学:“一带一路”研究的西部重镇（2013—2017）

一、乘势而起：兰州大学积极参与“一带一路”研究

兰州大学参与“一带一路”建设，既是服务于国家战略和地方经济社会发展的需要，也是世界一流大学和一流学科（简称“双一流”）建设的需要。

第一，介入“一带一路”的研究，是兰州大学服务于国家战略的需要。

2013年9月和10月，习近平主席在出访中亚和东南亚国家期间，先后提出共建“丝绸之路经济带”和“21世纪海上丝绸之路”的重大倡议（这两个倡议统称为“一带一路”倡议），得到国际社会的高度关注。2013年11月，“一带一路”的概念写入了中共中央十八届三中全会审议通过的《中共中央关于全面深化改革若干重大问题的决定》，标志着“一带一路”上升为国家倡议。此后，党和国家领导人在不同场合多次提及“一带一路”倡议对我国经济发展的重要意义，中央和地方还相继成立了一些与“一带一路”相关的机构，促进了“一带一路”倡议的深入推进。

“一带一路”倡议提出四年多来，相关合作稳步推进，受到各方普遍欢迎和积极参与。四年多来，“一带一路”建设从无到有、由点及面，进度和成果超出预期。全球100多个国家和国际组织共同参与，40多个国家和国际组织与中国签署合作协议，形成广泛的国际合作共识。四年多来，中国与沿线国家合作总体进展顺利，成效进一步显现，政策沟通与设施联通进一步增强，贸易畅通水平不断提高，资金融通明显改善，民心相通水平提升明显。可以说，“一带一路”倡议来自中国，成果正在惠及世界。“一带一路”对我国的内政外交具有重大战略意义。从国际层面看，“一带一路”建设有利于推动国际区域一体化进程；有利于营造多极化趋势下国际经济发展的和平环境；有利于提高全球经济的开放度和包容度；有利于搭建全球经济一体化的重要战略平台。从国内层面看，“一带一路”建设有利于推动中国全方位对外开放新格局的形成；有利于推动中国东西部经济协调均衡发展；有利于维护中国的

安全与稳定；有利于保持我国经济相对快速增长态势。

总体来看，推进"一带一路"建设是我国扩大和深化对外开放的需要，也是加强和亚欧非及世界各国互利合作的需要，是对国际合作以及全球治理新模式的积极探索，包含着对全球政治、经济、文化、社会、民族、宗教、科技等众多领域的共商、共建命题，具有重要的战略研究价值和意义。"一带一路"作为国家层面的战略构想，对国家的社会经济发展意义重大。作为"双一流"建设的重点高校之一，兰州大学有责任积极对接国家战略，为"一带一路"建设做出应有的贡献。

第二，介入"一带一路"的研究，是兰州大学服务于地方经济社会发展的需要。

甘肃是古丝绸之路的咽喉要道，也是中国与欧亚各国经贸往来、文化交流、交通运输的必经之地。"一带一路"的实施为甘肃省的发展提供了新的历史机遇。甘肃东西绵延1600多公里的"大通道"优势再次凸显，甘肃丝路"黄金通道"的定位也正在加速实现。2014年5月，甘肃省发布的《"丝绸之路经济带"甘肃段建设总体方案》提出，要构建兰州新区、敦煌国际文化旅游名城和"中国丝绸之路博览会"三大战略平台，重点推进道路互联互通、经贸技术交流、产业对接合作、经济新增长极、人文交流合作、战略平台建设等六大工程。

近年来，甘肃积极参与"一带一路"建设，取得了一系列成果。

（1）在设施联通方面，甘肃在公路、铁路、航空等方面取得了突破性进展。2015年3月，为推动丝绸之路经济带甘肃段交通互通互联建设，甘肃省人民政府发布了《丝绸之路经济带甘肃段"6873"交通突破行动实施方案》，决定从2015年起用6年时间，完成投资8000亿元以上，建成公路、铁路70000公里以上，实现全省对内对外公路畅通、铁路连通、航路广通3大突破，从根本上解决交通发展不足的问题。"6873"交通突破行动实施两年多来，取得了积极进展。在公路建设方面，甘肃省与周边省份实现了高速公路连通，14个市州政府所在地也实现了高速公路连通，进一步提升了甘肃省各地出行通达能力。在铁路建设方面，2014年底，兰新高铁通车运营，将甘肃、青海、新疆三省区带入高铁时代；2017年7月9日，宝兰高铁正式通车，预示着从古丝绸之路起点的陕西西安，经兰州到乌鲁木齐，一条长达2300多公里的"高铁丝路"实现全线贯通；2017年9月29日，兰渝铁路全线通车，兰州到重庆的交通条件得到极大的改善。民航建设方面，甘肃省积极开拓航空市场，取得了重要进展。2016年，兰州中川机场跻身全国“千万级”大型机场行列。在此基础上，甘肃省积极推进兰州、武威、天水三大国际陆港和兰州、敦煌、嘉峪关三大国际空港建设，努力打造丝绸之路经济带交通大通道和物流大枢纽。近年来，甘肃省积极推动并开通了“天马号”“嘉峪关号”“兰州号”等国际班列，进一步推进与丝绸之路沿线国家道路连通、贸易畅通。在“一带一路”推动下，甘肃作为西北地区交通枢纽的战略地位日益凸显。

（2）在对外贸易方面，甘肃立足资源、能源和产业优势，加强与中亚、西亚等丝绸之路沿线国家的经贸合作，取得一系列实质成果。目前已经开展了甘肃特色商品走中亚系列经贸活动，已先后组织240多家企业到国外洽谈合作。2017年举办的第22届兰州投资贸易洽谈会上，共有沿线32个国家派出代表团参会参展，同甘肃签订了一批重大投资和贸易项目，为甘肃进一步巩固和扩大对外经贸合作奠定更为坚实的基础。2016年，甘肃全省外贸实现进出口453.2亿元人民币。其中，与“一带一路”沿线国家贸易额突破100亿元人民币，同比增长10%，增速明显。

（3）在文化交流方面，甘肃目前已与沿线地区缔结友好省州25对、友好城市27对，有近1200名中西亚国家的学生来甘肃交流学习。2017年9月举办的首届敦煌文化博览会是目前“一带一路”建设中唯一以文化交流合作为主题的国家级战略平台和国际化文化盛会。盛会吸引了来自85个国家、5个国际组织的95个代表团、1700多位中外嘉宾参会，签约资金达1078亿余元。敦煌文博会为甘肃对外开放搭建了一个新的平台，达到了推动“一带一路”沿线国家和地区文化融合、思想融汇、感情融通的目的，产生了积极而重大的影响。

“一带一路”的实施，不仅为中国新一轮对外开放开辟了广阔空间，也为甘肃全面深化改革、厚植发展优势、扩大对外开放、加快发展步伐指明了方向，使甘肃逐步成为国家向西开放的重要门户和次区域合作战略基地。

长期以来，兰州大学牢牢扎根西部大地，坚持“做西部文章，创一流大学”的理念，充分发挥各类人才在办学治校和服务社会中的关键作用，为西部特别是甘肃的经济社会发展而不懈努力。甘肃省密切关注兰州大学的发展，积极支持兰州大学的学科建设、人才培养、科学研究，支持兰州大学建设世界一流大学，为兰州大学的发展和建设做了很多工作。当前，“一带一路”的实施为甘肃省和兰州大学的长期合作、深层合作提供了新的机遇。

第三，介入“一带一路”的研究，是兰州大学加强“双一流”建设的需要。

党的十九大报告提出“加快一流大学和一流学科建设，实现高等教育内涵式发展”。建设世界一流大学和一流学科，是党中央、国务院在新的历史时期做出的重大战略决策，也是我国高等教育发展史上的又一里程碑式的战略举措。2017年9月21日教育部、财政部、国家发展改革委公布了“双一流”建设高校及建设学科名单，兰州大学成功入选A类一流大学建设名单。

学校的“双一流”建设目标中提出了实施人文社会科学全面提升计划，为人文社会科学的提升明确了目标和任务，即围绕“一带一路”国家倡议，重点加强对“丝绸之路经济带”研究，加强对西部地区涉及国家安全、周边国家关系、敦煌与丝路文明、民族和宗教关系、反贫困事业、经济欠发达地区发展、生态环境保护、社会保障等领域的研究，强化研究特色，产出一系列高水平的研究成果，形成具有鲜明特色和兰大风格的人文社会科学学科体系、学术体系和话语体系，全面提升人文社会科学学科水平。

兰州大学拥有“一带一路”节点城市的地域优势。历史学、经济学、民族学、语言学、法学、社会学、政治学、公共管理学等学科长期以来立足西部，关注西部社会各领域发展，在敦煌丝路文明、区域经济与区域发展、区域法治、西部少数民族、语言和宗教、反贫困、中亚、边疆安全、“反恐”、“反分裂”、政府绩效治理等研究领域和方向取得了丰硕成果，在国内学术界和政府部门有良好影响，具备肩负“一带一路”研究的人才和成果基础。应该说，“一带一路”倡议为兰州大学“双一流”建设提供了广阔的空间和历史性的发展机遇。

总体来看，加强对“一带一路”的研究，是加快推进“双一流”建设的需要，也是兰州大学服务国家战略和地区经济社会发展的必然要求，必将为学校事业发展注入强劲动力。

二、全面发力：兰州大学介入“一带一路”研究的诸多机构

“一带一路”倡议提出以来，兰州大学积极参与“一带一路”研究，成立了专门研究机构。此外，学校多个研究机构、相关学院也做了大量的研究论

证工作，取得了一定的成果。2014年12月，兰州大学丝绸之路经济带建设研究中心正式成立。丝绸之路经济带建设研究中心是在甘肃省委宣传部、兰州大学的支持下，依托兰州大学经济学院，并联合马克思主义学院、历史文化学院、文学院等单位成立的一个跨学院、多学科、综合性研究机构。研究中心依托区域经济学等专业博士学位点，密切结合区域经济学、人口资源环境学、国际政治等专业硕士学位点，基本形成了理论与实践结合，知识与技能互补，学科与专业交叉的跨学科、综合型、开放式研究模式。研究中心设有8个研究室，分别为：甘肃向西开放战略平台建设研究室，甘肃保税区、自贸区建设研究室，丝绸之路经济带跨国区域合作研究室，丝绸之路经济带产业合作研究室，丝绸之路经济带金融合作研究室，中亚能源投资研究室，丝绸之路经济带文化交流研究室，丝绸之路经济带国家安全研究室。

研究中心成立后，围绕“一带一路”建设做了大量工作。

首先，研究中心在国际经济合作视角下，针对“一带一路”建设的理论问题展开基础研究和应用研究，先后承担并完成了部委和省市的重大研究课题和国际合作项目，取得了一系列重要成果。近五年承担国家级、省部级课题以及企事业课题总计300多项，经费总数达到2000多万元，研究内容涵盖经济、金融、民族、文化等多个方面，研究成果和咨询报告多次受到各级领导的重视与好评。

其次，研究中心积极服务地方经济社会发展，应多家单位邀请，中心成员多次在甘肃省委、省政府等机构做学术报告，得到了社会的广泛认可。研究中心近五年发表“一带一路”相关研究学术论文近60篇，为国家和地方政府重要相关决策提供了学术支撑，为“一带一路”建设和国家的发展提供智力支持。

最后，研究中心还积极开展国内、国际交流，参办了第八届全国区域经济学学科建设年会暨变革时代的中国区域经济学术研讨会、改革开放三十年：中国西部发展的回顾与展望、中国西部经济发展报告蓝皮书发布会暨2010年西部经济发展学术研讨会等国内学术会议。研究中心成员参加了“一路一带”文化圆桌会议、海峡两岸2016年地貌与第四纪环境演变教育研讨会、2017年美国地理学年会、2017开普敦全球证据高峰论坛等国际学术会议，提交的论文和大会主题报告，都取得了良好的学术反响。

为全面推动兰州大学多学科、多领域的“一带一路”研究向纵深发展，引领学科建设特别是哲学社会科学学科向高水平、国际化的方向迈进，着力打造中国特色新型智库。2017年7月5日，学校决定将原“兰州大学丝绸之路经济带研究中心”拓展为兰州大学“一带一路”研究中心。“一带一路”研究中心是隶属于学校的校级研究咨询平台，挂靠社会科学处。研究中心实行主任负责制，设立咨询委员会，对研究中心的总体规划、顶层设计、资源募集和重大事项决策提供咨询建议；设立学术委员会，负责审议研究中心科学研究、学术交流、工作计划等重大事项以及需要提交审议的其他学术事务；采取实体为主、虚实结合的运行机制。

“一带一路”研究中心以服务“一带一路”国家倡议为根本宗旨，聚焦我国西部地区和“丝绸之路经济带”沿线地区的自然资源开发与利用、经济和社会发展、环境保护、气候变迁、教育培训、科学文化、医疗卫生、国际交往等热点领域问题，充分发挥兰州大学学科门类齐全、科研力量雄厚的学术优势和学校地处“丝绸之路经济带”黄金段的区位优势，整合校内校外、国内国外特别是“一带一路”联盟高校的资源，在开展学术研究的基础上重点进行政策研究，为国家和区域发展提供科学决策咨询和智力支撑。研究中心希望能够结合兰州大学的综合基础和特色优势，通过整合学校各有关学院、学科的优势力量，组建跨学科交叉集群、文理农医深度融合、高水平国际合作的研究团队，集学术研究、决策咨询、人才培养、国际交流、舆论引导等五大功能于一体，在服务“一带一路”国家和区域重大战略需求中有效推进学科建设、学科交叉融合和创新团队成长，将中心建设成为国内具有重要影响力的综合性智库。

研究中心根据“一带一路”国家和区域重大现实需求，结合学校综合基础和特色优势，整合校内外优势研究力量和研究资源，以中国—中亚—西亚经济走廊、中巴经济走廊及沿线节点国家为研究对象，适度辐射其他节点国家。围绕如何实现政策沟通、设施联通、贸易畅通、资金融通、民心相通等“五通”开展综合研究，重点围绕国别和区域研究、区域经济联动发展与企业创新、敦煌丝路文明与跨国民族社会、农业发展与生态安全政策、公共卫生与医药产业发展政策等五个方面开展研究，取得了大量研究成果。

除此之外，兰州大学有五个研究中心通过教育部国别和区域研究中心备案，分别是兰州大学中亚研究所、阿富汗研究中心、印度研究中心、格鲁吉亚研究中心和意大利研究中心。它们从区域国别层面对“一带一路”倡议做

了大量研究工作。另外，兰州大学社会舆论调查与舆情研判中心、西部地区区域经济发展与区域政策研究中心、敦煌研究所等相关机构也积极参与“一带一路”研究，取得了一定成果。

兰州大学中亚研究所。兰州大学中亚研究所成立于1994年3月，是国内较早建立的专事中亚及新疆问题研究的专业学术机构，现有研究成员15人。自建所之日起，研究所就以维护国家西北边疆安全、促进中国与中亚国家之间的友好关系为宗旨，以为国家相关部门提供决策建议和培养专门研究人才为主要目标。特别是在中亚问题、反对新疆分裂主义、反恐怖主义等方面做了大量理论研究工作，取得了一批成果，在为政府决策服务方面做了许多工作，获得了多个部委的好评，取得了良好的学术和社会声誉。

长期以来，研究所依托兰州大学综合性大学的多学科优势，对中亚和新疆问题进行了全面研究，涉及政治、经济、民族、宗教、历史、文化、科教、资源环境及人口诸领域，研究工作兼顾基础理论与实际应用，并在上述研究领域居全国高校前列。中亚研究所虽然地处西北边陲，但积极致力于与境内外其他科研单位的学术交流与科研合作。近年来，研究所主办了国际关系学会年会、美国的中亚政策、中南亚反恐学术研讨会等全国性的学术会议及中亚新疆相关问题学术研讨会。此外，中亚所还与国内外多所知名研究机构保持着良好的学术关系。兰大中亚所长期以来形成的中亚与上海合作组织研究、反分裂理论和新疆问题研究、反恐研究三大研究方向不仅特色鲜明，而且研究水平居于国内领先地位。

“一带一路”倡议提出后，中亚所结合自身优势与特长，围绕“一带一路”建设中的相关问题进行了多方面的研究，并获得多个国家级、省部级社科基金项目与部委委托项目的资助，取得了一系列的研究成果。这些研究成果就“一带一路”的合作理念、合作机制、国际环境、国际认知等问题进行了深入研究。特别是围绕“一带一路”建设中面临的安全风险问题进行了大量的专题研究，如丝绸之路经济带核心区新疆的长治久安问题、中南亚及中东等“一带一路”途径地区的安全形势、上海合作组织与“一带一路”建设、“一带一路”沿线国家和地区的反恐问题等，发表相关论文20余篇。

兰州大学阿富汗研究中心。随着中国国家实力的增强及国际环境的变化，区域与国别研究的重要性日益剧增，尤其是加强对中国西部邻国的研究具有更加特殊的意义，西部邻国如阿富汗在中国的安全战略、外交战略以及

"一带一路"建设中具有越来越重要的作用。兰州大学一贯重视国别和区域研究，结合学校的区位优势与研究基础，在"做西部文章，创一流大学"的指导方针下，于1994年成立了中亚研究所，积极展开了中亚、阿富汗等问题研究，是国内高校最早成立、目前实力最强的研究中亚问题和阿富汗问题的高校智库。2017年6月，兰州大学阿富汗研究中心通过教育部国别和区域研究中心备案。

兰州大学阿富汗研究中心是校内二级科研机构，设立了学术委员会，是中心的最高学术决策机构，主要职能是审议中心的建设与发展规划、科研队伍建设规划等。未来将进一步完善阿富汗研究中心学术委员会制度，加大校外专家在学术委员会成员中的比例。此外，中心还设立了管理委员会，并建立了初步的章程。研究中心现有专职研究人员3人，兼职研究人员8人，其中包括长江学者特聘教授1人，国内著名高校有影响力的专家5人。目前，研究中心已主持关于阿富汗问题的各类科研项目5项，出版专著2部，发表学术论文20余篇，向有关部门提交咨询报告10余份。

研究中心作为开放性的学术研究中心，积极响应国家的战略需求，通过体制、机制创新，努力建成优势明显、特色突出的有中国特色的新型高校智库、重点研究基地。研究中心力争以3～5年的建设实践，将中心建成优势明显、特色突出的重点研究基地，在阿富汗问题研究方面具有国内先进水平、在国际学术界有较大影响力和话语权的高校智库，使阿富汗研究中心成为国家国际政治、国家安全与对外战略方面的高层次人才培养中心和科学研究中心，以及国家相关部门的决策、咨询中心，为国家外交、咨询、决策、教育等部门提供智力支持并输送后备力量。

兰州大学印度研究中心。兰州大学印度研究中心成立于2009年，以研究印度文化和中印关系为特色，在教育部和兰州大学的支持下，在中心成员的共同努力下，已经取得了一定的成绩。2017年6月，研究中心通过教育部国别和区域研究中心备案。

兰州大学印度研究中心围绕印度文学、宗教、中印文化交流等课题开展研究，已在商务印书馆、中国社会科学出版社等机构出版专著10余部，在《人民日报》《兰州大学学报》等刊物发表印度文化研究方面的学术评论10多篇，承担了各级别研究项目5项，并开启了国内对"现代玄奘"谭云山的研究。

研究中心对印度及相关问题做了大量研究与论证工作，取得了一定的成果。中心提出了关于修建中—尼—印铁路，建设中国—尼泊尔—印度经济文化大通道的建议。这一建议发表在《人民日报》内参上，并在2014年的南亚年会上引起了热烈讨论。中心关于中印友好使者谭云山的研究受到《人民日报》的报道，关于重视和加强对谭云山研究和宣传的建议得到了国家领导人的重视。2010年8月20日，《人民日报》刊发了前任中心执行主任毛世昌副教授所著的《“现代玄奘”谭云山》一文，得到了李长春和刘延东等领导人的批示。2012年，兰州大学与印度大使馆联合策划演出泰戈尔的名剧《齐德拉》，该剧被列为纪念泰戈尔150周年诞辰活动的一部分，演出受到国内外150多家媒体的报道。2012年3月，在胡锦涛赴印度参加金砖五国首脑会议的前两天，该剧演出录像在全印电视台播出，产生了较大的社会影响。美国、澳大利亚、柬埔寨、马来西亚等国的媒体也报道了这项盛事。

印度研究中心已经和印度、美国、英国、瑞典、德国、意大利、孟加拉国、斯里兰卡等国家的相关研究机构建立了学术和文化交流联系，和全国主要印度学研究机构建立了学术合作关系。中心定期派出人员参加印度研究方面的学术研讨会，与校外研究人员申请和承担印度研究方面的社科基金。当前，兰州大学印度研究中心已经成为国内乃至世界同行认可的有特色的印度学研究机构之一，为两国政府的文化交往提供了重要咨询，为国家“一带一路”建设提供了智力支持。

兰州大学格鲁吉亚研究中心。兰州大学格鲁吉亚研究中心成立于2017年3月，是研究格鲁吉亚问题的专业学术机构。2017年6月，研究中心通过教育部国别和区域研究中心备案。目前，研究中心组建了有教育学、经济学、文学、文化学、语言学、法学等学科领域的专家和学者参加的学术团队。现有专职研究人员6人，兼职研究人员5人，数量充足，质量较高，中外结合，结构合理，形成了较好的梯队。

研究中心立足服务于国家战略，尤其为国家“一带一路”倡议提供智力支持和决策咨询，并通过服务国家战略来提升兰州大学的国际化水平和办学水平，为兰州大学“双一流”建设贡献自己的力量。研究中心计划在未来三年着力打造一支专业精深、结构合理、学科交叉的研究队伍，产出系列关于格鲁吉亚的研究成果，承担国家重要课题的攻关研究，形成特色鲜明、方向集中的研究方向，使中心走上健康发展的良性轨道。研究中心依托兰州大学综合性大学的多学科优势，对格鲁吉亚进行全面研究，形成了独具特色的研究领域，涉及格鲁吉亚与中国的交往史、格鲁吉亚历史与地理、格鲁吉亚的文化与传统、格鲁吉亚的民族性格、格鲁吉亚经济发展及中格经贸往来、格鲁吉亚教育体系及其特点、格鲁吉亚高等教育体系及其特征、格鲁吉亚职业教育体系及其特征等诸多方面，研究工作兼顾基础理论与实际应用。

格鲁吉亚研究中心依托兰州大学在格鲁吉亚的一所孔子学院和一家独立设置的孔子课堂，密切与格鲁吉亚中国研究中心/丝路文化研究中心的合作。中心利用一切可以利用的资源，在深入展开实地调研的基础上，加强对格鲁吉亚经济、对外政策、人文教育等领域的专题研究，努力形成系列研究报告，促进两国在上述领域的交往与互动，尤其是切实推进双方高等教育领域人员的交流与互动。研究中心积极参与国家科研项目，目前在研项目有3项，其中教育部资助项目2项，中央高校基本科研业务费专项基金资助项目1项。此外，研究中心已撰写中格交往的历史研究报告约十万字，已发表格鲁吉亚高等教育方面的研究论文2篇，编写适合格鲁吉亚人士学习的格语版汉语教材一套共六册。目前正在翻译格鲁吉亚历史一书，有望于2018年年内完成并出版。

目前，中心的一些研究成果已呈送中国驻格鲁吉亚大使馆，通过使馆推广，服务于在格中资企业和华人华侨。一些研究成果通过孔子学院推广，服务于格鲁吉亚政府部门，作为开展中格交流和往来的决策参考。也有一部分研究成果在国内核心期刊发表，服务于高等教育领域。当前，研究中心与格鲁吉亚中国研究中心、丝路研究中心、各主要大学进行广泛的合作与交流。目前，兰州大学已在格鲁吉亚开设孔子学院一所，独立设置孔子课堂一家，与多所大学签署合作备忘录，并进行了实质性合作项目，与第比利斯开放大学合作建设博士专业（国际关系/中国方向），实现了项目合作、人员交流等合作形式。今后，还将继续推动双边人才交流与人员互动，加强两国高校及其他学术机构的合作。

兰州大学意大利研究中心。兰州大学意大利研究中心前身为兰州大学意大利文化研究中心，成立于2011年11月。2017年6月，兰州大学意大利文化研究中心更名为“兰州大学意大利研究中心”，并通过教育部国别与区域研究中心备案。中心组织了哲学、历史学、社会学、人类学、法学等专业的十多位学者，建立了一支意大利研究的专兼职队伍，对意大利的政治、经济、文

化、社会等展开全方位的综合研究。

中心成立后不久，即确定了一些研究项目，如“中国骊靬人的起源演化研究”“马可·波罗与徐霞客旅游文化价值比较研究”“13世纪中意商业法律文化的碰撞与融合”“马可·波罗时代的中西文化交流”“早期中国罗马兵团后裔研究”“明清之际中意伦理道德文化比较研究”等。这些研究项目已经完成，出版了《罗马军团来华问题研究》《马可·波罗来华研究——兼论中意文化交流》等著作。已经开展的工作有：与中国意大利中心、亚太交流与合作基金会展开合作，为2015年米兰世博会亚太馆的筹建提供顶层设计；与意大利大学展开学术交流与合作，派兰州大学老师去意大利访学，也邀请意大利学者、留学生来兰大讲学、研究、学习；与意大利“诚浓”律师事务所合作，为意大利来华的企业提供帮助，也为计划到意大利发展的西北的企业牵线搭桥，并为中国留学生提供咨询服务。

中心的工作重点是为“一带一路”经济文化交流服务，为甘肃的经济建设服务。具体研究项目为：（1）人才培养。包括：派学者去意大利交流访学，学习意大利的语言，并在哲学、社会学、历史学、法学、艺术等领域进行进一步的交流学习；与意大利的一些大学（如米兰自由大学）联系，建立校际合作，双方互派学生交流学习；聘请意大利的学者在兰州大学讲学，讲授意大利哲学、法学、商学等课程。（2）科学研究。包括：跨文化研究、政治法律研究、历史研究、社会学研究、教育学研究等等。（3）社会服务。包括：加强中意之间文化交流，加强我国对意大利政治、经济、文化方面的了解；与意大利“诚浓”律师事务所合作，为意大利来华的企业提供帮助，也为计划到意大利发展的西北的企业牵线搭桥，并为中国留学生提供咨询服务。

兰州大学社会舆论调查与舆情研判中心。兰州大学社会舆论调查与舆情研判中心属甘肃高校新型智库，成立于2016年12月。中心依托新闻与传播学、民族学、社会学、管理学等学科优势，整合甘肃省委网信办、人民日报甘肃分社、兰州市委宣传部、中国移动甘肃分公司等机构资源联合组建而成。研究中心的重点研究领域主要有以下两个方面：一是集中在甘肃省经济社会发展过程中的舆论调查和舆情研判的对策咨询工作上，及时准确地掌握甘肃社会舆论的“晴雨”状况和变化动态，重点在“预警”的意义上发挥智库的“监视功能”和“舆情警示”作用。在过去几年时间里，中心针对甘肃省内诸多舆情事件及时做出了分析与研判。二是服务国家大局、大事和大势，对全国性重大事件做出及时舆情分析与研判，包括“一带一路”背景下沿线国家对中国的态度与舆论观点。近几年，研究中心在充分利用留学生资源的基础上，重点分析了“一带一路”建设背景下白俄罗斯及中亚国家媒体对中国的报道，详细描绘了中国在相关国家的国家形象，并对相关国家民众对“一带一路”及中国态度进行了调查分析，这对及时掌握“丝绸之路经济带”沿线国家对中国的态度及民间舆论，为进一步提升和完善中国在共建国家的国家形象，促进中国与相关国家的共同发展发挥了重要作用。研究中心围绕“一带一路”沿线国家对我国及“一带一路”的舆论调研和分析工作，对“一带一路”舆情的监测与研判工作具有重要意义。

西部地区区域经济发展与区域政策研究中心。兰州大学西部地区区域经济发展与区域政策研究中心成立于2013年，是甘肃省高等学校人文社会科学重点研究基地之一。中心依托兰州大学应用经济学学科优势，立足欠发达地区发展的现实基础，突出对西部地区“贫困、生态、民族、开放”等特色问题的研究，自成立以来，面向国家需求和区域需求，紧密围绕我国经济社会发展中的重大问题开展科学研究，取得了丰硕的研究成果。

中心下设区域经济理论与实践、经济增长模型与经济增长因素、产业经济与产业发展、金融理论与实践、可持续发展战略与模式六个研究方向。目前共有专职研究人员40人，其中教授15人，副教授10人，讲师15人，具有博士以上学位22人。在长期的多学科交叉研究过程中形成了优势明显、重点突出、结构合理、后劲强大的科研团队。自中心成立以来，针对新一轮西部大开发战略实施中的重大理论问题、热点问题和难点问题展开研究，取得了一批高质量的成果。

近年来，中心围绕区域协调发展的政策完善主题，在经济发展方式转变、扶贫开发、生态环境保护与生态经济发展方面进行了大量的调查和前期研究，并提供了富有针对性和可操作性的政策咨询服务，诸多结论被政府采纳，一些研究西部、甘肃的报告，得到了决策部门的肯定。这些为地方经济社会的持续、快速、健康发展做出了应有的贡献。上述机构在“一带一路”研究中取得了大量研究成果和较好的学术反响。

三、独树一帜：兰州大学“一带一路”研究的鲜明特色

多年来，兰州大学“一带一路”研究取得了丰硕的成果，形成了自己的

特色。

第一，兰州大学积极联合国内外高校，成立了“一带一路”高校联盟。

2015年10月，在甘肃省人民政府的倡议下，由兰州大学、复旦大学、北京师范大学等发起，8个“一带一路”沿线国家和地区的47所高校联合发布了《敦煌共识》，成立了“一带一路”高校联盟。2016年9月18日，首届“一带一路”高校联盟主题论坛在敦煌举行，包括中国科技大学、印度苏里尼大学、英国斯旺西大学等在内的79所高校作为新成员加入联盟，至此，联盟高校由最初的47所增加至126所。与会联盟院校签署了“一带一路”高校联盟合作备忘录，就合作领域、合作方式等问题达成广泛共识。2017年9月20日，“一带一路”高校联盟大学校长论坛在敦煌举行，共有10余个国家和地区的27所国内外高校的60多名校长、专家出席论坛并围绕“开放、交流、发展——强化‘一带一路’高校联盟，助推一流大学建设”展开对话交流。此次论坛共有22所高校作为新成员加入联盟，联盟成员总数达到148个，涵盖了亚、欧、非、北美、南美等6大洲的27个国家。

为积极响应和有效落实教育部《推进共建“一带一路”教育行动》计划，“一带一路”高校联盟将发挥积极作用和整体效应，在高层磋商、项目实施、留学生培养、教育资源共享、教育交流合作等方面，搭建更多平台，开辟更多渠道，适时吸纳新成员、注入新活力，努力打造多主体、全方位、跨领域的全面开放的高端联盟。今后，各高校应不断加强在人才培养机制、联合培养体系、学科建设平台、学术交流对话、文化推广认知等方面的交流与合作，把“一带一路”高校联盟建成深度交流的高端联盟，实现联盟成员之间的互知互信、互帮互助、互学互鉴。

第二，凸显服务地方经济的特色。

长期以来，兰州大学县域经济发展研究院以及兰州大学高校思想政治教育舆情与对策研究中心、兰州大学社区发展与反贫困智库、兰州大学社会舆论调查与舆情研判中心、兰州大学生态文明建设研究评估中心等省级高校新型智库建设，在服务地方经济社会发展中做出了重要贡献。

“一带一路”倡议提出以来，兰州大学积极为甘肃经济社会发展以及如何参与“一带一路”建设出谋划策，取得了积极的效果。由兰州大学管理学院发起举办的兰州大学“金城峰会”高端论坛，是专注并探讨甘肃发展和企业成长的高端交流平台，旨在促进大学、企业、政府和社会各界的积极合作，汇集各方智慧，探讨甘肃发展的重大问题。峰会主题紧紧围绕“一带一路”和新时代背景下的甘肃发展战略和路径，积极服务于甘肃经济社会发展和“一带一路”建设。自2014年开始，“金城峰会”成功举办四届（2014—2017），四届的主题分别为“甘肃如何转型发展”“‘一带一路’战略中的甘肃：向西开放的机遇与挑战”“‘一带一路’背景下甘肃可持续发展：战略与路径”“新时代甘肃改革与创新发展”。当前，“金城峰会”已经成为甘肃省集政府、企业、大学、社会于一体的“高端平台、高端智慧、高端成果、引领潮流、把握未来”的年度盛会和服务甘肃经济社会发展的品牌项目。峰会期间发布的、由兰州大学管理学院专家学者撰写的《甘肃产业发展与管理研究系列报告》已成为政府部门和企业了解甘肃省整体经济及企业发展状况的重要资料。

此外，经济学院对“一带一路”尤其是丝绸之路经济带建设中的相关理论问题，进行了大量研究，主要包含以下几个方面：一是丝绸之路经济带国内段的产业合作与发展，以及同沿线国家的产业合作方面的研究；二是丝绸之路经济带的沿线地区和国家的产业结构与特色经济发展的研究；三是丝绸之路经济带沿线国家和地区的区域协同发展方面的研究；四是“一带一路”倡议的实施路径及绩效方面的研究。通过深入的理论研究，形成大量有建设性的学术观点，部分结论已直接转化为地方政府的行动方案，一些观点为政府决策提供了参考。

作为甘肃省首批的五家“高校精准扶贫智库”之一，兰州大学社区发展与反贫困智库长期立足中国西部发展问题，紧扣“民族地区、边疆地区、革命老区”三种类型的贫困地区特点，积极开展学术研究。自成立以来，智库依托自身的学科、人才等资源优势，紧紧围绕国家的精准扶贫战略以及我省的精准扶贫工作，开展了深入的调查研究，形成了一批具有针对性的研究成果。智库主持或参与了“第四次中国城乡老年人生活状况抽样调查”，2016、2017年度“甘肃省精准扶贫工作成效开展第三方评估”，“甘肃省贫困人口退出第三方评估”，以及“2016年度宁县精准扶贫工作成效开展第三方评估”等多项评估调查。通过整合兰州大学现有优质资源，采用项目合作和集体攻关的方式，智库瞄准甘肃省乃至西部地区的贫困问题开展科学研究、政策咨询和社会服务，为甘肃乃至西部地区的脱贫工作做出了应有的贡献。上述机构积极参与“一带一路”相关问题研究，为地方社会经济发展以及如何参与

“一带一路”提供了重要参考。

第三，充分发挥相关学科的特色优势，形成了“一带一路”研究的独特领域。

除前面所说的中亚研究所、经济学院、国别和区域研究中心等相关机构结合自身优势和特色做了大量研究外，兰州大学文学院、历史文化学院、药学院、敦煌研究所等学院和机构也围绕“一带一路”研究，形成了独特的研究特色。

丝绸之路既是经济贸易之路，也是文化交流之路。多年来，兰州大学文学院在丝绸之路文化、西部文化发展、西部文化产业、甘肃文化产业等诸多方面做了大量研究工作。其中，“丝绸之路中外艺术交流图志”课题以图像、图解和图示的方式，特别是历史信息的重新发现和学理的重新阐释，对中国与丝绸之路沿线国家艺术交流与相互影响的重要现象进行整理，按艺术门类进行分卷呈现和跨时空比较研究。研究对象包括陶瓷艺术、宗教艺术（含建筑、雕塑、绘画）、纺织服装艺术，乐舞艺术、书籍手稿艺术及南方丝绸之路艺术共六个子课题，最终成果为《丝绸之路中外艺术交流图志》（六卷）。“图志”主要涉及中国与中亚、西亚、非洲和欧洲沿丝绸之路主要国家和艺术节点的艺术交流和相互影响。在研究理念上，该研究强调用新的艺术史观和研究范式重新阐释丝绸之路中外艺术交流。不重复以往分类型的图册集成，不同于艺术领域的单独展示，重在新的发现，以图证史。在研究体例和方法上，利用图像学、符号学等理论和方法，阐释丝绸之路艺术的价值意蕴；引入“知识考古学”“阐释学”“东方学”等新的理论和方法，重新解读丝绸之路艺术相互交流与影响的现象。

此外，文学院还对“丝路审美文化”进行了研究。该研究提出了“丝路审美文化整体观”，并将其作为“多元系统”来把握和阐发；提出了“审美文化生产力”观念，并将丝路审美文化及其中外互通作为生产力要素来把握；提出了“物质、活态审美文化”等新范畴，并将其作为丝路审美文化中外互通的基础来把握。该研究为“一带一路”建设，特别是文化相通、民心相通、人文化成、人类命运共同体建设提供了具体的佐证和发展思路，对于国家文化安全和文化创意产业的发展，都具有重要的现实价值和服务决策的借鉴意义。

兰州大学历史文化学院结合自身的研究特色，对“一带一路”倡议下的边疆治理理论进行了探讨，如提出了“通道地带理论”。该研究从中国四大生态文化区域（高纬度生态文化区、高海拔生态文化区、低海拔生态文化区、沙漠戈壁绿洲生态文化区）出发，对长城地带、丝绸之路、藏彝走廊三个通道子地带进行了研究。三个通道子地带连成一体，构成内连中国的四大生态文化区域、外接中国周边国家的通道地带。该理论指出，中国边疆治理的中心，不仅在中国现在的中心地带，也不仅在中国现在的边疆地带，而是在中国经过时空发展的通道地带。从横向角度来说，通道地带连接中国四大生态文化区；从纵向视野来说，中国祖先在通道地带起源、发展并向四周拓展并形成中国边疆；从中国中心与边疆的相互关系来说，通道地带是中国边疆同中心聚合与离心力量相互博弈的纽带。当今天中国边疆面临诸多问题时，通道地带对内的吸引和凝聚作用、对外的桥梁作用、对边疆具体问题的源头和症结作用不容忽视。

兰州大学药学院聚焦中药与天然药用植物资源开发利用，以期服务于“一带一路”建设。中医药凝聚着中华民族传统文化的精华，是中华文明与“一带一路”沿线国家人文交流的重要内容。中医药作为中华文明与“一带一路”沿线国家交流合作的最佳载体，有利于促进中国与沿线国家的民心相通。药学院以研究西北丰富的中药和民族药资源为特色，以建设具有区域特色的研究型、国际化药学院为目标。药学院始终围绕我国西北中医药产业发展需求，结合国家“一带一路”倡议，优化学科科技资源的配置，针对中药产业链关键环节中的科学问题，利用地域特色中药和药用植物资源，以中药和药用植物资源的深度挖掘和开发利用为切入点，发挥学科在科技创新、成果转化与科技服务方面的优势，实现学科建设与服务地方经济社会发展的有机结合。近年来，药学院在中药和药用植物资源调查，中药与天然药物质量控制及产品开发，天然药物先导发现、多样性合成及活性评价，西北区域医药产业经济发展政策研究，国际交流等方面做了大量工作。

2017年10月，药学院成立了“一带一路”天然药物与医药产业研究中心。该中心依据药学学科特色，发挥区位和地缘优势，瞄准国际药学领域的发展前沿，以研发防治西北高发疾病的创新药物为主要目标，聚焦西北中药和民族药、“一带一路”天然药用植物这一区域特色资源，“重点突破、以点带面”，建设集“药用植物资源普查、中药开发、药用植物资源高值化利用、成药性评价”为一体化的特色鲜明的药物发现和筛选平台。同时，中心将按照开放合作、服务产业、传播文化的思路，立足甘肃，面向西北，主动对接“一带一路”倡议，以中医药“一带一路”国际合作为抓手，开展中医药产业现代化、国际化创新发展战略与路径研究，推动中医药的现代化和标准化；探索中药材产业在西北欠发达地区县域经济发展和精准扶贫中的地位、作用和发展措施，探索“一带一路”医药科技文化合作交流和人才培养机制、模式；以“一带一路”沿线国家药事管理政策法规体系为主线，开展医药产业国际合作战略研究，探索医药产业国际合作新机制、新模式、新路径和新内容。

兰州大学敦煌学研究所分别从石窟艺术专题研究、石窟艺术与社会历史研究、佛教洞窟与寺院仪轨的综合研究、洞窟个案研究、特定历史时期特定区域图像的普查与研究五个方面，对敦煌与丝绸之路石窟艺术进行了系统研究，启动了“敦煌与丝绸之路石窟艺术丛书”项目。在研究内容方面，该研究把石窟研究置于整个古代丝绸之路艺术发展史乃至人类艺术发展的链条中进行考察，使丝绸之路石窟艺术研究趋向完整；在研究理论方面，该研究是对最新敦煌石窟艺术研究方法的一次集中阐释和运用，全方位多角度地审视了丝绸之路佛教艺术。该研究汇集了兰州大学敦煌学研究所近年最新的研究成果，抛弃了原来孤立的石窟寺个案研究，力图以开放的广阔的全球研究视野，以丝绸之路为线索，重新审视西到敦煌，东到天水的石窟寺遗址，探索丝绸之路文化艺术的千年变迁，重塑敦煌与丝绸之路石窟在中国艺术史上的历史地位，再次呈现丝绸之路对多元文明交流与融合的历史贡献，得到了学界的一致好评。

四、重拳出击：兰州大学继续推进“一带一路”研究的举措

“一带一路”倡议是一个长期的战略构想，推进“一带一路”建设任重而道远。“一带一路”提出以来，兰州大学整合校内外优势资源对此开展研究，产生了一批具有影响力的成果。未来几年，兰州大学将在以下方面开展工作，进一步明晰工作重点，为继续推进兰州大学“一带一路”的研究提供机制和政策保障。

第一，整合校内资源，加强智库建设，增强在“一带一路”倡议上的政策和学术影响力。

党的十九大报告强调“要加强中国特色新型智库建设”。《关于加强中国

特色新型智库建设的意见》指出，中国特色新型智库是党和政府科学民主依法决策的重要支撑，是国家治理体系和治理能力现代化的重要内容，是国家软实力的重要组成部分。要构建中国特色新型智库发展新格局，推动高校智库发展完善，在国家高端智库建设规划中明确要重点建设50至100个国家急需、特色鲜明、制度创新、引领发展的专业化高端智库。这些顶层设计，从政府信息公开、重大决策意见征集、政策评估、政府购买决策咨询服务、舆论引导等方面为智库发展打开了政策之门，提供了制度保障，也为兰州大学"一带一路"研究提供了重要机遇。当前，兰州大学积极响应国家的号召，初步形成了由兰州大学"一带一路"研究中心牵头，以中亚研究所、格鲁吉亚研究中心、阿富汗研究中心、印度研究中心、意大利研究中心为主体，以甘肃省高校新型智库等为补充的校内智库架构，为进一步做好各项研究工作奠定了基础。

在各方的努力下，兰州大学智库建设成绩斐然。2017年10月，中亚研究所入选由推进"一带一路"建设工作领导小组办公室指导、国家信息中心"一带一路"大数据中心编著的《"一带一路"大数据报告（2017）》中"一带一路"最有影响力高校智库榜单，位居"一带一路"高校智库影响力排名第八位。2017年11月，中亚研究所和西北少数民族研究中心入选由中国社会科学院、中国社会科学评价研究院联合发布的《中国智库综合评价研究报告（2017）》中"中国智库综合评价核心智库"。2017年12月，兰州大学西北少数民族研究中心、中亚研究所、丝绸之路经济带建设研究中心和中国政府绩效管理研究中心4家机构入选由南京大学、光明日报社共同主办的中国智库索引（CTTI）来源智库（2017—2018）名单。

在下一步的工作中，要继续完善落实《兰州大学"一带一路"研究中心建设方案》及各项规章制度，探索把"一带一路"研究中心建设成为聚焦我国东中西部联动发展及我国尤其是西部地区与"一带一路"沿线核心节点国家联动发展研究，集学术研究、决策咨询、人才培养、国际交流、舆论引导等功能于一体、实体性的智库项目策划平台、智库机构运营平台、智库团队整合平台、智库成果发布平台、智库对外交流合作服务平台和智库咨政成果报送主渠道。加强以"教育部重点研究基地—省级重点研究基地—校内非实体性研究机构"为支撑的"金字塔"形科研平台体系建设，以服务学科建设为目标，充分发挥不同层级科研平台的学术引领和研究资源整合配置作用，根据国家战略和地方需求培育一批智库。

兰州大学的智库建设将按照人无我有、人有我强、特色差异、有限目标的发展思路，以中国—中亚—西亚经济走廊、中巴经济走廊以及国别和区域研究为重点，统筹整合校内现有重点研究基地、科研机构和智库的优质资源，重点建设3～5个国家急需、特色鲜明、制度创新、引领发展的专业化高端智库，充分发挥智库咨政建言、理论创新、舆论引导、社会服务、公共外交等重要功能。

具体来看，在智库建设方面还应注意以下几个问题：一是发挥基础研究优势，开展事关国家长远发展的基础理论研究，为科学决策提供坚实的理论支撑；二是发挥学科门类齐全的优势，围绕重大现实问题，开展多学科的综合研究，提出具有针对性和操作性的政策建议；三是发挥人才培养的优势，培养复合型智库人才，为中国特色新型智库建设提供有力的人才保障；四是发挥学术优势，针对社会热点问题，积极释疑解惑，引导社会舆论；五是发挥对外交流广泛的优势，积极开展人文交流，推动公共外交。

第二，加强资金筹措和统筹能力，为“一带一路”研究提供充足的资金支持。

为保障“一带一路”建设的顺利开展和持续发展，兰州大学首先将加强资金筹措工作，增加资金总量。具体来看，应通盘考虑中央高校建设世界一流大学（学科）和特色发展引导专项资金等中央财政资金；深化省部共建，积极争取地方政府支持；扩大与社会和行业企业合作，积极拓宽筹资渠道；充分发挥校友会和基金会作用，广泛吸纳校友捐助、社会捐赠，健全社会支持长效机制，多渠道汇聚资源，提高筹资项目设计科学化水平。

其次，兰州大学将加大资金统筹能力，提高资金使用效益。其一，积极推进绩效评价工作，完善学校项目建设的绩效考评机制，鼓励相关机构、学院和广大师生参与“一带一路”相关研究。其二，完善项目经费配套。(1)完善项目管理办法，创新管理模式，打造精品项目。积极探索新形势下重大攻关项目管理工作的特点和规律，以改革创新精神不断加强和改进项目管理。充分发挥中央高校基本科研业务费等校内经费科研培育作用，发挥科研管理部门的科研组织作用，发挥学院的基层组织作用。(2)对国家社科基金重大重点项目、教育部哲学社会科学重大课题攻关项目、国家社科基金一般项目和教育部人文社科项目等纵向项目给予更富有激励意义的经费配套，坚持服务国家战略与鼓励自由探索研究相结合，以承担国家部委级以上项目为引导，增强科研人员的积极性。重点加大对未承担过国家级项目的现有中青年副高职以上教师潜力提升的力度，以及挖掘提升中级讲师承担省部级以上项目的能力。其三，调整人文社科科研项目管理费比例。对文科项目经费配置比例予以必要调整，以鼓励文科科研人员积极投身到“一带一路”研究当中，增强他们的积极性和自主性。

第三，加大人才引进和培养力度，增大教师队伍体量，提升人才队伍质量，为“一带一路”研究提供储备人才。

队伍建设是任何学术研究的核心与关键。兰州大学将进一步重视教学和研究梯队建设，全面建成结构合理、规模适度、知识结构互补的高水平、国际化一流教学科研团队。在扩大兰州大学教师队伍的总体数量和加大人文社会科学各学科引进国内外一流学者力度的基础上，着力于培养和鼓励中青年教师介入“一带一路”相关问题的研究，提升他们的教学科研素养，为“一带一路”提供充足的人才储备。

具体来看，应从以下几个方面加强队伍建设：

（1）增大人才队伍体量。围绕“双一流”建设制定校院两级师资队伍建设专项规划和年度工作计划，并将规划和计划的实施纳入学院整体工作年度考核内容中去，将实施人才队伍建设的责任落实到学院及基层组织，将人才队伍建设作为人文社会科学学院考核的首要和最重要指标。

（2）完善人才岗位设置。坚持培养与引进并重，加大经费支持力度，强化人才政策的吸引力和竞争力；精准发力，建立包括科研启动费、项目配套费支持、团队建设、招生指标等工作条件保障，薪酬分配、住房安排、子女入学等生活保障措施在内的政策支持体系；继续开展“青年教授”“青年研究员”聘任工作，优化青年人才成长发展、脱颖而出的制度环境；继续加强“师资博士后”的培养工作，强化措施，扩大规模，增加师资储备；加强青年教师培养工作，拓宽海外学术交流渠道，促进青年教师健康成长；发挥离退休教师的作用，努力解决好离退休教师的返聘和待遇问题。以兰州大学“一带一路”研究中心为依托，为已经达到退休年龄但身体健康愿意继续开展教学科研工作的教师、政府相关部门的退休人员等设置可以聘任的“专职研究岗位”，提供基本研究条件，发挥余热，培育新的增长点。根据学校相关科研成果考核政策按劳取酬（包括奖励）。

（3）下放人事管理权。在重点研究基地设立“人才特区”，赋予其自主制定人员选聘标准、年度和聘期考核要求等人事管理权；制定和完善创新团队的支持和鼓励政策，围绕“一带一路”建设构想，整合校内外优势资源，通过学科交叉、协同和融合，积极培养跨学科、跨领域的创新团队。

（4）完善人才引进政策。按照各学院师资队伍建设规划一流学科建设方案，分年度、按计划精准实施，主动出击，到海外、国内延揽人才，招聘优秀毕业生；制定“兰州大学海内外青年英才引进百人计划”和“兰州大学优秀毕业生补充计划”；进一步加大外籍教师引进力度，提高外籍教师数量和比重；依托国家“海外高层次人才引进计划”“高层次人才特殊支持计划”等重大人才工程，加大引进工作力度，在一流学科、重点研究基地实现高水平人才的汇聚；注重引进和选留高层次科研人才，引进一批在国内外人文社会科学领域具有良好学术声望和较高影响力的长江学者、万人计划入选者和学术带头人。

（5）实施青年教师队伍能力提升计划。进行国际论文写作培训，坚持数量与质量并重的原则，重点提升兰州大学人文社会科学青年教师SSCI、A&HCI期刊国际学术论文的写作水平；进行科学研究方法论培训，加强人文社会科学研究中数字人文、社会计算和现代循证实验方法的训练，提升青年教师的科研意识和新方法新技术的应用能力；进行基础研究成果向智库成果转化能力培训，通过与国内其他知名智库的交流和合作，有针对性地做好兰州大学基础研究成果向智库成果转化的相关训练，提升服务社会的能力和水平。

第四，坚持“引进来”和“走出去”相结合，重点加强与“一带一路”沿线国家的对外交流与国际合作能力。

在此方面，学校将着力开展以下工作：

（1）应该建设高水平国际化人才队伍。加强国外引智工作，吸引世界顶尖学者和国外高层次专家，尤其是“一带一路”沿线国家专家来校深度合作与交流，聘请国外优秀专家学者和海外优秀博士来校工作，提升长期外籍教师比例。

（2）提升教师、管理人员的国际化水平。选派中青年学术骨干和青年管理骨干出国境研修，鼓励教学科研的一线教师赴世界高水平大学研修访学以及合作开展博士后研究；支持教师到国际重要学术组织和国际学术期刊担任管理职务和学术职务，加强国际联合，实施青年人文社会学科人才培养计划；设立“出国境参加高水平国际会议计划”和“管理队伍海外交流计划”，设立“海外师资培养”项目；完善校院两级开展国际合作的激励机制，发挥学院参与人才国际竞争的积极性和主动性。

（3）加强国际学术交流。鼓励设立国际性学术组织、参与和建立海外研究中心，举办国际性学术活动，支持与国外高水平大学持续稳固的学术交流与合作，共享研究资源和研究成果，推动建立兰州大学在特色和优势人文社会科学领域的国际话语权；借助“一带一路”倡议的实施，努力通过“体制创新、管理创新”整合校内优质资源，搭建人才交流的平台，鼓励和支持人文社会科学各学科采取各种形式，在不同层次开展与国外知名大学、科研机构的长期合作与深入交流，加大对师生的境外及海外交流学习的支持力度；加快与“一带一路”沿线国家、高校、科研机构、行业企业共建；扩大来校留学生规模，加强海外招生宣传，开拓留学生生源渠道，增加到丝绸之路沿线国家的留学生人数；制定切实可行的成果外译推介规划，组织优秀成果的外译工作，向国外翻译、出版和推介高水平研究成果与精品著作；加强外文期刊建设，鼓励并支持各学科与国内顶级期刊、国外著名期刊的战略合作。

第五，提升科学研究能力，突出“一带一路”研究的区域特色和方向特色。

为促进兰州大学“一带一路”研究，学校将继续加强高水平科研团队建设、加强科研平台建设、加强文科教学科研实验条件建设、加强文献信息资源体系建设等。在此过程中，兰州大学将进一步突出两个特色，即区域特色和方向特色。

一方面，兰州大学的“一带一路”研究应具有别具一格的区域特色。西部地区是兰州大学发展壮大的战略依托和广阔舞台，是兰州大学的立校之本、事业之基、活力之源。学校视“做西部文章”为己任，立足鲜明的区域特色，把不利因素转化为有效资源，将西部经济社会发展的重大问题上升为国家战略和国际科学问题，这正是兰州大学有别于其他高校的独特之处。在今后的“一带一路”研究中，要继续坚持这一特色。

另一方面，兰州大学的“一带一路”研究将充分巩固和发挥各学科的研究方向特色。由于地处西北，兰州大学只能坚持内涵式发展战略，走特色建设之路，这一定要贯彻到“一带一路”研究的整个过程中。立足于自身的区域特色，兰州大学在“一带一路”研究中大有可为，而且只有将学科建设同解决西部经济社会发展的重大问题以及国家战略和国际问题相结合，才能真正让“一带一路”研究不断焕发生命力、彰显影响力。未来几年，兰州大学在“一带一路”研究过程中，将着重支持以下研究方向：西部地区涉及国家安全、周边国家关系、民族和宗教关系、西北区域史、反贫困事业、经济欠发达地区发展、生态环境保护、社会保障、文化资源开发等问题与“一带一路”之间关系的研究。围绕“一带一路”倡议，兰州大学将集中科研力量围绕“一带一路”与中西亚国家间关系、中巴经济走廊、丝路国际反恐反分裂斗争、敦煌丝路文献与社会历史、丝路艺术与宗教文化、丝路社会发展与治理创新等问题进行深入研究，争取产出一系列高水平的研究成果，从而使兰州大学作为“一带一路”研究西部重镇的地位得到进一步的巩固，并在学术界和政策圈产生明显影响力。

“做西部文章，建一流大学”，这是兰州大学对自身发展战略的定位，也是其始终不渝的办学理念。在“一带一路”研究的热潮中，兰州大学已发出了自身的声音、形成了自己的特色。依靠作为综合性大学的优势，兰州大学已经调动了各学科的力量介入“一带一路”倡议的研究之中。一旦学校理顺关系、加大投入，兰州大学从“一带一路”研究的西部重镇上升为“一带一路”研究的国家重镇是可以预期的。

第二部分　典型案例

兰州大学『金城峰会』高端论坛

以国家战略为导向　为地方经济建设出谋划策

践行『一带一路』倡议　开拓理论研究新局面

丝绸之路中外艺术交流图志

『一带一路』工作总结

案例一：

“一带一路”相关研究概况

——兰州大学中亚研究所

兰州大学中亚研究所长期以来形成的中亚与上海合作组织研究、反分裂理论和新疆问题研究、反恐研究三大研究方向不仅特色鲜明，而且研究水平居于国内领先地位。2013年“一带一路”重大倡议提出以来，研究所结合自身优势与特长，围绕“一带一路”建设中的相关问题进行了多方面的研究，并获得多个国家级、省部级社科基金项目与部委委托项目的资助，取得了一系列的研究成果。特别是围绕“一带一路”建设中面临的安全风险问题进行了大量的专题研究，如丝绸之路经济带核心区新疆的长治久安问题、中南亚及中东等“一带一路”途径地区的安全形势、上海合作组织与“一带一路”建设、“一带一路”沿线国家和地区的反恐问题等。

一、“一带一路”相关研究获得的资助情况

近五年（2013—2017年）来，中亚研究所的“一带一路”相关研究获得了19个国家级及省部级（外交部、教育部、国家民委等）社科基金项目或委托项目的资助，入账科研总经费超过300万元。其中国家社科规划办“中亚五国研究与数据库建设”专项委托项目是兰州大学首次承担此类项目。

序号	项目类别	项目名称	主持人	立项时间
1	国家社科基金“一带一路”专项委托项目	中亚五国研究与数据库建设	杨恕	2017
2	国家社科基金重点项目	新疆反恐形势、机制与对策研究	杨恕	2015
3	国家社科基金项目	中南亚地区的安全观与安全合作机制研究	朱永彪	2015
4	国家社科基金项目	新疆长治久安视域下丝绸之路经济带核心区建设研究	李捷	2015

续表

序号	项目类别	项目名称	主持人	立项时间
5	国家社科基金项目	我国周边外交新理念的战略内涵与实施路径研究	陈小鼎	2014
6	国家社科基金项目	中亚萨拉菲与恐怖极端势力的关系及其对新疆安全的影响研究	周明	2014
7	国家社科基金项目	中东国家的社会变迁与社会运动研究	曾向红	2013
8	外交部委托项目(年度重点)	“一带一路”建设中面临的安全风险和挑战,提出加强我在“一带一路”建设中的对外安全合作布局和新举措	杨恕	2016
9	外交部委托项目	周边命运共同体(中亚国家)	陈小鼎	2016
10	外交部委托项目	中亚国家面临“颜色革命”冲击的风险、对我影响及对策	杨恕	2014
11	外交部委托项目	伊斯兰极端主义在中亚的发展、影响及我应对之策	杨恕	2014
12	教育部人文社科项目	“伊斯兰国”的崛起对当前新疆“去极端化”工作的挑战及应对	曹伟	2016
13	教育部人文社科项目	俄白哈关税同盟与上海合作组织关系研究	焦一强	2013
14	国家民委项目	新疆丝绸之路经济带建设对实现新疆长治久安的战略影响研究	李捷	2014
15	教育部国际交流与合作司基地项目	上海合作组织与恐怖主义治理研究	曾向红	2017
16	教育部国际交流与合作司基地项目	当前中亚伊斯兰极端主义对新疆反恐工作的影响及对策研究	曹伟	2017
17	教育部国际交流与合作司基地项目	中亚籍恐怖主义战斗人员流动研究	李捷	2017
18	教育部国际交流与合作司基地项目	在中亚推进“一带一路”建设:机遇、挑战与对策	焦一强	2016
19	教育部国际交流与合作司基地项目	中亚—西亚经济走廊战略问题研究(中亚部分)	朱永彪	2016

二、关于“一带一路”的综合性研究

序号	题目	作者	发表年份	发表刊物
1	《一带一路的地缘政治想象与地区合作》	曾向红	2017年4月	张蕴岭、袁正清主编:《“一带一路”与中国发展战略》,社会科学文献出版社
2	《“丝绸之路经济带”背景下中亚五国投资环境评估与建议》	丁志刚 潘星宇	2017年第2期	《欧亚经济》
3	《阿富汗安全形势及其对丝绸之路经济带的影响》	朱永彪 魏丽珺	2017年第3期	《南亚研究》
4	《“丝绸之路经济带”建设面临的境外挑战分析》	丁志刚 刘领平	2015年第10期	《学习与探索》
5	《“一路一带”倡议的智力支持》	曾向红	2016年第5期	《国际展望》
6	《一带一路的地缘政治想象与地区合作》	曾向红	2016年第1期	《世界经济与政治》
7	《建设“丝绸之路经济带”背景下的中国中亚外交》	丁志刚	2014年第9期	《社会科学家》
8	《亚洲中部经济发展轴:区位优势及问题》	杨恕 王术森	2015年第1期	《兰州大学学报》(社科版)
9	《中国的中亚外交与丝绸之路经济带建设》	曾向红	2015年第3期	《上海交通大学学报》(哲学社科版)
10	《关于推进“一带一路”建设教育交流合作的战略思考》	杨恕	2015年第6期	《比较教育研究》
11	《上合组织在丝绸之路经济带中的作用与路径选择》	陈小鼎 马茹	2015年第6期	《当代亚太》
12	《丝绸之路经济带:战略构想及其挑战》	杨恕 王术森	2014年第1期	《兰州大学学报》(社会科学版)
13	《中亚国家对“丝绸之路经济带”构想的认知与预期》	曾向红	2014年第4期	《当代世界》

续表

序号	题目	作者	发表年份	发表刊物
14	《丝绸之路——文化交流之路》	杨恕	2014年第4期	《欧亚经济》
15	《地缘政治想象与获益动机——哈萨克斯坦参与丝绸之路经济带构建评估》	周明	2014年第3期	《外交评论》
16	《丝绸之路经济带建设的突破口》	杨恕	2014年第12期	《中国投资》
17	《中国西部地区需要什么样的新丝绸之路——从北京的战略构想到兰州的现实诉求》	杨恕	2013年第23期	《人民论坛·学术前沿》

"一带一路"重大倡议提出后，中亚所积极跟进，前后至少发表了近二十余篇文章。这些研究成果就"一带一路"的合作理念、合作机制、国际环境、国际认知等问题进行了深入研究，相关结论如下：(1)"一带一路"倡议作为一种战略叙事，蕴含了一种太极式的地缘政治想象。这一倡议除了能够克服传统地缘政治想象存在的不足、为"天下制度"奠定物质基础外，还能为中国加强与"一带一路"沿线国家或地区开展合作提供诸多启示。(2)"一带"建设面临诸多困难，发展新疆是破解困难的突破口。应当加强西北省区与中亚、欧洲的经济交流与合作，推动中国的西部大开发向更高水平发展。(3)为保障"一带"在中亚地区的顺利推进，需要尊重中亚各国的主权、习俗、法律，加强与各国政府的沟通、人文合作和相互理解，消除俄罗斯对中国欲拓展在中亚影响力的误解和顾虑。(4)基于"上海精神"与"丝路精神"的高度契合，丝绸之路经济带为上合组织的良性发展注入了新动力。(5)丝绸之路经济带所蕴藏的合作潜力有助于扩员后的上合组织在一定程度上满足印度与巴基斯坦的利益需求，提升组织的凝聚力与竞争力。(6)上合组织有必要进一步明确组织定位，通过推动成员国之间的战略协调与政策沟通，提升公共物品供给水平与塑造组织认同，以此实现"一带"建设的有效对接。

三、关于“一带一路”的专题研究

中亚所还根据自己的研究特色与专长，围绕中南亚地区安全、上海合作组织扩员与“一带一路”建设，新疆长治久安与“一带”核心区建设，国际反恐斗争与“一带一路”建设等议题进行了大量的研究工作，并有一批高水平的研究成果发表和出版。现就以上三个主要议题所产生的主要成果及基本观点进行简要概括。

议题一：中南亚地区安全、上海合作组织扩员与“一带一路”建设

序号	题目	作者	发表年份	发表刊物
1	《中亚中国劳工权益面临的风险》	朱永彪 任希达	2017年第4期	《新疆师范大学学报》
2	《中亚国家的权力交接形式及其评估》	杨恕	2017年	《中国国际战略评论》
3	《上海合作组织发展阶段及前景分析——基于组织生命周期理论视角》	朱永彪 魏月妍	2017年第3期	《当代亚太》
4	《“继承”还是“决裂”？——“后卡里莫夫时代”乌兹别克斯坦外交政策调整》	焦一强	2017年第3期	《俄罗斯研究》
5	《大国协调与中亚非传统安全问题》	曾向红 杨双梅	2017年第2期	《俄罗斯东欧中亚研究》
6	《中亚成员国对上海合作组织发展的影响：基于国家主义的小国分析路径》	曾向红 李孝天	2017年第2期	《新疆师范大学学报》
7	《吉尔吉斯斯坦政局变化及其影响因素评析》	杨恕 靳晓哲	2017年第1期	《新疆社会科学》
8	《区域公共产品与中国周边外交新理念的战略内涵》	陈小鼎	2016年第8期	《世界经济与政治》
9	《影响中亚地区一体化的主要因素探析》	周明	2016年第3期	《国际问题研究》
10	《论巴基斯坦建国以来对阿富汗政策的演变及动因》	周明	2016年第1期	《南亚研究》
11	《美国撤军后的中国对阿富汗政策：动因、挑战与前景》	朱永彪 武兵科	2016年第1期	《南亚研究》

续表

序号	题目	作者	发表年份	发表刊物
12	《上合组织和集安组织发展及前景——基于区域公共产品理论的视角》	靳晓哲 曾向红	2015年第4期	《国际政治科学》
13	《美国对中亚事务的介入及中亚国家的应对》	曾向红	2015年第3期	《国际政治研究》
14	《阿富汗政党政治:历史、现状及其在后撤军时代的前景》	杨恕 宛程	2015年第2期	《兰州大学学报》(社科版)
15	《乌克兰危机对哈萨克斯坦的影响评估》	周明	2015年第2期	《国际论坛》
16	《阿富汗和解进程:现状、原因与前景》	朱永彪 武兵科	2015年第2期	《兰州大学学报》(社科版)
17	《欧安组织在中亚的活动及评价》	杨恕 蒋海蛟	2015年第1期	《新疆师范大学学报》(社科版)
18	《中亚五国对阿富汗局势的应对:历史与趋势》	周明	2015年第2期	《南亚研究》
19	《缘何蒙古国仍未正式加入上海合作组织》	李超 杨恕	2015年第1期	《国际展望》
20	《美国从阿富汗撤军对中亚的影响》	朱永彪 沈晓晨	2014年第6期	《新疆师范大学学报》(社科版)
21	《美国中亚研究中的“危险话语”及其政治效应》	曾向红 杨恕	2014年第1期	《世界经济与政治》
22	《努尔库运动与葛兰运动关系辨析》	杨恕 张玉艳	2014年第1期	《新疆社会科学》
23	《俄白哈关税同盟的发展及其影响》	杨恕 王术森	2014年第4期	《国际问题研究》
24	《试析文化因素对中亚一体化的影响》	李超 曾向红	2014年第2期	《俄罗斯研究》
25	《上海合作组织扩员的学理与政治分析》	曾向红 李廷康	2014年第3期	《当代亚太》
26	《中国在中亚地区国家形象塑造的实践、挑战及建议》	郭琼	2014年第1期	《新疆社会科学》
27	《新形势下中俄加强在中亚合作的利益分析》	郭琼	2014年第2期	《亚非纵横》
28	《论上海合作组织的地缘政治特征》	杨恕 王琰	2013年第2期	《兰州大学学报》(社科版)

续表

序号	题目	作者	发表年份	发表刊物
29	《中亚五国参与国际气候谈判问题研究》	杨恕 蒋海蛟	2013年第5期	《国际观察》
30	《遏制、整合与塑造：美国中亚政策的战略目标》	曾向红	2013年第5期	《俄罗斯研究》
31	《美国参与中亚事务的主要途径及其效果研究》	曾向红	2013年第4期	《当代亚太》
32	《撤军后美国在阿富汗问题上的地位与影响》	朱永彪	2013年第4期	《南亚研究季刊》
33	《阿富汗塔利班的现状与困境》	朱永彪	2013年第4期	《东南亚南亚研究》
34	《东盟扩员对上海合作组织的启示与借鉴——兼论上海合作组织扩员的前景》	陈小鼎 王亚琪	2013年第2期	《当代亚太》
35	《论后塔利班时代阿富汗的政治发展——从政治文化维度的探讨》	汪金国 张吉军	2013年第1期	《南亚研究》
36	《中国文化走向中亚障碍因素分析》	焦一强	2013年第1期	《新疆大学学报》（哲学·人文社会科学版）
37	《中亚水资源问题：症结、影响与前景》	焦一强 刘一凡	2013年第1期	《新疆社会科学》
38	《中亚水资源与国家关系》	朱永彪 沈晓晨 付颖昕	2016	兰州大学出版社
39	《阿富汗毒品与地区安全》	杨恕 宛程	2015	时事出版社
40	《遏制、整合与塑造：美国中亚政策二十年》	曾向红	2014	兰州大学出版社
41	《聚焦中亚：中亚国家的转型及其国际环境》	杨恕 曾向红	2013	中国社会科学出版社

作为“一带一路”倡议的陆地部分，中亚地区扼守新亚欧大陆桥经济走廊，不仅关系到丝绸之路经济带和中巴经济走廊建设能否顺利推进，而且对周边国家的稳定和安全有着十分重要的意义。2013年以来，中亚所先后发表了四十余篇论文，出版了四本专著，对中亚、上合及与“一带一路”建设的相关性等问题进行了深入研究。这些成果的基本结论包括：（1）关于中亚国

家领导人的权力交接已出现三种形式，即街头革命式权力交接、议会选举式权力交接和指定接班人式权力交接。此外，未来可能出现第四种权力交接形式，即家族式权力交接。（2）美国在介入中亚事务的过程中追求遏制、整合与塑造这三重战略目标。为此，美国综合使用了强制性权力、制度性权力与呈现性权力这三种权力资源。（3）中国文化走向中亚的障碍主要是中国对自身文化在中亚影响力的认识偏差、冷战结束后多种文化力量在中亚的并存竞争、中亚孔子学院运作过程中存在的问题以及苏联解体后中国劣质商品大量涌入中亚产生的负面影响。（4）通过大国协调可以共同预防和管理中亚地区的冲突与危机，以促进地区安全与发展。（5）苏联解体给中亚国家造成冲击、各国在国家层面致力于国家建构、相互之间关系有待进一步改善，以及俄美在地区层面博弈等问题，是影响中亚地区一体化的主要因素。（6）稳定的阿富汗有利于丝绸之路经济带的建设，但即使是安全形势相对恶化，阿富汗对丝绸之路经济带的影响也是有限的，不应夸大这种影响。（7）上海合作组织与独联体集体安全条约组织在中亚安全领域的发展前景有所不同，这主要是它们在区域公共产品供给的机制、内容与效用上存在差异所致。（8）上合组织有必要通过加强组织协调、增强组织认同、提高行为能力、发展对外合作等途径来促进自身的良性持续发展。（9）中亚地区内部的差异和国家关系阻碍了中亚地区合作，也使上合组织在中亚的经济合作水平不高。（10）中亚中国劳工权益的维护可从制定应急预案、高层交涉、利用大型国企资源、签订劳务合作协议、构建纠纷解决机制、缓解“中国威胁论”、促使中亚国家放开对中国劳工的配给制度、加强对中亚国家民间的调查等方面着手。

议题二：新疆长治久安与丝绸之路经济带核心区建设

序号	题目	作者	发表年份	发表刊物
1	《论“无公认非国家行为体”的大国承认》	曾向红 杨双梅	2017年第12期	《世界经济与政治》
2	《新疆史研究应注意的几个问题》	杨恕 刘亚妮	2017年第2期	《兰州大学学报》（社科版）
3	《国家认同危机与认同政治——国家统一的视角》	李捷 杨恕	2017年第2期	《兰州大学学报》（社科版）
4	《反分裂斗争中国家文化认同建设论析》	李捷 杨恕	2017年第6期	《统一战线学研究》

续表

序号	题目	作者	发表年份	发表刊物
5	《全球化时代原生地认同对民族国家认同的挑战及应对》	刘亚妮 杨恕	2017年第2期	《兰州大学学报》（社科版）
6	《论中国反分裂主义战略》	杨恕 李捷	2017年第3期	《统一战线学研究》
7	《反分裂视角下的"中华民族认同"建设》	曹伟	2015年第2期	《原道》
8	《我国分裂主义理论研究的现状及其发展》	杨恕 李捷	2014年第5期	《国际政治研究》
9	《20世纪30年代苏联红军两次出兵新疆及其原因》	曹伟 杨恕	2014年第4期	《西域研究》
10	《推进新疆社会稳定与长治久安新战略》	李捷	2017	社会科学文献出版社
11	《分裂主义及其国际化研究》	杨恕 李捷	2013	时事出版社

新疆是丝绸之路经济带的核心区，其长治久安对于“一带”倡议的顺利推进至关重要。然而，新疆分裂主义对新疆长治久安构成严峻威胁，对我国领土与主权完整提出了严重挑战。2013年以来，中亚所先后发表了十余篇文章，出版了两部专著，既涉及反分裂理论和反分裂战略的构建，也涉及对新疆历史与现实问题的研究。上述研究成果的基本结论为：（1）国际、周边安全形势的剧烈变动与疆内各类因素的联动，使新疆稳定面临着持续的压力和挑战。（2）在国家战略中，应充分意识到新疆具有“一带一路”倡议向西推进的压舱石、西部地区开放与稳定的标杆、疆内长治久安的经济社会基石这三重定位，并以此提升新疆在丝绸之路经济带中的地位，并使之成为“一带”中的核心区。（3）严厉打击“三股势力”、开展去极端化、推进依法治疆和增进“五个认同”建设，是夯实新疆稳定基础的关键。（4）国家认同危机的实质，源自于国家的“去中心化”挑战，即亚国家单位的文化认同、利益认同及地域认同在不断政治化和极端化的过程中，最终反对国家的政治认同并寻求独立，进而使国家统一面临威胁。（5）寻求承认的行为体是否具备充分的准国家能力与大国围绕这些行为体所进行的战略考虑，是影响无公认非国家行为体能否获得大国承认的关键因素。这些结论，对于我们更为有力地开展反分裂斗争、确保新疆的稳定和安宁、促进“一带”在西部地区的顺利推进，具有较大的启发意义。

议题三：国际反恐斗争与"一带一路"建设

序号	题目	作者	发表年份	发表刊物
1	《恐怖主义的全球治理:机制及其评估》	曾向红	2017年第12期	《中国社会科学》
2	《极端主义组织与认同政治的建构》	李捷	2017年第4期	《世界经济与政治》
3	《全球化、逆全球化与恐怖主义新浪潮》	曾向红	2017年第3期	《外交评论》
4	《恐怖主义的整合性治理——基于社会运动理论的视角》	曾向红	2017年第1期	《世界经济与政治》
5	《国际恐怖主义新特征》	杨恕	2017年第1期	《人民论坛》
6	《"伊斯兰国"对中亚地区的安全威胁:迷思还是现实?》	宛程 杨恕	2017年第1期	《国际安全研究》
7	《结构压力、资源动员与极端组织的攻击策略》	朱永彪 武兵科	2016年第9期	《世界经济与政治》
8	《恐怖主义的组织结构:类型辨析及影响》	曾向红 陈亚州	2016年第8期	《世界经济与政治》
9	《"基地"与"伊斯兰国"的战略差异及走势》	周明 曾向红	2016年第4期	《外交评论》
10	《适当性逻辑的竞争:"基地"与"伊斯兰国"的构架叙事》	周明 曾向红	2016年第4期	《世界经济与政治》
11	《2015年伊斯兰极端主义新特点》	杨恕	2016年第3期	《人民论坛》
12	《从"基地"组织到"伊斯兰国"——国际恐怖主义组织结构的演化》	曾向红 梁晨	2016年第1期	《中东问题研究》
13	《"伊斯兰国"的意识形态:叙事结构及其影响》	李捷 杨恕	2015年第12期	《世界经济与政治》
14	《反西方、极端暴力、反人类:国际恐怖主义新动向新特征》	杨恕	2015年第3期	《人民论坛》
15	《"伊斯兰国"的资源动员和策略选择》	曾向红 陈亚州	2015年第3期	《国际展望》
16	《伊斯兰复兴和伊斯兰极端主义》	杨恕 蒋海蛟	2014年第2期	《新疆师范大学学报》(哲学社会科学版)

续表

序号	题目	作者	发表年份	发表刊物
17	《"圣战派萨拉菲"在中亚的活动及其影响》	杨恕 蒋海蛟	2014年第5期	《现代国际关系》
18	《"三股势力"已合成一体　当前恐怖活动新特点新动向》	杨恕	2014年第16期	《人民论坛·学术前沿》
19	《圣战派萨拉菲的缘起与现状》	杨恕 郭旭岗	2013年第6期	《新疆大学学报》(哲学·人文社会科学版)
20	《试析政治伊斯兰力量未在中东剧变中发挥突出作用的原因》	曾向红	2013年第4期	《世界宗教研究》
21	《国际网络恐怖主义研究》	朱永彪 任彦	2014	中国社会科学出版社

国际恐怖主义及作为其思想基础的伊斯兰极端主义，对国际安全和国家间关系提出了诸多挑战。而"一带一路"沿线国家与地区面临的恐怖主义形势又相当严峻，这不仅影响到"一带一路"倡议的顺利推进，而且直接危及中国的国家安全和社会稳定。2013年以来，我们先后发表了二十篇学术论文，出版了一本专著，对"伊斯兰国""基地"组织及其意识形态——圣战萨拉菲思想——的类型及其演变、中亚安全形势及对中国的影响、中国籍"圣战者"的外流与回流及应对措施等问题进行了深入研究。基本结论包括：(1) 当前恐怖主义在袭击数量、致死程度、地缘分布、攻击对象、组织结构、意识形态等方面体现出新的特征。(2)"伊斯兰国"与"基地"组织通过各自的公开叙事在适当性逻辑方面展开了激烈竞争，两者的诊断式框架、处方式框架与促发式框架存在明显差异。(3)"伊斯兰国"与"基地"组织在战略实践上有显著差异，主要体现在对于攻取领土的态度、对于大众支持的立场及对待下属组织和其他圣战组织的方式这三个方面。(4) 相对于"基地"松散的层级状结构，"伊斯兰国"发展出以等级制和集中为特征的组织结构，这种组织结构既有一定优势，也存在明显弊端。(5)"基地"组织和"伊斯兰国"的国际动员能力存在显著差异，这主要是因为相对于前者而言，后者的群体实体性程度更高。(6) 中亚圣战派萨拉菲极端组织一方面与中东、北高加索地区同类组织有关，另一方面与阿富汗、巴基斯坦边境的"哈里发战士"有关，并呈现出向周边国家蔓延的态势。(7) 上海合作组织虽然在反恐等安全领域的合作取得了明显成效，但由于成员国主要基于后果性逻辑而非

适当性逻辑参与安全合作，从而导致上合反恐成员国的合作程度较低。(8) 中国有不少的人员外流至“伊斯兰国”参与圣战，主要外流路径有两条：中国—东南亚—土耳其—伊拉克与叙利亚、中国—中亚（高加索）—土耳其—伊拉克与叙利亚。(9) 相对于“东突”分子回流和“圣战萨拉菲”思想的传播，新疆在经济发展过程中存在和出现的各种社会问题，尤其是民族间关系的好坏，才是影响新疆安全与稳定的核心问题。

案例二：

丝绸之路国际文化博览会商学院院长论坛和“一带一路”国际商学教育论坛

——兰州大学管理学院

一、丝绸之路国际文化博览会商学院院长论坛

2016年9月19日，在甘肃省政府的支持下，由兰州大学主办、兰州大学管理学院和南通通州湾科教城管理中心承办、中国西部开发促进会协办的首届丝绸之路（敦煌）国际文化博览会的分项活动——商学院院长论坛在甘肃敦煌举行。

本次论坛共有来自韩国首尔综合研究院、哈萨克斯坦阿拉木图大学、瑞士西北应用科技大学、澳门科技大学、台湾昆山科技大学以及中国社科院、中国人民大学、西安交通大学、兰州大学在内的共28家商学院/管理学院的63名院长及学者参会。论坛围绕“商学院与区域协同发展”主题，共话热点议题，探讨商学教育热点问题，分享商学教育经验，展望商学教育未来。以期通过合作交流，共同为“一带一路”建设提供更多的人才支持和创新驱动力。

兰州大学校长王乘、甘肃省委宣传部副部长李均、敦煌市委书记詹顺舟、南通通州湾科教产业投资有限公司常务副总经理刘卫东、中国西部开发促进会副会长赵霖、兰州大学管理学院院长包国宪分别代表论坛主办方、承办方、协办方在开幕式上致辞。

此次论坛共举行五场主题论坛，分别探讨“‘一带一路’倡议中的重大问题与重要政策”“商学教育发展展望”“文化创意产业与创新创业”“丝绸之路商学院院长圆桌会议之如何增强合作，推动区域可持续发展”等议题，旨在总结与评价丝绸之路经济带甘肃段建设成效以及甘肃在“一带一路”建设和扩大向西开放中的机遇与挑战，甘肃与丝绸之路沿线国家与地区经济合作采取的政策措施、进展成效，探讨“一带一路”倡议中的重大问题、商学教

育发展、商学教育认证、文化创意产业和创新创业等重大热点议题。

论坛中，中国社会科学院世界宗教研究所所长卓新平、哈萨克斯坦阿拉木图管理大学校长Asylbek Kozhakhmetov、瑞士西北应用科学与艺术大学商学院院长Ruedi Nütz、中国社会科学院研究生院院长黄晓勇等院校负责人讲述了“一带一路”与宗教文化关系的历史反思及未来展望、商学教育的前景、坚持工商并举、实现工业强国等主题，探讨高校以商学教育为社会培养更多的管理人才。中国社会科学院农村发展研究所所长魏后凯、中国社会科学院中国边疆研究所所长邢广程、兰州大学管理学院副院长丁志刚、西安交通大学管理学院院长黄伟、中国人民大学商学院院长毛基业、澳门科技大学商学院院长林志军、台湾昆山科技大学商业管理学院院长林清泉、兰州大学管理学院副院长何欣等15位主讲嘉宾，分别就“一带一路倡议和甘肃全面开放”“一带一路构建与中国新疆的发展”“中国的地缘身份与丝绸之路经济带的建设”“商学教育中的挑战”“如何确立学院使命”“商学、管理学教育的前景”“台湾技职体系管理教育之发展”“华夏文明传承创新区文创企业成长困境探究”发表主旨演讲，从宏观和微观层面剖析“一带一路”倡议下的机遇与挑战。

新华网、中新网、人民网、新华社、甘肃省人民政府网站、每日甘肃网、《甘肃日报》、《兰州日报》、《兰州晚报》、《兰州晨报》、《西部商报》、《中国教育报道》（甘肃记者站）等媒体对论坛进行了广泛报道。

二、“一带一路”国际商学教育论坛

为促进“一带一路”沿线国家和地区商学院交流合作，在成功举办第一届丝绸之路（敦煌）国际文化博览会商学院院长论坛的基础上，在甘肃省人民政府的支持下，由兰州大学、甘肃省人民政府外事办公室、中共敦煌市委共同主办，兰州大学管理学院承办的“‘一带一路’国际商学教育论坛（敦煌）”于2017年9月26日—27日在敦煌举办。本次论坛是努力推进与“一带一路”沿线国家高校及科研机构的教育合作的重要活动之一，也为丝绸之路沿线国家加强文化交流合作，尤其为高等教育进一步的交流与合作开辟了新的渠道，为发挥高等教育在“一带一路”建设中的智库作用做出重要贡献。

共有来自“一带一路”沿线国家商学院（管理学院）院长和国内一流大学商学院（管理学院）院长及来自政府、企业界的重要嘉宾85人参加会议。

与会嘉宾围绕“携手推进‘一带一路’建设：商学教育的新挑战与新使命”的主题，共同探讨了当前在“一带一路”倡议深入推进背景下商学教育发展的最新趋势、面临的热点问题，中国企业在“一带一路”沿线国家的对外投资，以及在产业发展与创新创业等领域的机遇与挑战，深入探究商学教育和商学院如何在推进“一带一路”建设中发挥更加积极的作用。

兰州大学党委副书记钟福国、敦煌市委常委马慧君、兰州大学管理学院院长何文盛在开幕式上致辞。清华大学公共管理学院副院长杨永恒教授、南京大学商学院院长沈坤荣教授、山东大学管理学院院长杨蕙馨教授、新疆财经大学创业学院院长马洁教授围绕“一带一路”倡议中的治理问题与管理挑战主题发表了演讲。美国内华达大学雷诺商学院院长Gregory Mosier教授、哈萨克斯坦阿拉木图管理大学商学院院长Gulnara Kurenkeyeva教授、巴基斯坦拉合尔管理科学大学苏尔曼达乌德商学院院长Jawad Syed教授、台湾师范大学管理学院院长印永翔教授、AACSB亚太区高级副总裁兼主管卢嘉怡等嘉宾围绕“一带一路”倡议对商学教育的影响和全球商学教育发展的最新趋势发表了演讲。演讲嘉宾观点前沿，内容精彩，深入探究了商学教育和商学院如何在推进“一带一路”建设中发挥更加积极的作用，引起了与会嘉宾的热烈反响。

论坛期间，企业家与学者还就“一带一路”背景下中国企业面临的挑战与机遇进行了热烈讨论，引起了与会嘉宾的强烈共鸣。清华大学经济管理学院钱小军教授、北京师范大学经济与工商管理学院院长赖德胜、南京大学商学院沈坤荣教授、兰州大学管理学院包国宪教授、零点有数董事长和飞马旅联合创始人袁岳、甘肃华利实业集团有限公司董事长李忠鑫、新疆奥生集团董事长江伟、南通科创城副总经理周海燕参加了对话讨论。

新华网、中新网、人民网、新华社、《甘肃日报》等媒体对论坛进行了广泛报道，新华网全网直播了论坛。

案例三：

兰州大学"金城峰会"高端论坛

——兰州大学管理学院

"金城峰会"由兰州大学管理学院发起举办，是专注并探讨甘肃发展和企业成长的高端交流平台，旨在促进大学、企业、政府和社会各界的积极合作，汇集各方智慧，探讨甘肃发展的重大问题。峰会主题紧紧围绕"一带一路"和新时代背景下的甘肃发展战略和路径。自2014年开始，"金城峰会"成功举办四届（2014—2017），已成为甘肃省集政府、企业、大学、社会于一体的"高端平台、高端智慧、高端成果、引领潮流、把握未来"的年度盛会和服务甘肃经济社会发展的品牌项目。峰会期间发布的、由兰州大学管理学院专家学者撰写的《甘肃产业发展与管理研究系列报告》（报告名录见附件一）已成为政府部门和企业了解甘肃省整体经济及企业发展状况的重要资料。

2014年首届峰会的主题为"甘肃如何转型发展"，邀请了上海交通大学的王方华教授和中国行政管理学会的高小平教授，分别做了题为"甘肃企业转型面临的挑战与机遇"和"加大政府创新力度，全面释放经济社会活力"的主题报告。参会人数为434人，发布《甘肃产业发展与管理研究系列报告》9份。

2015年峰会主题为"'一带一路'战略中的甘肃：向西开放的机遇与挑战"，邀请了中国人民大学的任剑涛教授、兰州大学的杨恕教授、零点集团的赵雷先生和国务院发展研究中心宏观经济研究部的张立群教授，分别做了题为"历史荣耀的再现：'一带一路'与甘肃""甘肃与'一带一路'""在'一带一路'国际舆情中寻找甘肃机遇"和"十三五经济发展与政策重点分析"的主题报告。参会人数为552人，发布《甘肃产业发展与管理研究系列报告》10份。

2016年峰会主题为"'一带一路'背景下甘肃可持续发展：战略与路径"，邀请了清华大学的薛澜教授、中国社科院中国边疆研究所的邢广程教授和国务院发展研究中心宏观经济研究部的张立群教授，分别做了题为"创新驱动发展与十三五规划”“‘一带一路’与甘肃多向度发展”和“2017年宏观经济形势、政策与甘肃经济转型发展”的主题报告。参会人数为517人，发布《甘肃产业发展与管理研究系列报告》8份。

2017年峰会主题为“新时代甘肃改革与创新发展”，邀请了万博新经济研究院的滕泰教授、西南财经大学的甘犁教授和清华大学的杨永恒教授，分别做了题为“深化供给侧改革，满足美好生活需要——十九大后的中国宏观经济形势分析”“大数据浪潮下的小微金融创新”和“文化产业创新规律及对甘肃的启示”的主题报告。参会人数为625人，发布《甘肃产业发展与管理研究系列报告》5份。

峰会得到了新华网、中新网、人民网、《经济日报》、《光明日报》、甘肃电视台经济频道、中央人民广播电台甘肃记者站、《甘肃日报》、中国甘肃网、《兰州日报》、《兰州晨报》、《兰州晚报》、每日甘肃网、甘肃广播新闻等多家媒体的广泛报道，2017年新华网全网直播了金城峰会（媒体报道情况见附件二）。

附件一：“金城峰会”历届《甘肃产业发展与管理研究系列报告》

年份	报告题目	项目负责人
2014年	基于政府网站信息的甘肃省地州市政府绩效评估报告	包国宪
2014年	中-西亚国家产业、资源与市场管理状况研究报告——甘肃面向中-西亚开放的战略选择	丁志刚
2014年	丝绸之路经济带旅游合作机制与甘肃入境旅游发展研究	郭晓东
2014年	甘肃文化资源产业化发展研究报告	李映洲
2014年	甘肃省电子商务调研报告	沙勇忠
2014年	甘肃省制造业服务化发展研究报告	吴建祖
2014年	甘肃省连锁经营发展研究报告	雷亮
2014年	基于政策协同的甘肃省节能减排与经济增长问题研究报告	张国兴
2014年	甘肃省集体土地流转研究报告	王海鸿
2015年	甘肃省PPP模式发展评价报告	李一男
2015年	甘肃省对外开放指数评价报告	吴建祖
2015年	基于政府网站信息的甘肃省市州政府绩效评价报告（2015）	包国宪
2015年	甘肃省会展业发展战略与路径研究报告	李映洲

续表

年份	报告题目	项目负责人
2015年	甘肃省集体建设用地流转研究	王向东
2015年	甘肃民营企业完善现代企业制度的对策研究	管欣
2015年	甘肃民族地区文化产业发展战略研究报告定稿	李少惠
2015年	丝绸之路经济带安全风险评估	丁志刚
2015年	“互联网+”下的甘肃品牌形象塑造与传播研究——以寿鹿山药业为例	苏云
2015年	甘肃省竞争优势保护与人力资源战略开发评价报告(2015)	屠兴勇
2016年	基于政府网站信息的甘肃省市州政府绩效评价报告(2016)	包国宪
2016年	甘肃省绿色创新指数评价报告	吴建祖
2016年	甘肃省上市公司和新三板企业的创新投入及可持续发展研究	孙岩 靳光辉 贾明琪
2016年	甘肃省地方政府财政预算治理能力评价报告	何文盛
2016年	甘肃省新型农村合作医疗评价报告	柴国荣
2016年	甘肃生态文明与节水型社会建设研究	郭晓东
2016年	中亚国家企业投资注册、政策优惠与投资环境评估	丁志刚
2016年	兰州市游乐业发展研究报告	李映洲
2017年	基于政府网站信息的甘肃省市州政府绩效评价报告(2017)	包国宪
2017年	甘肃省地方政府财政预算治理能力评价报告	何文盛
2017年	甘肃省绿色发展指数报告	吴建祖
2017年	甘肃省新型农村合作医疗评价报告	柴国荣
2017年	甘肃省基层公共文化服务建设与创新研究报告	李少惠

附件二：“金城峰会”媒体报道情况

年份	媒体	报道情况
2014年	新华网甘肃频道	2014金城峰会发布甘肃产业发展报告　摸底文化资源献计丝路旅游
2014年	《大公报》	甘肃面向中-西亚开放的优势与战略选择
2014年	中国甘肃网	连辑：互联网为甘肃带来新机遇　希望通过电商走向世界、金城峰会发布甘肃产业发展报告　11举措助推“一路两带”
2014年	《甘肃日报》	甘肃产业发展与管理研究系列报告发布
2014年	《西部商报》	“金城峰会”支招甘肃转型发展

续表

年份	媒体	报道情况
2014年	甘肃新闻网	2014金城峰会兰州举行　商界学界谏言甘肃转型发展、甘肃宣传部长：丝绸之路使甘肃从“后方”走向前沿、专家学者兰州提出丝绸之路区域旅游合作机制、研究机构把脉甘肃沿丝绸之路“走西口”战略发展构想、金城峰会发布产业报告：甘肃连锁企业须数字化转型、学者谏言甘肃文化资源“创意体验”促产业化发展、甘肃无障碍浏览服务存不足　学者呼吁无障碍电子政府
2015年	中新网	金城峰会举行　析优势谈挑战献策甘肃向西开放
2015年	新华网	2015金城峰会启幕　聚焦“一带一路”战略下的甘肃
2015年	《大公报》	2015金城峰会共谋甘肃向西开放
2015年	中国甘肃网	2015年“金城峰会”：看看专家学者都说啥？
2015年	《西部商报》	10大报告为打造丝路黄金段献计
2016年	新华网	2016“金城峰会”在兰州举办　专家学者献计甘肃可持续发展
2016年	人民网	2016金城峰会举行　专家学者为甘肃经济社会发展建言献策
2016年	中新网	2016金城峰会举行　众议甘肃经济发展“新路径”、兰州大学发布甘肃产业发展报告诊脉经济社会走势、兰州大学发布中亚国家企业投资报告　助力中国企业“走西口”、报告指甘肃绿色创新不容乐观　吁农村生活方式绿色化、兰州游乐业显“老旧”　专家建言融黄河、丝路推品牌
2016年	《经济日报》	甘肃金城峰会探讨发展新路径
2016年	《兰州晨报》	以“一带一路”为背景探讨甘肃可持续发展战略路径
2016年	《兰州日报》	“2016金城峰会”在兰举办　纵论“一带一路”战略下甘肃发展路径
2016年	每日甘肃网	探讨“一带一路”背景下甘肃可持续发展
2017年	新华网	“2017金城峰会”兰州开幕　共探新时代甘肃改革创新发展
2017年	人民网	省内外专家学者齐聚“2017金城峰会”献计甘肃改革发展
2017年	《经济日报》	2017金城峰会探讨新时代甘肃改革与创新发展

续表

年份	媒体	报道情况
2017年	《光明日报》	专家学者齐聚“金城峰会”共话甘肃发展
2017年	中新网	“金城峰会”大咖“论剑”共议新时代经济发展、专家甘肃“诊脉”经济:过剩产能关闭算不上供给升级、研究机构建言甘肃“绿化”税制:约束和激励并施
2017年	中国甘肃网	2017金城峰会在兰州大学举行　专家学者为甘肃经济建言献策
2017年	《兰州晨报》	“2017金城峰会”昨日在兰召开——兰州大学发布2017年度《甘肃产业发展与管理评价报告》
2017年	《兰州晚报》	集天下精英　聚金城论剑——“2017金城峰会聚焦新时代甘肃改革与创新发展”
2017年	《兰州日报》	专家学者“金城峰会”纵论甘肃发展
2017年	每日甘肃网	2017金城峰会举行　学者专家建言新时代甘肃改革与创新发展、包国宪:甘肃发展动力问题要靠改革创新,结构问题要靠新兴产业民营经济、何文盛:甘肃改革与创新发展要有创新、开放、包容、实干的实践突破

案例四：

“敦煌与丝绸之路石窟艺术丛书”案例

——兰州大学敦煌学研究所

一、研究缘起

敦煌与丝绸之路石窟艺术研究响应“一带一路”倡议，是兰州大学围绕国家重大需求所做出的重要举措。2013年9月习近平主席在对哈萨克斯坦进行国事访问期间，在纳扎尔巴耶夫大学发表重要演讲，提出共同建设“丝绸之路经济带”。同年10月，习近平主席在对印度尼西亚进行访问期间提出共建“海上丝绸之路”。“一带一路”倡议至此形成。兰州大学是国家部署在西北地区的一所“双一流”大学，长期围绕国家重大需求和学术前沿，展开一系列基础性研究，为弘扬国家优秀文化遗产，为深化文化体制改革、推动社会主义文化大发展大繁荣贡献力量。兰州大学又地处古代丝绸之路黄金地带，有义务有条件完成这一历史重任。

敦煌与丝绸之路石窟艺术研究是兰州大学人文社科重点研究领域，拥有扎实厚重的研究基础。1979年敦煌学研究小组成立；1998年兰州大学与敦煌研究院实行联合共建敦煌学研究所，1999年敦煌研究所入选首批教育部人文社会科学重点研究基地。1980年创办了中国大陆首家敦煌学专业刊物《敦煌学辑刊》，到2018年6月将会发行第100期，石窟艺术研究专栏连同敦煌文献研究等版块共同构成了刊物内容的主体，是国内石窟艺术研究成果发布的重要平台。30多年来，研究所不但有一批专家持之以恒坚持石窟考古和石窟艺术研究，同时还培养了一批从事石窟艺术研究的博硕研究生和留学生。2008年沙武田博士学位论文《敦煌画稿研究》获得该年度全国百篇优秀博士学位论文提名奖；《吐蕃统治时期敦煌石窟研究》进入《国家哲学社会科学成果文库》。与此同时，为了对敦煌与丝绸之路石窟艺术研究进行梳理和总结，研究所启动了“敦煌与丝绸之路石窟艺术丛书”项目。

二、研究内容

丝绸之路把古代印度、中亚，我国的新疆地区、甘青宁地区、中原地区、东北地区乃至朝鲜半岛和日本，都串联了起来。如果说石窟殿堂是耀眼的珍珠，那么丝绸之路就像一条线，经过它的串接，亚欧大陆的颈项上出现了一副华美的璎珞，耀眼迷人。敦煌与丝绸之路石窟艺术研究就是以此为主要内容，具体包括5个方面。

1.石窟艺术专题研究

学界在过去50多年中进行了大量基础的测绘调查和壁画内容考释，这种研究基本上是以单个题材壁画为重点，按照时间顺序或者空间划分来对某种特定题材进行考察。这项研究是基础。无数前辈已经做出了榜样。本项研究中的《敦煌石窟彩塑艺术概论》则是一个新的案例。该书以敦煌石窟彩塑为主要研究对象，同时涉及中国其他石窟的雕塑。它结合洞窟建筑、壁画，以时代为线索，展示出了敦煌石窟彩塑独特的艺术魅力。此类研究还包括《敦煌石窟中的少数民族服饰研究》《敦煌藏经洞出土绘画品研究史》《敦煌隋代石窟壁画样式与题材研究》《北周石窟造像研究》《甘肃省博物馆藏北朝石刻造像研究》等等。

2.石窟艺术与社会历史研究

石窟艺术与社会历史研究丝丝相扣。对于敦煌石窟而言，藏经洞出土的敦煌遗书，包括记录敦煌社会开窟造像的功德记、敦煌历史人物的邈真赞等，都是不可或缺的研究材料。史苇湘先生的《敦煌社会历史与莫高窟艺术》提出敦煌本土文化论和石窟皆史论，成功运用艺术社会学研究敦煌石窟，这种研究方法意在最大限度地把莫高窟考古资料和藏经洞遗书结合起来，还原敦煌社会历史。《敦煌阴氏与莫高窟研究》运用石窟与文献相结合的方法，在石窟营建史的背景下对阴氏家族开凿或参与开凿的7个洞窟进行全面研究，从而分析阴家窟所反映出来的佛教思想、佛教功能以及社会和艺术功能。

3.佛教洞窟与寺院仪轨的综合研究

丝绸之路佛教寺院中的壁画造像题材，不同于博物馆藏品，它没有像藏品一样脱离原来的空间关系。这就为学者通过壁画造像所在的空间位置，探索古代佛教仪轨提供了可能。本套丛书中的《天水麦积山石窟北朝佛教艺术研究》等主要研究对象集中于甘肃北朝洞窟，其综合造像内容、佛教经典以及中古时期寺院仪轨，系统阐释了图像与寺院生活的密切关系。这一研究是未来石窟艺术研究方向之一。

4.洞窟个案研究

专题性研究是基础，不过其弊端也清晰可见。这种研究割裂了一个洞窟之中壁画和壁画、壁画和塑像之间的互动关系。而实际上所有的造像题材都是一个有机的整体，它们共同诠释了主尊乃至整个洞窟的造像设计理念，同时也反映了洞窟背后的历史信息。因此，在过去数十年工作的基础上，将某一特定洞窟的诸种壁画造像题材作为一个整体进行研究，这也是未来丝绸之路佛教艺术研究的大势所趋。本案例研究就包含了莫高窟第61窟、第100窟、第454窟和麦积山第127窟等个案研究。这些成果选取特定历史时期极富代表性的洞窟作为研究对象，管中窥豹，全面透视洞窟设计理念，深层次构建了石窟艺术发展史。

5.特定历史时期特定区域图像的普查与研究

随着新资料的不断公布以及学者对洞窟历史背景认识的加深，部分特定阶段的佛教洞窟研究有待再探讨。《敦煌十六国至隋石窟艺术》《川北佛教石窟和摩崖造像研究》和《吐蕃统治敦煌时期的密教研究》即属于此类。以敦煌为例，学者们认为，敦煌石窟的晚期，由于西藏后弘期佛教的兴起和广泛流传，敦煌石窟营造被推进到了一个崭新的时期。目前随着藏语文献的整理和藏学研究队伍的壮大，学界对敦煌中唐到元代的历史有了更深的认识，原来对敦煌藏传佛教艺术的认知需要重新架构。如本案例中的《吐蕃统治敦煌时期的密教研究》就对相关问题做了探讨，整理了与吐蕃统治敦煌时期密教有关的大量文献与图像资料，对汉藏文献以及图像做了初步的分类与对比；讨论了吐蕃时期敦煌密教与其他信仰的关系；总结了中唐密教在整个敦煌密教发展史上的里程碑意义。

三、基本结论

丝绸之路是全人类共同缔造的物质与精神文明遗产，是全人类的精神家园。它把古埃及、古巴比伦、古印度和中国紧紧联系起来，它是一条贸易之路，更是一条文明交流碰撞之路。国学大师季羡林先生讲过：“世界上历史悠久、地域广阔、自成体系、影响深远的文化体系只有四个……而这四个文化体系汇流的地方只有一个，就是中国的敦煌和新疆地区。”从语言上划分，这里流行的文字包括古汉文、藏文、于阗文、突厥文、回鹘文、梵文、粟特文、希伯来文等，不同文明不同发展模式交流对话，在竞争比较中取长补短，在交流互鉴中共同进步。丝绸之路沿线的佛教石窟就是见证者。

中华文化具有海纳百川的气度、兼容并蓄的胸怀。从石窟艺术的角度来看，佛教艺术源自古代西北印度，但是又承袭了古代希腊文化、波斯文化，经过中亚地区，传播到中国。在千年的交流和融合中，佛教文化与艺术经过洗练，已经融合到中国文化之中。不仅如此，其他各种外来文化也都在中国文化这个大熔炉中融为一体，你中有我，我中有你。因为交流，中华文化才会推陈出新，因为融合，中华文化才显得如此灿烂。这种海纳百川的气度显示了中华文化的自信。

敦煌与丝绸之路石窟艺术是中国美术史上的重要篇章。中国艺术灿烂辉煌，隋唐时期的人物画、宋元时期的花鸟、明清时期的山水……无一不是中国人智慧的凝聚缩影。然而由于时间的久远、自然和人为因素，盛世帝都往往毁于一旦，代表当时最好水准的艺术作品命运多舛，因此隋唐和隋唐之前的艺术珍品都很难流传至今。对于艺术研究来说，这不能不说是一个遗憾。但是丝绸之路的石窟殿堂，特别是敦煌石窟，却保存了数万平方米的壁画和数以千计的雕塑作品。这些作品完整再现了古代大师的艺术风采，折射出古代中国的盛世风范。

四、主要创新

在研究内容方面，丝绸之路石窟艺术研究趋向完整。佛教艺术经由丝绸之路向东传播到中原内地，每个交通要塞，都是佛教艺术文化传播的站点。通过这些站点，可以建构石窟艺术东进的过程，乃至佛教艺术中国化的历史进程。而在过去的研究中，由于条件的限制，更多的学者以目前的行政区域进行划分，进而单独地对该区域的石窟进行研究，这实际上是割裂了丝路沿线石窟之间的内在联系。本案例意在消除这种人为的机械的划分，而是把石窟研究置于整个古代丝绸之路艺术发展史乃至人类艺术发展的链条中进行考察。

在研究理论方面，本案例是对最新敦煌石窟艺术研究方法的一次集中阐释和运用，全方位多角度地审视丝绸之路佛教艺术。这些方法包括考古学、历史文献学、艺术学、图像学等研究方法，综合历史文献和考古资料，逐步开展石窟个案研究。在单独图像考释的基础上，展开洞窟个案研究，进而发掘图像背后的社会、历史、政治、经济、宗教、文化等各个方面的深层次的历史信息。这种方法意在从“一花”看到“一世界”，它和“石窟艺术与社会历史研究”“石窟功能与寺院仪轨研究”有所交叉，甚至是两者的综合。

五、学术与社会影响

本案例主要汇集了兰州大学敦煌学研究所近年最新的研究成果，得到了学界的一致好评，抛弃了原来孤立的石窟寺个案研究，力图以开放的广阔的全球研究视野，以丝绸之路为线索，重新审视西到敦煌，东到天水的石窟寺遗址，探索丝绸之路文化艺术的千年变迁，重塑敦煌与丝绸之路石窟在中国艺术史上的历史地位，再次呈现丝绸之路对多元文明交流与融合的历史贡献。

丛书出版之后受到社会的广泛关注。中国新闻网以《学者探究丝绸之路石窟艺术，还原古丝路与敦煌史》为标题，发表长篇报道。《中国敦煌吐鲁番学会研究通讯》《敦煌学辑刊》等业内专业刊物发表系列研究性学术书评，社会反响强烈。

案例五：

以国家战略为导向　为地方经济建设出谋划策

——兰州大学经济学院

兰州大学丝绸之路经济带建设研究中心积极融入国家战略，近五年承担国家级、省部级课题以及企事业课题总计300多项，经费总数达到2000多万元，研究内容涵盖经济、金融、民族、文化等多个方面，研究成果和咨询报告多次受到各级领导重视与好评，在服务国家战略和地方经济建设中促进自身快速发展。其中，林柯教授团队近年来的研究成果具有典型性。该团队主要成员有经济学院姜安印教授和李泉副教授、马克思主义学院倪国良教授、哲学社会学院陈文江教授、资源环境学院张汪峰副教授等。该团队在丝绸之路经济带上进行了大范围、广泛深入的研究，取得了一系列重要成果。

一是该研究团队于2013年12月与连云港国家东中西区域合作示范区管委会达成了就“‘丝绸之路经济带’国家东中西区域合作示范区战略平台建设”进行研究的协议。最终形成20多万字的6个研究报告和100多万字的附件资料，研究报告系统地论述了中亚五国基本状况、中亚五国向东发展的趋势与需求、国家东中西区域合作示范区匹配中亚五国发展需求、示范区与丝路经济带国内各节点城市合作发展、示范区打造与中亚五国合作的战略平台以及示范区与国内外区域合作系列活动设计。并创新性地提出了如下建议：第一，要审时度势，借助国家“一带一路”建设的实施谋划示范区未来的发展；第二，要全面把握国家“十三五”规划的产业发展要求，加快主导产业的引进与培育；第三，要抢抓机遇，按照国家主体功能区规划和十八届五中全会精神，拓展和完善示范区功能，加快示范区基础设施建设的速度；第四要深度融入长江经济带建设，“一肩挑两头”，成为沟通长江经济带和京津冀经济区南北的“支点”，变边缘劣势为优势；第五要争取江苏省在江海联动发展战略中将示范区作为发展重点，充分发挥其在江海联动中的主体港口功能；第六要“内立外扩”，争取国家自由贸易港的地位。该研究成果不仅为连云港国家东中西区域合作示范区的跨越式发展提供了有益的参考和借鉴，已得到国家东中西区域合作示范区的高度评价和全面采纳与应用实施，该研究成果，特别是相关资料和数据还得到了国内外许多高校、科研机构以及相关地方政府和企业的高度关注和重视。

二是完成了上海宝钢集团公司对新疆战略投资前期研究的委托。该团队对新疆经济社会的总体发展状况与可持续发展能力、"丝绸之路经济带"建设战略规划、基础设施建设、重点产业发展状况与空间布局、发展潜力，国家支持新疆的政策和新疆各类优惠政策，中亚五国的经济社会发展及产业发展状况进行了研究，形成了15万字的《"一带一路"背景下新疆经济社会发展战略与产业布局》研究报告。基本结论为：第一，国家和自治区对新疆产业发展的战略部署已经成型，必将为各类企业在新疆的发展开拓广大的、长期的、稳定的发展空间；第二，史无前例的庞大资金投入，其强大的投资驱动力必将通过新疆的大发展释放出来；第三，一批重大项目的实施与带动，必将带动新疆站在较高的发展起点上；第四，新疆作为"丝绸之路经济带核心区"的定位，蕴含着新疆未来发展的重大新机遇。该课题通过构建计量模型与指标体系，对新疆维吾尔自治区及各个地区的可持续发展潜力进行了量化分析与评价，对新疆维吾尔自治区优势与潜力产业的现状和发展前景以及未来产业增长极形成与发展进行了量化分析与评价。

三是完成了甘肃省政协委托兰州大学对"丝绸之路经济带黄金段重要节点——兰州新区建设与创新发展"研究。研究团队经过3个多月广泛搜集资料、对相关国家级新区的实地调研和专家咨询，根据兰州新区发展五年来的实际状况、内外部环境的变化，提出了如下的基本结论：

第一，国家对兰州新区的战略定位是合理准确的，兰州新区的资源环境能够承载兰州新区的发展要求，但与全国其他新区发展存在差距，发展条件"先天不足"。

第二，现实发展的制约因素主要有为各类规划的用地矛盾，土地集约利用程度低，土地区位价值差不明显，工业用地、商业用地的起始地价低于国家平均水平，空间规划与环境适宜性不匹配，空间建设时序不合理。产业集聚水平低，主导产业不明确。综保区发展水平偏低，债务负担沉重。

兰州新区发展缓慢的主要原因是：未处理好扩城与增效关系，未处理好空间与时间关系，未处理好城市功能与产业关系，科技创新驱动力不足，经济发展的要素投入不足，投融资体制机制不尽合理，干部队伍能力素质与新区建设发展的要求有差距。

政策建议主要为：“先行先试”推动四大战略功能定位的实现；以体制机制改革为动力举全省之力促新区发展；以土地资源的调整为抓手实现要素再优化配置；以规划调整为契机实现建设与发展的战略性调整；加大科技创新力度，打造科技创新核心区；以产业结构调整为突破口，集聚发展优势特色产业；改革投融资体制机制，解决发展资金来源；进一步加强综保区建设，提升新区对外开放水平。

该研究报告不仅得到了省委省政府和省政协的高度重视和好评，省委书记林铎、省长唐仁健均做了重要批示，给予高度评价。省政协也向兰州大学和研究团队发来了致谢函，社会反响良好。

案例六：

践行"一带一路"倡议　开拓理论研究新局面

——兰州大学经济学院

兰州大学丝绸之路经济带建设研究中心成立于2014年12月，作为甘肃省级重大研究基地，中心一直以服务于国家战略和地方经济发展为宗旨，依托经济学院科研团队，围绕“一带一路”倡议和实践，尤其是丝绸之路经济带建设中的相关理论问题，进行了大量研究。截至2017年，已发表相关学术论文近60篇，在“双一流”学科建设中，经济学院将“一带一路”倡议中共同化发展的新型合作机制研究确定为一流学科建设的重点研究方向之一，为学院的理论研究开辟了新战场。

近年来，丝绸之路经济带建设研究中心的理论研究主要聚焦于如下几个方面：一是丝绸之路经济带国内段的产业合作与发展，以及同沿线国家的产业合作方面的研究；二是丝绸之路经济带沿线地区与国家的产业结构与特色经济发展的研究；三是丝绸之路经济带沿线国家和地区的区域协同发展方面的研究；四是“一带一路”倡议的实施路径及绩效方面的研究。

通过深入的理论研究，形成大量有建设性的学术观点，其中，高新才教授着眼于国内发展通道经济方略的前期研究基础上，重点研究了区域协调联动发展战略、城市间经济联动发展、丝绸之路经济带甘肃重要节点发展战略等问题，尤其在丝绸之路经济带与长江经济带的互联互通上，从区域、产业、基础设施、市场等角度实现全面对接并结合丝绸之路经济带建设的现实需要，从商贸通道建设和人文交流合作通道建设等方面对通道经济内涵进行了拓展。关于甘肃在通道经济建设上的对策，认为应紧抓丝绸之路经济带的战略机遇，加快基础设施建设，大力发展通道经济，完善产业对接支撑，力争探索一条西部地区开发开放的新路子，将甘肃打造成为“丝绸之路经济带”的黄金通道。

郭爱君教授、毛锦凰副教授以产业空间布局理论和原则为依据，以经济带局部与整体协调发展为目标，分析经济带沿途区域与国家的优势产业及特点，从经济带、国家和节点三个层面构建丝绸之路经济带的产业空间布局战略，认为经济带上的国家之间，整合现有优势产业，加强产业政策沟通，以构建睦邻友好带和战略稳定带作为主要支撑，以双边及多边合作项目为基本载体，以实现互联互通为基本内容，以上海合作组织为平台，从丝绸之路经济带所涉及的区域、国家和重要节点及辐射区域进行产业空间布局，推动开发投资、能源合作、商品贸易、人文交流，以点带面形成国家经济增长带，从线到片形成区域经济大合作，以产业协调和区域协调发展为目标，推动丝绸之路经济带成为全球经济增长和中国西部大开发与大开放的新引擎。

汪晓文教授运用产业共生理论解释了经济带内产业合作在区域经济发展中的重要性，认为随着分工不断细化，同类产业的不同价值模块，以及具有彼此经济联系的业务模块之间出现融合、互动、协调的发展趋势，将引起同类产业或其相似的产业业务模块融合、互动、协调程度的强化，并导致同类企业在相似业务模块间形成战略联盟，产业共生的形态将会向高级化不断演化。

姜安印教授围绕“一带一路”建设中中国发展经验的互鉴性问题，分别从基础设施建设、中国减贫经验、中国的开发性金融实践、能源合作等方面进行了专题研究，认为“一带一路”建设不仅是沿线国家分享中国发展的红利，同时也是部分后发国家和地区分享中国发展理念、发展知识、治理经验的过程。“一带一路”建设中所倡导的互联互通、互学互鉴、互利共赢的发展理念，本身就是中国发展经验的凝练，是对中国发展观与中国发展知识的总结。“一带一路”沿线国家可以借鉴中国基础设施建设经验，增强基础设施建设对经济发展的基础性和带动性作用，可以借鉴利用开发性金融进行基础设施投资，中国减贫实践的成功在于构建包括政府、市场组织、产业体系、社会组织、贫困者等多元主体协同互动机制培育、增强当地政府应对和解决贫困问题的能力，从制度、体制、机制上协调不同主体和资源，使之相互高度配合，并在扶贫政策上解决贫困人口识别的精准性。这些对国际减贫实践都具有一定的借鉴意义。

兰州大学丝绸之路经济体建设研究中心通过深入理论研究所得出的学术观点和结论，部分结论已直接转化为地方政府的行动方案，一些观点为政府决策提供了参考。发表的60篇学术论文，总被引用数到400次，其中，单篇学术论文的被引用次数达159次，并在丝绸之路经济带的产业合作研究、区域协调发展研究方面具有一定的学术地位，该中心已经成为“一带一路”研究，尤其是丝绸之路经济带研究的生力军。

案例七：

丝路审美文化中外互通问题研究

——兰州大学文学院

“审美文化”是介于“道”与“器”、归纳与演绎、理论与实践、科技与道德之间的特殊文化形态，因其直抵心灵、摇荡性情、润物无声和彰显“共通感”的审美属性特征而在民心相通、人文化成和人类命运共同体建构的历史进程中发挥着无可替代的枢纽作用，它在本质上也是一种“生产力”。丝绸之路沿线审美文化资源积淀深厚、形态多样，多民族审美文化资源相互借鉴、汇聚融合，多种形式的审美文化资源并存互渗、互证共成，源远流长，得天独厚。在这个审美文化资源高度集中、审美交流密集频繁、审美衍生再生产品丰富多样的文化地理空间，其物质审美文化、图像审美文化、文学审美文化、活态审美文化和创意审美文化中，都凝聚着独特的资源优势、宝贵的交流经验和丰富多彩的互联互通成果。“一带一路”和人类命运共同体建设，民心相通是根基，而审美文化互通则是人文化成的元场域和元空间。在这一空间场域展开研究，梳理探讨丝路沿线各民族、国家审美文化中外交流的基本资料，总结阐发其中的历史经验和深层智慧，进而擘画建构丝路审美文化互通的战略智库，在丝路审美文化研究中确立中国特色哲学社会科学话语体系的主导地位，关系到中国梦能否实现的问题，关系到中华文化安全的核心利益。

一、研究缘起

“丝绸之路”概念提出一百多年以来，国内外学术界对它的研究取得了重要进展，成就斐然，近年来随着“一带一路”倡议的提出又一次成为学术研究的新场合、新引擎和新的知识增长点。然而，已有的研究，或一头扎进“道”的层面，在观念、理论和形而上向度展开；或一心扑向“器”的层面，在经济、实用和器物向度探讨。或重“道”而轻“器”，或者反之，而对于介乎“道”“器”之间的“审美文化”的研究，恰恰有所忽略，对于丝路沿线审美文化资源中外互通问题的研究更是远远不够，而基于当代中国社会历史语境和学术视野对其在民心相通和人文化成过程中的“先行者”价值和“典范”意义的阐发更是亟待展开。本课题的研究目的，在于对古往今来丝路审美文化中外互通状况进行整体观照、深度把握和重新阐释，不仅分别研究那些在丝路审美文化中外互通过程中产生重大影响的理论观念、历史事件和物质文化，更试图基于新的现实语境和深具中国学术特色的“审美文化”视野而形成相关问题研究的新范式和新方略。鉴此，本课题在唯物史观指导下，综合运用文艺美学、媒介生态学、文化人类学和文学社会学的理论方法，以丝绸之路审美文化资源为基本素材，以新丝路沿线中外文化交流互通的历史和现实问题为主要线索，以大丝路多样化的审美文化的交往互动为人类互联互通的典范形态，以民心化通和人类命运共同体建构为价值追求，以视觉、听觉、味觉、触觉和身体感、物质活态文化以及“再生-新生类”活态文化的中外交流互通为基本内容，总结梳理中华文化“外推”和“内聚”的历史经验和深层智慧，建设“一带一路”沿线国家活态交往和民心相通的战略智库，擘画中外文化互联互通的未来图景，产出“产学研用”四位一体的集束性成果，服务于我国文化强国建设的总体战略。我们也希望借助这一课题研究，将相关成果系统化、知识化、实践化。课题的最终成果将会由大型数据库、六本专著和一本教程构成，力求史论结合、点面互证、深度与广度兼顾，在系统梳理、深入研究和深度阐释当代最新相关研究成果的同时，尝试建构“丝路审美文化学”，并以教程等形式将其转化为可资学以致用的教学资源。

二、研究内容

本课题以作为“审美表征”的丝路“物质审美文化”“图像审美文化”“文学审美文化”“活态（行为）审美文化”和“创意审美文化”为经，以丝路审美文化主体的“味觉、视觉、听觉、触觉、身体感”等为纬，以“感性系统”、品味趣味和审美理想的人文化成问题为基本线索，以丝路审美文化中外互通的历史和现实问题为导向，以“人类命运共同体”建构为价值追求，形成一个立体交叉的总体性研究构架，共同支撑作为“人类审美活动的物化产品、观念体系和行为方式的总和”的审美文化研究。“经”“纬”交织，问题意识与价值追求相互参证。在此基础上，将研究内容分解为“丝路文学审美文化中外互通研究”“丝路视觉审美文化中外互通问题研究”“丝路物质审美文化中外互通问题研究”“丝路活态审美文化中外互通问题研究”和“丝路创意审美文化中外互通问题研究”。丝路物质审美文化中外互通问题研究，系统考察作为神圣物的丝路审美物质文化交流；作为奢侈品的丝路审美物质文化交流；作为生产资料的丝路审美物质文化交流；作为生活资料的丝路审美物质文化。丝路图像审美文化中外互通问题研究，集中阐释中国古代视觉意识与图像表达；丝路丝织物及器具纹饰与图像审美文化互通问题；丝路岩画及石窟艺术与图像审美文化的中外互通问题；丝路舞蹈及戏剧与图像审美文化互通问题；丝路图像审美文化的再生与当代表达。丝路文学审美文化中外互通问题研究，全面论述丝路口头类文学体式审美文化的中外互通；丝路移民类东干文学审美文化及其中外互通；丝路书面类翻译文学审美文化及中外互通；丝路网络类文学审美文化中外互通研究；丝路观念类文艺审美理论中外互通研究。丝路活态审美文化中外互通问题研究，深入解析丝路活态审美风尚中外互通问题；丝路活态演艺审美文化中外互通问题；丝路活态惯习与节日中外互通研究；丝路活态审美空间和文化遗产互通研究。丝路创意审美文化中外互通问题研究，重点阐发丝路创意审美文化中外互通的条件；丝路中外创意审美文化的发展态势；丝路创意审美文化中外互通的实践路径；丝路创意审美文化中外互通的问题与趋势；创意审美文化与中国的丝路人文格局建设问题。这五个部分兼顾了“物、图、文、行、创”等审美物化产品和审美行为过程，融通了审美主体的“味、视、听、触、身”等感觉系统，层层递进、回环拱卫，形成了一个“历史”与“逻辑”相统一的整体。

三、基本结论

本课题研究的基本结论有五。第一，丝路审美文化构成一个“多元系统”，“丝路审美文化”并不是一种封闭的、孤立的文化形态，而是一个异质的、开放的结构，系统内的要素互相交叉，部分重叠，“在同一时间内各有不同的项目可供选择，却又互相依存，并作为一个有组织的整体而运作”。它们既是一个较大的系统即整体文化的组成部分，又可能与其他文化中的对应系统共同构成一个“多元系统”（伊塔玛·埃文-佐哈尔）。“多元系统论”强调，任何一个子系统，都不仅与“同一文化”的更大的系统相关联，而且与这个文化“之外”的“其他文化”系统之间形成互动。也就是说，多元系统内的子系统都必然“跨文化”地与其他文化因素形成“文化间性”互鉴、互动和互通。居间调解、融通生成和异质和合是其有别于任何单一的民族审美文化的重要品质。第二，丝路审美文化建构了沿线人们感性系统的“歧感共同体”，一方面，丝路审美文化所及之处，大大拓展了沿线人们的感性系统，增强了其对异质的、他异的、杂合的文化的审美感悟力和容受力，从而不断健全和完善人们的审美共通感；另一方面，丝路审美文化也不断激活、触发和释放沿线人们对于同一审美文化产品的个性化、差异化和多样化的感受感悟，激发出“他异的”美感维度、层面和方位。两相结合，实现了对于沿线人们感性系统的“共通性”和“歧异性”的双向融通，使“各美其美”与“美美与共”在审美文化产品的“社会生命”流程中得到协商、互证和共成。第三，丝路审美文化具有特殊的“生产机制”，它作为生产力要素，持续发挥着生产和再生产功能，主要表现为审美产品的生产，以及审美生产主体、调节主体和消费主体的生产。在丝路审美文化生产中，两种形态的生产之间互相联结，往复熔铸，构成了完整而动态的审美生产活动序列。在丝路审美文化生产中，审美调节主体及其生产和再生产的情况尤其复杂和突出，涵盖了跨国际、跨语际、跨民族的批评家、编辑、出版商、审美设施（美术馆、影剧院）的管理者和拥有者，以及赞助人、经纪人、代理人等，他们都通过不同的方式对审美生产和审美消费进行着不同程度的控制和管理，在丝路审美文化的形成和发展中，审美调节主体对于审美主体的“感觉系统”“趣味品味”和“审美理想”的生产发挥着重要作用。在丝路审美文化生产中，因其不仅涉及“域内”审美文化的生产，亦与“域外”文化生产系统息息相关，因而其生产过程呈现出更为复杂的局面和机制体制维度。第四，丝路审美文化中外互通具有其“层次结构”，丝路沿线流通的“物”并不是纯然“被动的”，它们有其“社会生命”，因而在流通过程中不断“主动地”改造着人们的感觉系统，也在积极地开拓着自己的社会文化空间，从而形成了人们的“感觉共同体”；也改造人们的审美趣味和品味，从而形成习俗、时尚和风尚；最终改造人们的审美理想，开拓出新的“宇宙观念”和“共同体意识”。“感觉系统”和“趣味品味”是“民心相通”的场合，具有共同体诉求的“审美理想”则是“人类命运共同体”的基本依托。审美活动对于人的感觉系统的调动和铸造往往是综合的、融通的，即通感或联觉（synaesthetics），是“近感觉器”与“远感受器”的联动，也是审美味觉及其物质媒介、审美视觉行为及其物质媒介、审美听觉及其物质媒介、审美触觉及其物质媒介、审美身体感及其物质媒介之间的逐层递进和互通共生。“感觉系统”“趣味品味”和“审美理想”之间形成一种结构性关联。“感觉系统”的“共通感”作为基础性场合孕育着“趣味品味”的共通感，而“审美理想”则有力地引导着趣味品味。三者分工协作，相互补充，共同维持着“民心相通”和“审美共同感”的生成和动态平衡。第五，丝路审美文化中外互通问题研究也暗示着新的“解决途径”，丝绸之路审美文化中外互通的漫长历程，既积累了丰富宝贵的经验，也留下深刻的教训和问题。从中国语境角度看，这条通道在中国历史上的较长时段是“阻绝”的，东汉就存在着“三绝”“三通”；中国在丝路审美文化互通中的“入超”地位在历史上的相当时段内存在；丝路沿线审美文化遗产的破坏现象也还十分严重；丝路沿线的“疾病”传播、毒品传播在历史上的发作令今天的人们都触目惊心；丝路沿线审美文化资源、话语权的争夺愈演愈烈，丝路审美文化研究中的中国特色哲学话语体系的树立亟待展开，其中的“极端民族主义”“西方中心主义”和“汉学心态”等不良倾向所在不少，等等，这些问题需要我们在新时代提出中国智慧基础上的中国方案。我们将在“丝路创新审美文化中外互通问题研究”子课题中，对如上现实问题及相关的解决途径做出深入的探索和阐发。

四、主要创新

首先，提出“丝路审美文化整体观”，进而将其作为“多元系统”来把握和阐发。丝路审美文化本体是人类在丝绸之路上的审美活动及其共同创造的超越地域、国家、民族、宗教、文化界限的审美现象和结果，它是真正具有“实体”性质和具体载体及样态的“人类的文化”。已有的研究中尚未出现“丝路审美文化”这个范畴，从中显示人们并未重视“丝路审美文化”的系统性和相对完整性。同时，在对其“作整体观”的同时，不是将其作为一个孤立、封闭、静态的系统来论述，而是将其作为一个复数的、开放的、动态的“多元系统”来把握。“多元系统”的理论观念，既强调系统内部各个子系统的协同运作，也强调子系统与系统外的（甚至人类文化这个最大系统）类似因素之间的跨文化、跨语际、超国界的关联和互动。这种观念方法能够更客观、科学地揭示丝路审美文化产生和发展的复杂性、规律性和特殊性。

其次，提出“审美文化生产力”观念，将丝路审美文化及其中外互通作为生产力要素来把握。丝路审美文化及其中外互通并不只是作为社会、经济、科学技术发展的“反映”或“再现”而存在的，而是作为社会发展和文明演进的“生产力”要素而存在的，并持续地产生衍生物、剩余价值和“附加值”。它不仅生产审美文化产品，也生产文化的生产者、调节者和消费者；既受到更大的社会文化系统的制约，也不断地打造和重塑后者；既在直接的生产活动中生产价值，也在其“流通”过程中进行文化“供给侧”生产。从本质上说，人类的审美文化在总体上是相互影响、和而不同的，丝路审美文化的生成发展更是充分显示：人类的物质交流和文化交流及其产生的精神需求是其动因，审美文化与人的价值关系的重建是其核心，“交流”“融合”“激活”“互通”“增值”是其基本方式、动力和途径，各类审美文化新样态和新的存在方式的出现是其载体和感性显现。丝路审美文化彰显了“流通文化”的本质属性和生产功能，也证明了“流通生产”是人类审美文化生产的“常态”。因此，通过对丝路各类审美文化现象相关性的比较研究，探讨同一文化现象如何在不同时空产生不同变化、不同形制如何在观念层面体现相同或相似的思维方式与审美观念，揭示人类的丝路审美文化现象及其意义。这将为审美人类学的发展、人类命运共同体的建设提供新的思路和学术支持。

再次，提出“物质、活态审美文化”等新范畴，将其作为丝路审美文化中外互通的基础来把握。物质审美文化和活态审美文化是熔铸会通“道”与“器”、“思想”与“物态”的综合性、基础性的“元文化”，因其超越语言界限而流通的属性特征在丝路审美文化中外互通的历史进程中发挥着十分重要的枢纽作用。然而，已有的相关研究，要么一头扎进“道”（思想）的领域，着力引述前贤“说什么”，进而形成“思想史”著述；要么一心扑向“器”（物态）的领域，描述相关产品“是什么”，从而形成“器物史”著作。在这两种已有的研究进路中，物质审美文化和活态审美文化之“所说”与“所做”互不连属，“物质”与“文化”彼此分离，实用与审美二元对立，而物质、活态文化的真实历史存在及其在民心相通过程中所具有的基础性功能却被有意无意地遮蔽了。鉴此，本课题将物质审美文化和活态审美文化纳入研究范围，用新的“物质文化研究”的理论方法，揭示其在“感觉共同体”建构中的基础功能和在“民心相通”过程中的作用机制，这将为丝路审美文化研究领域的拓展深化，为突破一般的“艺术”研究和美学思想史研究的局限做出切实的探索。

五、学术与社会影响

在思想理论方面：阐发丝路审美文化的“多元系统”；揭示丝路审美文化的“生产机制”；“深描”丝路审美文化中外互通的“层次结构”；探索丝路审美文化中外互通问题的“解决途径”。

在学科建设方面：探求文艺学、美学学科的知识增长点和知识生产模式；重建融学科、跨文化研究的观念方法体系。

在资料文献发现利用和实践运用方面：本课题是一个包容数据库和智库建设、相关学理问题探索和学术著述的形成，以及特色研究领域和研究团队的锻造等多重目标诉求的项目，各层次的目标之间相互涵摄、彼此交叠、层层递进、往复生成，对集束性标志性成果的形成构成了有力的支撑。

在服务社会方面：建设和建成“丝路审美文化中外互通与民心相通战略智库”，为文艺学学科建设、国家和地方的经济文化建设提供全方位的服务。将为“一带一路”建设的国家战略，特别是文化相通、民心相通、人文化成、人类命运共同体建设提供具体的佐证和发展思路，对于国家文化安全和文化创意产业的发展，都具有重要的现实价值和服务决策的借鉴意义。（说明：该案例属于以兰州大学文学院张进教授为首席专家的2017年国家社科基金重大项目“丝路审美文化中外互通问题研究”［项目编号：17ZDA272］的阶段性成果。）

案例八：

丝绸之路中外艺术交流图志

——兰州大学文学院

一、研究缘起

以兰州大学文学院程金城教授为首席专家的研究课题“丝绸之路中外艺术交流图志”（以下简称“图志”）获批2016年度国家社科基金重大招标项目，项目编号为16ZDA173。子课题负责人分别为上海大学上海电影学院教授林少雄、新疆师范大学美术学院教授李勇、中国艺术研究院舞蹈研究所研究员茅慧、东华大学服装与艺术设计学院教授刘瑜、剑桥大学东亚系欧洲“中国写本研究”协会主席高亦睿博士（Dr.Imre Galambos）、四川文化产业发展研究中心副教授詹颖。研究团队涉及国内外二十多个机构，由四十多位不同领域的研究者组成。“图志”是以图像、图解和图示的方式，特别是历史信息的重新发现和学理的重新阐释，对中国与丝绸之路沿线国家艺术交流与相互影响的重要现象进行整理，按艺术门类进行分卷呈现和跨时空比较研究。研究对象包括陶瓷艺术、宗教艺术（含建筑、雕塑、绘画）、纺织服装艺术、乐舞艺术、书籍手稿艺术及南方丝绸之路艺术共六个子课题。最终成果为《丝绸之路中外艺术交流图志》(六卷)。

作为支持和配套，2017年新申报“丝绸之路艺术数据库基础研究”获得兰州大学中央高校基本科研业务费资助经费69万元。立项后，首席专家与课题组成员4人两次出访了亚美尼亚、格鲁吉亚和俄罗斯三国5个重要城市，收获较大。一是实地考察了丝绸之路重要地区、国家的艺术状况，参观考察的博物馆、艺术馆、图书馆、教堂、文化遗址等有20多个，拍摄了较多图片，进一步打开了研究思路。二是进行了较广泛的学术交流，在国际合作方面超出预期。与亚美尼亚、格鲁吉亚和俄罗斯有关专家建立了学术联系，并达成了协同发表学术论文等合作事宜。同时，用项目吸引一流人才，培养学术团队，成立“兰州大学丝绸之路艺术研究与国际交流中心”，聘请国内外专家为兼职教授和团队研究人员。该中心将联络丝绸之路沿线的中外学者，开展国际化的合作研究与学术交流，打造一流的学术创新平台及共享数据库资源，并为“一带一路”建设中的丝绸之路艺术交流研究提供学术咨询服务。

二、研究内容

“图志”主要涉及中国与中亚、西亚、非洲和欧洲沿丝绸之路主要国家和艺术节点的艺术交流和相互影响。所要解决的总体问题是：人类在丝绸之路这一广阔的时空中的艺术发展，通过怎样的交流、融合、相互影响而出现新的艺术样态和现象？丝绸之路艺术作为一个整体，怎样艺术地、多样地表达人类几大文明的交汇及其精神情感，其宏观、中观与微观变化的演进过程和结果如何？有哪些值得总结和珍视的艺术现象和经验？在当时具有怎样的积极意义，对后世产生了怎样的深远影响？对当代有何启示，对学科建设何作用？项目具有大型文献典籍整理、丛书编纂、数据库建设和学术理论探索与总结概括的几种要素特点。

三、基本结论

研究还在进行中，初步的进展有：提出了“丝绸之路艺术整体观”的概念，认为丝绸之路艺术构成了人类文明史上延续时间最长、延展空间最大、具有共同体特点的艺术世界和审美对象，多样化地表达了人类几大文明的交汇及其精神情感。丝绸之路艺术提供了把握世界的新的态度、目光和解释系统，展示了人性的丰富性，在人类文化史上发挥了特殊的作用。丝绸之路艺术中体现着人类时空观念的变化、艺术思维方式的变化、心灵世界的变化，体现出人类在东西方文化差异性中获得的智慧。在全球化背景下，在人类因为文化冲突而导致各种尖锐矛盾与面临精神困境的时候，重新认识和估价丝绸之路艺术在表达人类共同体意识方面的价值，具有重要的当代性和启示意义。在学科建设发展方面，提出建构“丝绸之路艺术学”学科并从学理上刍议。

四、主要创新

第一，研究理念上，强调用新的艺术史观和研究范式重新阐释丝绸之路中外艺术交流。不重复以往分类型的图册集成，不同于艺术领域的单独展示，重在新的发现，以图证史。第二，研究体例和方法上，利用图像学、符号学等理论和方法，阐释丝绸之路艺术的价值意蕴；引入“知识考古学”“阐释学”“东方学”等新的理论和方法，重新解读丝绸之路艺术相互交流与影响的现象。

五、学术与社会影响

学术影响：开题论证会上，王廷信、张法、林梅村、王建民、郑炳林、王玉芳等著名专家对该课题的学术创新、学科意义、理论价值及拓展空间予以充分的肯定和高度的评价，一致认为该研究成果对人们重新理解世界艺术将会产生重要的影响。截至2017年底，发表重要论文有：《丝绸之路中外艺术交流研究综述》(程金城)、《丝绸之路艺术的意义与价值——兼及“丝绸之路艺术学”刍议》(程金城)、《考古学视角与中国古代舞蹈史的几个问题》(茅慧)、《考古文献重构的丝绸之路》(张同胜)、《敦煌写经的历史与现实意义》(赵青山)、“A snapshot of Dunhuang studies, circa 2016”(高亦睿)、“Scribbles on the verso of manuscripts written by lay students in Dunhuang”(高亦睿) 等，待发表论文12篇。林佩莹于2017年9月14—17日在莱顿大学举办的第二届唐至明中国人文会议上发表论文“Two Models of Buddhist Networking in the Ninth Century China”。

社会影响：(1) 新闻题目：《国家社科基金重大项目“丝绸之路中外艺术交流图志”开题论证会在兰州大学召开》，网址：社会科学网、国家社科规划办主页、兰州大学官网主页。(2) 新闻题目：《丝绸之路丰富艺术史书写》，网址：中国社会科学网。(3) 新闻题目：《丝绸之路中外艺术交流学术会议在兰州大学举行》，网址：中国社会科学网 。(4) 新闻题目：《亚美尼亚文化部副部长阿列芙会见兰州大学国家社科基金重大项目“丝绸之路中外艺术交流图志”课题组成员》，网址：中国社会科学网。(5) 新闻题目：《程金城教授课题组接受格鲁吉亚JAKO FM广播电台采访》，网址：国外网站 www.facebook.com 报道。2017年10月4日，应格鲁吉亚JAKO FM广播电台邀请，程金城教授及课题组一行四人接受了JAKO FM广播电台采访。

案例九：

丝绸之路文化研究
——兰州大学文学院

20世纪90年代后期，彭岚嘉教授意识到经济时代文化重塑的重要性，开始转向文化研究，多年来在丝绸之路文化、西部文化发展、西部文化产业、甘肃文化产业诸多方面都有所拓展，而中国西部其实就是丝绸之路经济带的中国段。主持完成国家社会科学基金项目两项，省部级科研项目20余项。在国内较早关注西部文化研究并取得了一些成就，先后在《兰州大学学报》《社会科学研究》《光明日报》等省级以上刊物上发表文章100余篇，其中有些被《新华文摘》、人大复印报刊资料等全文转载。出版理论著作10余部，主要有《中国西部文化发展战略研究》《中国西部文化产业发展战略选择》《甘肃文化产业发展研究》《大兰州文化圈建设研究》《古道西风劲马——魏晋南北朝时期的丝绸之路》《丝绸之路上的世界遗产》等。这些著作和论文在理论上有较高的创新意义，既为有关丝绸之路文化产业的学术研究工作提供可资参考的基本材料和相关数据以及理论先导，也为丝绸之路经济带各区域制定相应的文化产业发展战略，提供富有可行性和可操作性的理论依据，还为促进丝绸之路沿线地区物质文明建设、精神文明建设和生态文明建设提供理论依据。

论著的研究内容和基本观点是：中国西部地区不仅是自然地理意义上的高地，也是文化地理意义上的高地；辽阔的中国西部处在欧亚大陆四大文化区中间，一直是东西方经济文化的过渡地带。西部六大文化圈由丝绸之路、唐蕃古道、西南丝绸之路、草原丝绸之路四条文化线路相连，构成一个网络状的整体；西部因历史流变而形成的文化圈和因地理单元的独特性造成的文化板块，使西部文化整体上具有一致性而层面上又有特殊性。西部文化生态的多样性，决定了西部文化发展的丰富性和多样性，保护和利用西部文化资源，建立良好的文化生态环境，是文化产业开发的基础。西部丰富的文化资源、巨大的消费市场需求、文化产业的优势和薄弱的产业化基础、发育不完善的文化市场、低下的内生消费水平的劣势所形成的巨大反差，共同构成西部地区文化产业发展的基本状况。在发挥资源优势、走差异化发展道路的过程中，西部地区在探索中逐渐形成了资源依赖型、政策支持型、特色项目促进型、品牌主导外向型的文化产业的发展模式。对西部地区而言，文化产业成长为国民经济的支柱产业虽有难度，但也只要立足于文化资源的开发利用，走特色发展之路，在西部地区通过开发文化产业，促进经济增长，不仅是可能的也是可行的。地处西北内陆的甘肃，省区文化具有兼容并包、多元共生的特点；甘肃独特的地理条件形成了复杂多样、别具一格的自然景观，也形成了绚丽多彩、丰富多元的人文景观。甘肃的文化产业开发的区域性战略是：以兰州为中心，天水和酒泉嘉峪关为副中心，以丝绸之路文化产业带为重点，六大板块联动，可概括为“三心一带六板块”。具体思路是：把兰州、天水、酒泉嘉峪关建成甘肃文化产业创意、研发、推介、生产、营销三大中心；把东西横穿甘肃境内1600多公里的丝绸之路沿线建成文化产业发展带；发掘并提升陇东高原文化、陇中丘陵文化、陇南山地文化、兰州河谷文化、甘南草原文化和河西走廊文化六大板块的文化价值和经济效益。

丝绸之路是贯通亚欧腹地的一条国际文化线路，既是经济贸易之路，也是文化交流之路。丝绸之路申报世界遗产充分体现了《世界遗产公约》的精神实质，丝绸之路列为世界遗产，将对人类珍贵文化遗存的全面保护，对东西方经济文化的交流，对沿线国家的社会发展与和平稳定都会起到巨大推动作用。通过对古代丝绸之路的保护和开发，既可以为沿线的发展中国家提供可资参考的宝贵的历史经验，又能与全面贯通的亚欧大陆桥相辅相成，全方位地拓展其辐射功能，一线串珠，襟带万里，沿桥各国的经济文化必将日益繁荣起来。丝绸之路作为一条推动人类向文明进化之路，不仅可成为世界遗产，而且以丝绸之路为轴线，充分挖掘沿线丰富的文化资源，创造更加丰富、更高质量的文化产品和文化服务，加强丝绸之路沿线各国文化交流和贸易往来，可以建成一条横贯欧亚的丝绸之路文化产业带。以丝绸之路文化为天然纽带，沿线各国都能找到相互之间的文化记忆，甚至相近的文化符号，以文化认同为基础增强政治互信和经贸互通，在更大的国际平台上谋划文化产业发展，通过国际性文化贸易、开展产业项目合作、建设国际营销网络等方式，推进国际文化产业共同发展。通过丝绸之路文化产业带建设，在促进沿线国家不同文化的交相辉映、交流互鉴的同时，也有助于提升沿线国家国际话语权和影响力，增强这一区域在国际事务中的声音和话语权。

早在2004年4月19日《人民日报》就发表《丝绸之路申报世界遗产可行》一文，就丝绸之路跨国申报世界遗产的可行性做了探讨和阐述。2014年第38届世界遗产大会上，中国与吉尔吉斯斯坦、哈萨克斯坦跨国申报的“丝绸之路：起始段和天山廊道的路网”列入《世界遗产名录》。

论文《西部文化生态保护与文化资源开发的关系》被《新华文摘》和人大复印报刊资料《文化研究》全文转载，并获得甘肃省第八次社科优秀成果一等奖；专家对著作《中国西部文化发展战略研究》的评价是：“以开阔的视野、敏锐的眼光和发展的意识，把西部文化发展问题，置于历史与现实，西部（中国）与世界的联系中，置于经济与文化的相互关系内和西部大开发的背景下，进行宏观研究，其立意和起点超越了一般文化领域和学术范围，真正具备了战略意义、创新意识和理论价值。”此书获得甘肃省第九次社科优秀成果一等奖。著作《甘肃文化产业发展研究》出版后，评论者认为此书有着“学术与政策的双重关照”“理论与实践的紧密结合”“宏观与微观的多维透视”三大特点，是“基于多年的理论思考和广泛的实践调查，从区域发展的角度将文化作为产业的时代属性和经济价值的图景予以展现，是‘产学研’结合的代表性成果，在内容、方法、视角等诸多方面具有典范意义”。此书获得甘肃省第十四次社科优秀成果二等奖。《中国梦的文化指向》出版后不久，就登上《光明日报》发布的“中国高校出版社书榜”（5月）榜单，同年又获得第四届中国大学出版社图书奖二等奖。《光明日报》2016年1月5日发表书评《中国梦的文化意蕴》一文，认为该书“在深入分析论证的基础上，创造性地概括出了中国梦的文化意蕴这一主线，既有理论探索，又有文化气概，在当前众多解读中国梦的著作当中独树一帜，开中国梦的文化专题研究之先河”。

案例十:

哈萨克斯坦民众对中国及中哈共建"丝绸之路经济带"的民意分析

——兰州大学新闻与传播学院

哈萨克斯坦作为我国西北边陲最重要的邻国之一，从历史上、文化上都与中国有着千丝万缕的联系；哈萨克斯坦是中国在中亚地区重要的经贸合作伙伴，是中国实施"市场多元化"战略和企业"走出去"战略的重要国家之一。从国土面积来看，哈萨克斯坦排名世界第九位，是世界上最大的内陆国，也是中亚地区最大的国家，并且东南与中国新疆接壤。幅员辽阔的国土资源和得天独厚的地缘优势，为中国和哈萨克斯坦之间的经贸合作以及文化交流创造了良好的条件。共建"丝绸之路经济带"的构想正是2013年9月习近平主席在哈萨克斯坦纳扎尔巴耶夫大学演讲时明确提出的，这一构想的提出为进一步推动和加快中哈合作提供了契机。那么，哈萨克斯坦民众如何看待中国提出的"丝绸之路经济带"？对中国的印象又如何？这些问题是在中哈合作的过程中需要及时掌握的。

本研究采用问卷调查的方法对哈萨克斯坦国北方阿斯塔纳地区20岁到65岁之间的居民进行了调查，目的在于了解当地居民对中国的认知及对中哈共建"丝绸之路经济带"的态度。调查工作开始于2016年12月底，至2017年1月底完成。共发放问卷220份，有效问卷215份。

一、调查结果

1.哈萨克斯坦民众对中国的了解程度一般。

调查结果显示，受访者对中国"很了解"的比例仅有11.2%，绝大多数为"一般了解"（74%），其中到过中国的哈萨克斯坦民众对中国的了解程度明显增加，"很了解"的比例达33.9%。哈萨克斯坦民众了解中国的途径以网络（60%）为主，其他如电视、报纸为辅。从了解的内容来看，了解程度较高的是经济与政治，比例分别为61.9%和21.9%，其他方面了解相对较少。

2.绝大多数哈萨克斯坦民众对中国持好印象、喜欢中国，认为中国对哈萨克斯坦比较友好。

调查结果显示，90.7%的受访者对中国持有好印象，好印象的原因首先是“中国发展很成功，经济迅速强盛，人们生活水平高”（43.5%），其次是“中国对哈萨克斯坦很友好，和中国合作对我们有好处”（29.2%），其他原因还有“中华民族是友好、善良、勤劳的民族”“中国有着悠久的历史文化”等。少数哈萨克斯坦民众持不好印象的主要原因是“中国的劣质商品充斥我们的市场”（55.0%），其次是“中国盗用我们的自然资源”（25.0%）和“中国人狡猾、贪婪，不相信中国人”（20%）。

85.6%的受访者偏向喜欢中国，喜欢的内容包括饮食、艺术、商品、历史、文字等；96.7%的受访者认为中国对哈萨克斯坦友好；87.4%的受访者认为中国在世界政治和经济舞台中发挥着重要的作用。

3.哈萨克斯坦民众对共建“丝绸之路经济带”持肯定态度。

95.3%的受访者支持中哈共建“丝绸之路经济带”，93%的受访者认为共建“丝绸之路经济带”对哈萨克斯坦有帮助，仅有少数受访者表示说不清楚。受访者认为，共建给哈萨克斯坦带来的最大贡献是经济贸易（47.9%），其次是能源合作（29.8%），再次是交通运输（19.5%），最后是人才交流（2.8%）。从中哈共建“丝绸之路经济带”的意义来看，受访者认为首先是拉动哈萨克斯坦的经济增长，带来更多就业机会（40.9%），其次是推动中哈两国友好合作关系（34.4%），再次是发挥哈萨克斯坦在区域合作中的积极作用（18.1%），最后是改善哈萨克斯坦的基础设施，使百姓生活更加便利（6.5%）

二、研判与分析

从调查结果来看，哈萨克斯坦民众对中国持友好态度，对中哈共建“丝绸之路经济带”持肯定态度，尤其是认为中哈共建将促进哈萨克斯坦经济增长，这为中哈共建奠定了良好的民意基础。但鉴于哈萨克斯坦民众对中国的了解程度不够高，特别是除了经济、政治之外的中国的历史、文化、社会等各个方面了解较少，今后需要为两国民众相互来往提供更加便利的条件，增进两国民众的相互交流，让哈萨克斯坦民众增强对中国的了解，对进一步增进中哈两国的深度合作奠定良好的民意基础。另外基于目前哈萨克斯坦民众主要通过网络了解中国，因此今后中国方面需要加大和哈萨克斯坦媒介的合作，通过网络媒介让中国更多的方面展现在哈萨克斯坦民众面前。

对于调查中少数受访者反映的“中国的劣质商品充斥我们的市场”，则需要加大质量监控力度，杜绝伪劣产品流入哈萨克斯坦市场，因为产品形象是国家形象的一个重要方面，伪劣产品带来的不仅仅是对产品信任度的丧失，而且将损毁中国的国家形象。对于“中国盗用我们的自然资源”，则是历史遗留问题，由于两国有较长的相邻边境线，在资源开采利用方面经常出现争端，针对这一问题，今后两国需要加大对自然资源利用的协商力度，解决相关的争端，合理开采利用两国相邻的自然资源，共同维护边境线良好的生态环境。

案例十一：

服务"一带一路"，聚焦中药与天然药用植物资源开发利用

——兰州大学药学院

中医药凝聚着中华民族传统文化的精华，是中华文明与"一带一路"沿线国家人文交流的重要内容。随着医学模式和人们健康观念的转变，中医药作为国际医学体系的重要组成部分，在防治常见病、多发病、慢性病及重大疾病中的疗效和作用日益得到国际社会的认可和接受。《中医药创新发展规划纲要（2006—2020年）》和《中医药"一带一路"发展规划（2016—2020年）》的出台，更加使中医药作为中华文明与"一带一路"沿线国家交流合作的最佳载体，很好地促进了与沿线国家的民心相通。

兰州大学药学院以研究西北丰富的中药和民族药资源为特色，以建设具有区域特色的研究型、国际化药学院为目标。药学院始终围绕我国西北中医药产业发展需求，结合国家"一带一路"倡议，优化学科科技资源的配置，针对中药产业链关键环节中的科学问题，利用地域特色中药和药用植物资源，以中药和药用植物资源的深度挖掘和开发利用为切入点，发挥学科在科技创新、成果转化与科技服务方面的优势，实现学科建设与服务地方经济社会发展的有机结合。我们在"一带一路"方面开展的工作主要有几个方面。

一、中药和药用植物资源调查

甘肃地处丝绸之路黄金段，全省地域辽阔，地形地貌复杂多样，各地气候差异较大，中药资源优势十分突出，素有"千年药乡""天然药都"的美誉。

多来年，药学院生药学团队针对西北特色药用植物和甘肃道地药材开展资源调查、分类鉴定等研究，编纂完成了《甘肃中草药资源志》。全书记载植物、动物、矿物类药2540种，其中植物药2020种，对每种药物的名称、来源、形态、生境、分布、化学成分和应用等做了扼要记述，较为全面地反映甘肃省中草药资源的分布状况，为甘肃及西北中草药资源的开发利用发挥了

重要作用，并为甘肃中草药资源及生态环境的保护、医药生产、教学、科研等方面提供重要参考。完成全国第四次中药资源普查（试点）——漳县和天祝县的普查任务，共调查区域（样带）12个、样地76个、样方套380个、样方2280个，制作标本4000多份。累计采集药材100种，采集种子30种，拍摄照片4万余张，拍摄视频4份，调查栽培品种近20种；制定了各县较详细的产业发展报告、特色药材品种报告等，为今后县域中药产业的发展提供了很好的基础科技材料。

二、中药与天然药物质量控制及产品开发

中药与天然药物研究团队利用已构建的中药药物代谢动力学研究体系、中药材及中药制剂中多指标成分测定方法研究体系、中药材及中药制剂指纹图谱质控理论及技术研究体系，广泛开展中药质量标准研究、中药新药及保健品的研发、中药产地加工技术和新型饮片研发。

胡芳弟教授课题组针对甘肃特色中药材及优质道地中药大品种党参、黄芪、甘草、当归、大黄等系统开展中药化学成分分离分析；中药成分分类学；体内药物分析；中药质量标准；中药新药及保健食品研发；中药药效物质基础研究；基于中药活性成分及疾病相关生物标志物灵敏测定的传感器研究及药物载体研究。主持及参与完成科研项目40余项，主持完成的“甘肃优质道地药材产地加工炮制一体化关键技术研究”项目直接从甘肃六大道地药材鲜药材着手，运用现代新型干燥技术，系统开展了甘肃六大道地产地加工与炮制一体化技术，以及甘肃六大道地药材中有效成分在不同干燥过程中生物酶、微生物等因素的影响机理，为实现甘肃六大道地药材产地加工标准化、规模化、产业化提供技术支持，保证甘肃六大道地药材及饮片的安全性、有效性、标准性、道地性。基于鲜药材的研究可充分表征药材质量，从药材初加工源头降低活性成分的损失，对实现甘肃六大道地药材的品质保证，保持甘肃中药资源的高效利用和发展地方经济都具有重要的参考价值。主持完成的“天然党参多糖及其硒化物的制备、活性研究及应用”项目获2016年兰州市科技发明一等奖和甘肃省科技进步二等奖，发明专利“党参硒多糖的制备及其应用”获2015年甘肃省专利奖三等奖。主持完成了“党参山楂健脾养胃咀嚼片的研制”“基于药物代谢动力学的青娥方配伍规律研究”“甘肃党参药材道地性评价方法研究”“纹党参鲜药材产地加工炮制一体化关

键技术研究”“党参山楂复合型功能饮料的研发”“青黛百年抗氧化胶囊的研发”等项目，开发保健食品3个，开发即食饮片20余种。参与完成的“基于色谱技术的甘肃特色中药质量标准研究平台构建及在中药新药研究中的应用”获2012年兰州市科技进步一等奖和甘肃省科技进步二等奖；参与的“甘肃省省长基金——甘肃优质道地药材品种质量标准研究”获甘肃省皇甫谧科技进步一等奖和甘肃省科技进步三等奖。参与的科技部“九五”科技攻关专题“当归、大黄的规律化种植研究”项目获得甘肃省高校科技进步一等奖，参与了科技部“十二五”科技计划项目“当归规范化种植基地优化升级及系列产品综合开发研究”项目。发表学术论文80余篇，其中SCI论文30篇。主编教材2部。申请国家发明专利12项，已授权5项。

封士兰教授课题组针对红芪、黄芪、当归和少毛北前胡中药制剂开展系统研究，小分子及大分子（多糖）化合物提取分离、结构研究、化学成分在动物体内代谢及血清药物化学研究，中药指纹图谱、谱效关联及药效物质基础研究等领域做了大量翔实的工作，完成国家科技部、甘肃省、兰州市等多项中药研究项目，主持完成的“基于色谱技术的甘肃优质道地药材质量标准研究”“甘肃特色中药材红芪多糖的研究”“甘肃产中草药有效成分（甘草黄酮、刺五加苷等）提取分离及工业化工艺研究”分别获甘肃省科技进步二等奖、三等奖和三等奖。另作为主要完成人完成多个项目，并获省科技进步二等奖三项、三等奖两项。作为项目负责人获兰州市科技进步一等奖两项、二等奖一项，甘肃省药学发展一等奖一项。发表论文120余篇，获得专利授权7项，研发出中药保健食品2个，取得了一定成绩。

三、天然药物先导发现、多样性合成及活性评价

药学院药物化学研究所以“西部植物活性资源研究”为导向，以“天然药物化学”和“药物分子设计与合成”为主要研究方向，系统开展了天然源生物活性功能分子的先导发现、多样性导向合成、药效评价及其作用机制研究。

刘映前教授课题组以西部药用植物活性物质喜树碱为先导分子，系统开展了该物质的衍生合成、结构优化以及构效关系与抗肿瘤作用机理研究，其研究成果先后发表在*Medicinal Research Reviews*、*Journal of Medicinal Chemistry*、*Bioorganic & Medicinal Chemistry*等国际知名药学期刊上，申请专利10余

项，PCT 1项。研究以全合成或转向性全合成策略为切入点，获得了以A和B环为修饰目标的高活性先导骨架，进一步丰富了喜树碱类生物碱分子骨架；应用纳米新技术研制了WCN-21纳米药物和喜树碱-5-氟尿嘧啶双核纳米药物，有效地改善了喜树碱的溶解性和生物利用度，提高了喜树碱抗肿瘤活性；以构效关系为线索，通过活性官能团导向设计策略，在喜树碱7位或20位引入胺、磺酰胺、腙、脒、脲、硫脲、磷酸酯等多个活性结构单元，多样性导向合成设计了500多个高活性、全新结构的新一代喜树碱类TopoI抑制剂，获得了以YQL-9a为代表的高活性候选分子。与已上市的同类药物相比，该候选分子具有比较明显的优势，如该分子在作用时，血浆蛋白结合低、对靶点拓扑异构酶作用强，在体内外都呈现出显著的抗肿瘤作用，有望开发一类具有自主知识产权的喜树碱类抗肿瘤药物。

四、西北区域医药产业经济发展政策研究

区域医药产业经济发展政策研究是协助地方政府部门制定行业政策法规和产业发展规划，并为政府部门的重大决策提供专业技术咨询服务。

罗臻副教授课题组近几年先后主持完成了《甘肃国家中医药产业发展综合试验区总体方案》《兰州国家生物产业基地总体发展规划》《定西国家中医药原料保障供应基地发展规划》《甘肃省陇药产业"十三五"发展规划》《中国制造2025甘肃行动生物医药和高性能医疗器械专项计划》和《甘肃省药品流通行业"十三五"发展规划》等区域医药产业发展的规划，其中《甘肃国家中医药产业发展综合试验区总体方案》研究成果直接推动甘肃省成为全国首个国家中医药产业发展综合试验区。该成果的重要意义为：一是研究成果提出了甘肃国家中医药产业发展综合试验区探索创新发展的八个方向，将为全国中医药产业发展探索新路径、积累新经验；二是试验区建设将为甘肃省加快破解发展瓶颈和培育新的经济增长点提供有力支撑；三是研究提出了甘肃国家中医药产业发展综合试验区在推进"一带一路"建设中的积极作用和甘肃中医药产业国际化发展的实现路径，提出了我国中医药产业向西开放的发展策略。

五、国际（地区）交流

学院积极进行国际合作与交流项目，并组织国际会议，促进国际合作与

交流。目前，学院承担着国家重点研发计划政府间国际科技创新合作重点专项的研究项目——基于代谢组学的西北道地药材的品质及其分子机制研究。本项目利用全成分高通量分析的代谢组学方法对西北地区道地药材的质量进行全面系统的研究，分析西北道地药材的独特品质。利用多种色谱技术进行代谢物的分离纯化，用质谱和核磁共振谱等光谱技术阐明反映道地药材特有品质的化学分子基础。同时进行代谢物抗炎、抗肥胖等生物活性评价，挖掘能够发挥药理作用而含量低的成分，阐明道地药材代谢组整体化学信息和药效的关系，对于指导道地药材及其制剂的质量控制和临床合理用药具有非常重要的意义。

2017年8月23日至27日，由兰州大学主办，药学院承办的首届中日代谢组学研讨会在兰州大学召开，来自日本和国内20多家高校及科研院的40多名代表参加了本次研讨会。大会的成功召开，不仅促进了各大科研院所代谢组学领域专家、学者的交流与合作，也充分展现了目前国内外代谢组学领域的研究水平，为国际代谢组学领域各类成果充分搭建了展示平台，为我国尤其是兰州大学代谢组学及其相关领域的交流和合作提供方便。

2017年9月23日至10月13日，学院杨志刚副教授前往塔吉克斯坦和巴基斯坦，进行兴都库什、喀喇昆仑和帕米尔高原的首次综合科学考察（学校参加科考人员：龙瑞军、宗咯·漾正冈布、张东菊、张立勋、妥超群、杨志刚、张涛）。杨志刚老师主要进行了药用植物方面的调研考察，发现这一区域分布有较丰富的重要药用植物资源，如光果甘草、沙棘、中麻黄、骆驼蓬等。同时，从药用植物鉴定、植物园建设、药用植物资源的保护及开发利用等方面同有关单位进行了深入探讨和交流，为今后开展“一带一路”国家间药用植物交流与合作奠定了坚实的基础。

2017年12月22日，“中—韩合作交流研讨会”在药学院圆满召开，药学院还与韩国首尔大学天然产物研究中心联合成立“中—韩天然药物研究中心”。近20名国内外与会人员就如何以“一带一路”倡议和“推动中医药和民族医药事业发展”为契机，加强兰大药学院、甘肃省药检院、奇正藏药集团、甘肃陇神戎发药业股份有限公司等医药行业企事业单位与韩国医药院校及科研单位之间的合作和交流，打开国际合作窗口等方面，展开积极研讨交流。今后，研究中心将以“中药”与“西部药用植物资源”为研究主线，双方系统开展中药物质基础与质量控制、药效物质发现与改造、制剂成型与工艺、品质与质量评价、养生保健品开发以及基于药用植物资源次生代谢产物的先导发现与新药创制研究等方面的合作。此次国际合作的顺利推进，充分发挥高校智库作用，集合甘肃药学行业力量，不但加强了省内药学行业企事业单位的合作和交流，提升了为甘肃乃至西部大健康产业服务的能力，而且为今后开展“中—韩”中药和民族药的合作与交流奠定了良好的基础。

六、展望

2017年10月，药学院成立了“一带一路”天然药物与医药产业研究中心。该中心依据药学学科特色，发挥区位和地缘优势，瞄准国际药学领域的发展前沿，以研发防治西北高发疾病的创新药物为主要目标，聚焦西北中药和民族药、“一带一路”天然药用植物这一区域特色资源，“重点突破、以点带面”，建设集药用植物资源普查、中药开发、药用植物资源高值化利用、成药性评价为一体化的特色鲜明的药物发现和筛选平台。同时，中心将按照开放合作、服务产业、传播文化的思路，立足甘肃，面向西北，主动对接“一带一路”倡议，以中医药“一带一路”国际合作为抓手，开展中医药产业现代化、国际化创新发展战略与路径研究，推动中医药的现代化和标准化；探索中药材产业在西北欠发达地区县域经济发展和精准扶贫中的地位、作用和发展措施，探索“一带一路”医药科技文化合作交流和人才培养机制、模式；以“一带一路”沿线国家药事管理政策法规体系为主线，开展医药产业国际合作战略研究，探索医药产业国际合作新机制、新模式、新路径和新内容。

案例十二：

“一带一路”倡议下的边疆治理理论
——通道地带理论初探

一、主要涵盖典型案例的研究缘起

边疆研究与国家相始终，因为边疆是人类保护自己利益免受损失的政体。国家在不同时代面临的危机不同，其中对国家威胁较大的危机则来自国家边疆，因此边疆就成为不同国家面临危机时关注的焦点。人类历史上曾经盛极一时的帝国都曾有过自己的边疆治理方式，如波斯帝国的驿站制度、亚历山帝国的城堡制度、中国周王朝的分封制等等。但随着人类布满亚欧非老大陆且不断以各种方式迁徙到新大陆最终使整个地球的陆地都充满人类时，近代国家的边疆就成为各自获取利益的界线，如海陆空疆组成的硬边疆。即使如此，国家内部的资源无法满足其要求时，总是会越过国界寻找资源，或国家实力不足而无法阻碍大国强国攫取其资源时，国家利益越出或内缩硬边疆的软边疆就产生了。为此产生的众多边疆理论足以说明这些。如欧亚心脏理论、国家空间有机体理论、殖民地理论、欧洲一体化理论、互相边疆理论、反应冲击模式、民族自决权理论、移动边疆理论、新边疆理论、高边疆理论、新帝国理论等等。这些理论从全球角度来说均是大国强国与小国弱国博弈的方式，从国家角度来说则是维护本国利益的手段，因而对中国的边疆治理实践不可能产生“因地制宜”的效果。中国作为地球上历史悠久的国家之一，其边疆治理的成功经验就是守中治边。近代以来随着治边的中心从硬边疆向软边疆转变，则有五族共和、民族区域自治、多元一体、三圈论、五大板块等与边疆治理相关的理论。但随着全球化的速度越来越快，“一带一路”倡议惠及边疆及沿线各国，中国很难再以传统的边疆治理方式面对以交流与合作为主题的国家及其边疆关系。因此中国边疆研究必须创新边疆理论，以便为解决诸多边疆问题提供切实可行的理论指导。这就是本文作者经过多年边疆研究的探索提出通道地带理论的时代背景。当然本文提出的通道地带理论仅仅是一家之说，敬请各方专家批评指正。

二、研究内容

第一，中国四大生态文化区域。一是高纬度生态文化区域，就是指东起大兴安岭西至阿尔泰山、以游牧经济及其相应的部落制度和不同语言习俗宗教为特征的蒙古高原区域。二是高海拔生态文化区，就是指北至河西走廊、南到云贵高原、东与四川盆地接壤、西与新疆南疆相连的青藏高原，以高海拔的山谷农业和高山畜牧为主要经济，社会制度及文化呈现出农牧结合特征。三是低海拔生态文化区，包括珠江、长江、淮河、黄河、辽河、松花江、黑龙江等平原区域，尽管这一区域因纬度跨度较大而种植不一样的农作物，但各个平原之间通过人工的大运河和南岭、秦岭等通道而连接，经济上的共同性则是以能够养育更多人口的灌溉农业著称，社会制度与文化因定居而呈现阶层性。四是沙漠戈壁绿洲生态文化区，它东与黄土高原接壤，西至帕米尔高原，南与青藏高原和昆仑山相连，北至蒙古高原西部和新疆北疆。经济以绿洲农业和游牧为主，以穿越整个丝绸之路的商业为辅，社会制度和习俗信仰以绿洲为中心而形成，依靠绿洲之间的连接而传播和互相影响，具有多元特征。

第二，三大通道地带。四大生态文化区域的交汇地带就是本文所说的通道地带。这个通道地带，是由三个通道子地带组成的。第一个通道子地带是长城地带，即连接长城南部农区与长城北部牧区的通道地带；第二个通道子地带就是丝绸之路，即黄土高原西北部农牧兼营地带向绿洲农牧过渡的通道地带；第三个通道子地带就是藏彝走廊沿线从东部平原的灌溉农业向高山牧业及从北部黄土高原与青藏高原结合处向南部云贵高原山地过渡的通道地带。其中长城以系列山脉为界、丝绸之路以系列沟壑为界、藏彝走廊以系列河流为界将中国内部分为四个生态文化区域。这三个通道子地带向内呈不规则的“十字形”在中国的地理中心甘肃省会合，向外则通向中国东北、北方、西北和西南边疆区域，成为中国与周边国家联系的桥梁。即三个通道子地带连成一体，构成内连中国的四大生态文化区域、外接中国周边国家的通道地带。

三、基本结论

从共时性视角来说，中国是由通道地带连接的四大生态文化区组成的国家；从历时性视角来说，中国最早的类人和人类首先选择地理与气候均适合他们的通道地带生存，并在人口不断繁衍的情况下向四大生态文化区域迁徙，但根在通道地带，通道地带也一直起着连接源头与边疆的作用；从中心与边疆的互动视角来说，中国中心的凝聚力与边疆的离心力在通道地带博弈的结果形成均衡态势，中国就在动态稳定中持续发展。

四、主要创新

中国边疆治理的中心，不仅在中国现在的中心地带，也不仅在中国现在的边疆地带，而是在中国经过时空发展的通道地带。地理上的通道地带，就是由长城、丝绸之路及藏彝走廊组成的夹杂在北部蒙古高原、西部沙漠戈壁绿洲、西南青藏高原、东部平原区域等中国内部四大生态文化区之间的农牧混合地带。从横向角度来说，通道地带连接中国四大生态文化区；从纵向视野来说，中国祖先在通道地带起源、发展并向四周拓展并形成中国边疆；从中国中心与边疆的相互关系来说，通道地带是中国边疆与中心聚合与离心力量相互博弈的纽带。当今天中国边疆面临诸多问题时，通道地带对内的吸引和凝聚作用、对外的桥梁作用、对边疆具体问题的源头和症结作用不容忽视。

五、学术与社会影响

本成果在CSSCI（A）类期刊《思想战线》2017年第2期发表以后，引起一定的反响。本成果作者曾在云南大学、广西民族大学、四川大学、内蒙古师范大学、宁夏大学、青海师范大学等地举办讲座，对通道地带理论进行阐释和说明，得到学术界的认同。除此之外，本文的部分内容被国家相关部门采纳，采纳的证明就是国家相关部门在论述“一带一路”倡议时，曾说到，我们不仅要大力建设大通道，也要疏通毛细血管等小通道等等。

案例十三：

"一带一路"工作总结

——兰州大学国际处

一、专家引进

围绕国家"一带一路"倡议及"双一流"建设目标，国际处结合我校俄语国家高层次人才需求，广泛联络俄罗斯等6个俄语国家的20余所高校，为相关学院提供了47份"一带一路"外籍专家简历，为外国语学院引进"一带一路"专业外籍专家3位，助推学校国际化师资队伍建设。

二、"一带一路"高校联盟相关工作

2015年10月，在甘肃省政府的倡议下，由兰州大学、复旦大学、北京师范大学等发起，8个"一带一路"沿线国家和地区的47所高校联合发布了《敦煌共识》，成立了"一带一路"高校联盟。

2016年9月18日，首届"一带一路"高校联盟主题论坛在敦煌举行。中国科技大学、印度苏里尼大学、英国斯旺西大学等79所高校作为新成员加入联盟，至此，联盟高校由最初的47所增加至126所，涵盖了亚、欧、非、北美、南美等6大洲的23个国家和地区，共商沿线国家高等教育交流合作的"大计"。与会联盟院校签署了"一带一路"高校联盟合作备忘录。合作领域将围绕人才培养、科学研究、学科建设和教师队伍交流、交换、培训，以及鼓励知识技术共享等。合作方式还将以互派留学生，联合申请科研项目，联合建立科研基地、高校智库，组建学科联盟，开展合作办学，加强各方在科研、文化交流、人员往来等领域的合作，推进一批重点合作项目，每年召开一次主题论坛等形式。

2017年9月20日，"一带一路"高校联盟大学校长论坛在敦煌举行。兰州大学作为主请单位邀请的10余个国家和地区的27所国内外高校的60多名校长、专家出席论坛，并围绕"开放、交流、发展——强化'一带一路'高校联盟，助推一流大学建设”展开对话交流。埃及艾因夏姆斯大学、澳大利亚迪肯大学、阿塞拜疆石油工业大学、美国堪萨斯州福特海斯州立大学以及国内的南京大学、中山大学、中央民族大学、中国海洋大学、北京科技大学、中国石油大学（华东）等22所高校作为新成员加入联盟，联盟成员总数达到148个，涵盖了亚、欧、非、北美、南美等6大洲的27个国家。

澳大利亚迪肯大学常务副校长加里·史密斯（Gary Smith）教授、南京大学党委常务副书记杨忠教授、埃及亚历山大大学校长埃萨姆·伊卡尔迪（Essam El-Kordi）教授、同济大学副校长江波博士、四川大学副校长晏世经教授、日本东北大学多元物质研究所所长村松淳司教授、巴基斯坦国际伊斯兰大学副校长阿齐兹·内维德（Aqdas Naveed）教授、中国海洋大学副校长闫菊博士、香港浸会大学协理副校长黄煜教授分别应邀做主旨发言，希望与兰州大学等联盟成员高校一同努力，加强交流合作，共绘“一带一路”教育交流合作的美好蓝图。

论坛期间，在郝远、王慧和王海燕以及所有参会代表的共同见证下，兰州大学分别与澳大利亚迪肯大学、埃及亚历山大大学签署了校际合作协议。兰州大学将与迪肯大学重点推进共建孔子学院和学生交流领域的合作，积极推动与亚历山大大学的学生交流。兰州大学与日本东北大学联合共建环境净化与能源转化材料联合研究中心也同日揭牌，双方将在环境净化和能源转换材料方面建设项目-人才-基地相结合的国际科技合作模式，开展国际前沿科研合作，培养高水平人才。

为积极响应和有效落实教育部《推进共建“一带一路”教育行动》计划，“一带一路”高校联盟将发挥积极作用和整体效应，在高层磋商、项目实施、留学生培养、教育资源共享、教育交流合作等方面，搭建更多平台，开辟更多渠道，适时吸纳新成员、注入新活力，努力打造多主体、全方位、跨领域的全面开放的高端联盟。不断加强在人才培养机制、联合培养体系、学科建设平台、学术交流对话、文化推广认知等方面的交流与合作，把“一带一路”高校联盟建成深度交流的高端联盟，实现联盟成员之间的互知互信、互帮互助、互学互鉴。

第三部分　机构简介

兰州大学『一带一路』研究中心

兰州大学中亚研究所

兰州大学敦煌学研究所

兰州大学西北少数民族研究中心

兰州大学意大利研究中心

兰州大学“一带一路”研究中心简介

兰州大学是“一带一路”智库合作联盟“中国—中亚—西亚”分网络牵头单位，也是“一带一路”高校联盟秘书长单位。为全面推动我校多学科、多领域的“一带一路”研究向纵深发展，引领学科建设特别是哲学社会科学学科向高水平、国际化的方向迈进，着力打造中国特色新型智库，2017年7月5日学校决定将原“兰州大学丝绸之路经济带研究中心”拓展为“兰州大学一带一路研究中心”。

中心定位：研究中心以服务“一带一路”国家倡议为根本宗旨，聚焦我国西部地区和“丝绸之路经济带”沿线地区的自然资源开发与利用、经济和社会发展、环境保护、气候变迁、教育培训、科学文化、医疗卫生、国际交往等热点领域问题，充分发挥我校学科门类齐全、科研力量雄厚的学术优势和学校地处“丝绸之路经济带”黄金段的区位优势，整合校内校外、国内国外特别是“一带一路”联盟高校的资源，在开展学术研究的基础上重点进行政策研究，为国家和区域发展提供科学决策咨询和智力支撑。

中心目标：结合兰州大学的综合基础和特色优势，通过整合学校各有关学院、学科的优势力量，组建跨学科交叉集群、文理农医深度融合、高水平国际合作的研究团队，集学术研究、决策咨询、人才培养、国际交流、舆论引导等五大功能于一体，在服务“一带一路”国家和区域重大战略需求中有效推进学科建设、学科交叉融合和创新团队成长，将中心建设成为国内具有重要影响力的综合性智库。

组织架构：“兰州大学一带一路研究中心”是隶属于学校的校级研究咨询平台，挂靠社会科学处。研究中心实行主任负责制，设立咨询委员会，对研究中心的总体规划、顶层设计、资源募集和重大事项决策提供咨询建议；设立学术委员会，负责审议研究中心科学研究、学术交流、工作计划等重大事项以及需要提交审议的其他学术事务。采取实体为主、虚实结合的运行机制。

主要任务：组织开展与“一带一路”倡议密切相关的基础性、应用性和综合性课题研究；为国家提供“一带一路”沿线核心节点国家一流的政策与决策咨询服务；为甘肃省融入和推进“一带一路”建设提供智力支持；为企业海外投资和“一带一路”沿线核心节点国家青年创新创业提供相关的决策咨询服务；为国家和“一带一路”沿线有关国家培养、培训与“一带一路”相关的高层次人才；提供“一带一路”国际合作和政、产、学、研凝聚共识的高端对话平台；促进兰州大学人文社会科学和相关学科优势研究成果向智库成果转化。

研究对象和主要研究内容：根据“一带一路”国家和区域重大现实需求，结合学校的综合基础和特色优势，整合校内外优势研究力量和研究资源，以中国—中亚—西亚经济走廊、中巴经济走廊及沿线节点国家为研究对象，适度辐射其他节点国家。在以上国家和区域研究对象前提下，围绕如何实现政策沟通、设施联通、贸易畅通、资金融通、民心相通等“五通”开展综合研究，重点围绕国别和区域研究、区域经济联动发展与企业创新、敦煌丝路文明与跨国民族社会、农业发展与生态安全政策、公共卫生与医药产业发展政策等五个方面开展研究。

成果设计和要求：每年举办一期“一带一路”高端学术论坛；每年出版兰州大学“一带一路”研究年度报告（蓝皮书）；提交、发表、出版围绕研究平台主题的政策研究报告、论文、专著等，其中政策研究报告分内参和公开两种形式；按月编辑出版《智库观点快报》，反映研究中心和相关智库的最新观点和成果动态；建设研究中心“一带一路”研究基础资料数据库；在研究中心官方网站、官方微信公众平台等进行成果发布、舆论引导。

兰州大学一带一路研究中心
官方公众号

官网：http://ldbr.lzu.edu.cn

官微：兰州大学一带一路研究中心

兰州大学中亚研究所简介

兰州大学中亚研究所（ICAS）成立于1994年3月，是国内较早建立的专事中亚及新疆问题研究的专业学术机构。研究所现有成员15人，所长为杨恕教授。自建所之日起，研究所就以维护国家西北边疆安全、促进中国与中亚国家之间的友好关系为宗旨，以为国家相关部门提供决策建议和培养专门研究人才为主要目标。特别是在中亚问题、反对新疆分裂主义、反恐怖主义等方面做了大量理论研究工作，取得了一批成果，在为政府决策服务方面做了许多工作，获得了多个部委的好评，取得了良好的学术和社会声誉。

长期以来，研究所依托兰州大学综合性大学的多学科优势，对中亚和新疆问题进行了全面研究，涉及政治、经济、民族、宗教、历史、文化、科教、资源环境及人口诸领域，研究工作兼顾基础理论与实际应用，并在上述研究领域居全国高校前列。目前，中亚所的特色研究领域主要集中在以下几个方面：

兰州大学中亚研究所
ICAS
Institute for Central Asian Studies Lanzhou University

中亚问题研究：中亚地区与我国毗邻，在历史上形成了多方面的密切联系。中亚五国独立以来，我国与它们迅速建立起良好的外交关系。中亚国家是我国反对和打击“三股势力”的主要战略伙伴，是维护我国西部边疆安全的重要屏障，是重要的油气资源和矿产资源的来源地，也是我国重要的商品出口市场。我国积极倡导组建的上海合作组织除中俄之外的4个成员国都在中亚，中亚是上海合作组织的核心区。在“大国是关键，周边是首要，发展中国家是基础，多边是舞台”的外交战略布局中，中亚无疑占有突出地位。中亚研究所紧紧围绕着国家的中亚战略，对中亚社会各方面及我中亚战略和政策做了全方位的研究。中亚所是国内最早进行中亚能源研究的机构之一，在世界上最早提出并公开发表了里海划分方案以及里海管线的五个战略方向；最早提出采取积极的中亚战略及政策的建议；中亚国家的政治文化传统对中亚国家社会转型的作用；上海合作组织研究；大国和中亚的关系；中亚安全及伊斯兰极端主义；中亚及阿富汗毒品问题；中亚水资源和国家关系；中亚国家间边界和国家关系；中亚矿产资源及我国对策研究。

反分裂主义研究：新疆面积占全国陆地领土的六分之一，蕴藏着丰富的自然资源，是我国向中亚、西亚、南亚开放的根据地。新疆的发展相当程度上决定了我国与中亚及周边国家的合作水平，决定了我国在新疆周边地区的影响力。近百年来，新疆分裂主义一直是国家领土主权完整的重大威胁，严重影响了新疆和西北边疆地区的稳定和发展，严重影响了地区安全与国际合作，干扰和破坏了我国的和平发展战略，占用了大量的外交资源，影响了我国的国际声誉。反分裂斗争的理论和实践研究，对国家稳定和发展具有重大现实意义。我们以反新疆分裂斗争的实践为基础，做了大量理论探索和政策咨询工作，并取得了一定的成绩。中亚研究所对世界和中国的分裂主义从其发生原因、发展过程等方面做了分类研究；分析了民族分裂主义的发展过程，对民族平等和民族成员平等、领土的历史归属和法律归属、文化隔离和民族分裂等一系列涉及分裂主义的重大问题提出了具有创新意义的见解；较系统地提出了文化反分裂的理论和政策；系统研究了新疆分裂主义的国际环境；系统研究了中亚地区与新疆分裂主义的关系。

反恐怖主义研究：在我国，恐怖主义的政治目的是分裂国家，恐怖主义是分裂主义的一种手段。反恐斗争是反分裂斗争的一部分，而最主要的恐怖主义是“东突”恐怖势力。随着我国国际地位不断提高，国际影响日益扩大，参与国际事务的力度日益加大，然而反分裂斗争的形势依然严峻，在国际恐怖势力的影响和支持下，涉疆恐怖势力的活动更加表现出其严重的干扰作用和破坏性。近年来，境内外发生的一系列恶性恐怖事件突出表明了反恐的重要性和迫切性。重视和加强反恐研究是一项重要的工作，我们在理论和对策研究方面做了大量工作，并在国内处于前沿，受到有关部门的重视。目前，我们的主要研究特色及方向包括：反恐怖主义理论研究；恐怖组织认定研究；城市安全的分等定级研究；网络恐怖主义；新疆恐怖活动对策研究；恐怖主义与伊斯兰极端主义、分裂主义的关系。

近年来，中亚研究所积极参与了多项国家重大科研项目，由我所主持的项目20余项。其中国家社科基金项目11项（其中重大项目1项），教育部人文社科重大课题攻关项目1项，教育部人文社科项目7项，国务院发展研究中心项目1项，科研总经费200多万元。

中亚所成立以来，在国内外发表论文200余篇。在国内发表论文180余篇，其中核心期刊约90篇；在美国、瑞典、俄罗斯、哈萨克斯坦、吉尔吉斯斯坦、塔吉克斯坦等国家发表外文论文20余篇。在各种内部研讨会上提交论文50余篇，公开出版专（译）著20余部，内部交流译著7部。

目前，中亚所已经形成了从本科到硕士、博士研究生阶段的完备的人才培养体系。本科培养阶段，设有国际关系、政治学与行政学专业；硕士研究生培养阶段，设有国际关系、国际政治、科学社会主义与国际共产主义运动专业；博士研究生培养阶段，设有马克思主义国际关系理论与中国对外关系专业。上述专业均面向国内外公开招生，研究所共开设了13门本科生专业课和10门研究生专业课。

在教育理念方面，坚持理论与实践并重，注重品德、能力和素质教育，以培养优秀的创新型人才为目标。研究生教育重在培养学生的学术研究能力，本科生教育突出基本素质和综合能力培养。毕业生的就业方向为大专院校和国家重点研究机构、政府职能部门、新闻机构及相关经济单位等与外事相关的工作，部分优秀硕士毕业生到国内外著名大学继续深造。

中亚研究所虽然地处西北边陲，但积极致力于与境内外其他科研单位的学术交流与科研合作。近年来，研究所主办了国际关系学会年会、美国的中亚政策、中南亚反恐学术研讨会等全国性的学术会议及中亚新疆相关问题学术研讨会。此外，中亚所还与国内外多所知名研究机构保持着良好的学术关系，如北京大学国际关系学院、上海社科院国际关系研究所、四川大学巴基斯坦研究中心、新疆师范大学中亚研究所、中亚国家各总统战略研究所、美国约翰·霍普金斯大学的中亚-高加索战略研究所、印度的相关中亚研究部门等。

兰州大学敦煌学研究所简介

兰州大学敦煌学研究所是由兰州大学和敦煌研究院联合共建的教育部人文社会科学重点研究基地，是甘肃省重点学科和国家重点（培育）学科，是兰州大学211工程和985工程建设学科，具有敦煌学博士学位授权点和历史学（敦煌学）博士后科研流动站。经过三十多年的建设，兰州大学敦煌学研究所成为国内外知名的敦煌学科学研究、人才培养、资料信息、学术交流的中心。

1979年兰州大学成立了敦煌学研究小组，是中国最早开展敦煌学研究的高校之一，次年2月创办了中国内陆首家敦煌学专业刊物《敦煌学辑刊》，从此开始了兰州大学敦煌学的研究事业。1983年参与发起成立中国敦煌吐鲁番学会，并举办了首届全国敦煌学术讨论会。1984年获得历史文献学（敦煌学）硕士学位授予权。1985建立了中国敦煌吐鲁番学会兰州大学资料中心。

1998年兰州大学与敦煌研究院实行联合共建，取得了强强联合、优势互补、珠联璧合的效果，获得历史文献学（含敦煌学、古文字学）博士学位授予权，成为国内第一个敦煌学博士点；同年被批准为甘肃省重点学科。1999年双方共建的兰州大学敦煌学研究所入选首批教育部人文社会科学重点研究基地。2002年经人事部评审批准，建立了历史学（敦煌学）博士后科研流动站，在学科点的建设上取得了明显的成效，已经具有硕士、博士、博士后流动站完整的培养体系，并以本学科为主题成立了兰州大学"985工程"敦煌学哲学社会科学创新基地。2006年与耶鲁大学共建国际佛教艺术与文化研究中心（International Center for the Study of Chinese Buddhist Art and Culture），以此为平台积极开展对外交流。2007年建成历史文献学（敦煌学）国家重点（培育）学科。敦煌学研究所下设敦煌文献研究室、敦煌石窟艺术研究室、宗教学研究室、国际佛教艺术与文化研究中心、藏传佛教艺术中心、中国敦煌吐鲁番学会兰州大学资料中心、《敦煌学辑刊》编辑部等机构。资料中心面积300余平方米，拥有专业图书10万册，信息化网络服务正在逐步完善中；《敦煌学辑刊》进入社科核心期刊目录（CSSCI）。

兰州大学敦煌学研究所现有专职研究人员15人，目前拥有国务院学位委员会第七届学科评议组成员1人，长江学者特聘教授1人、讲座教授1人，全国百篇优秀博士学位论文指导教师1人，甘肃省教学名师1人，兰州大学“萃英讲座学者”外籍教师1人，荣誉教授1人。

研究所现任所长郑炳林教授，名誉所长樊锦诗研究员。

兰州大学西北少数民族研究中心简介

兰州大学西北少数民族研究中心是2000年批准成立的教育部百家人文社会科学重点研究基地之一。现任中心主任为赵利生教授。

兰州大学民族学研究有深厚的历史积淀，早在1949年前，即有西北少数民族地区的“准民族志”作品问世，马鹤天先生、顾颉刚先生均有突出贡献。国立兰州大学时期曾设有边疆语文系，开设有关民族学的课程，有一批从事西北少数民族研究的专家，如杨质夫、吴均、程克星、关德栋、丹巴嘉措、王沂暖、李国香、胡思振、马宏道等。系内设藏语、蒙古语、维吾尔语专业，是当时国内唯一同时开设三种民族语文本科专业的高等学府。

20世纪50年代，兰州大学派杨建新参加东乡族社会历史调查，并前往中央民族学院进修。杨建新教授师承民族史大家翁独健教授，并得到蒙古史学家贾敬颜、藏学专家王辅仁诸教授的指导，学成回校后于1965年在兰州大学开设“中国少数民族概论”课程。以杨建新教授为代表的新一代民族研究学者成长起来，在西北少数民族史、西北边疆史和丝绸之路研究等领域取得了突出成就，开创了兰州大学民族学学科化发展的先河。

1984年经国务院学位委员会批准，兰州大学设立民族学硕士学位授权点；

1990年，兰州大学获得民族学二级学科博士学位授权点；

1998年，兰州大学设立民族学本科专业，并于2001年招收首届本科生；

2000年，兰州大学设立西北少数民族研究中心，并被批准为首批教育部百家人文社科重点研究基地之一；

2003年，设立中国少数民族史二级学科博士点和民族学博士后科研流动站，民族学成为甘肃省重点学科；

2006年，经国务院学位委员会批准，设立民族学博士一级学科授权点，下设民族学、中国少数民族史、马克思主义民族理论与政策、民族社会学、藏学五个二级学科博士点；

2007年，民族学二级学科被批准为国家级重点学科。

目前，中心是西北地区唯一能培养民族学学士、民族学硕士、民族学博士及接受民族学博士后的体系完整的民族学专业科研与教学单位，并呈现出以下特点：

第一，专业设置齐全。中心设有民族学、中国少数民族史、马克思主义民族理论与政策、民族社会学和藏学五个专业，并相应设置了民族学研究所、西北少数民族史研究所、民族理论与政策研究所、民族社会学研究所和藏学研究所，附设有图书资料室、影视人类学实验室、民族心理学实验室、网络信息与数据资料中心、中心办公室等。此外，中心拟加强对宗教人类学、新疆研究、民族政治学、民族经济学等方向的支持力度，进一步完善专业体系。

第二，打造了一支教学科研能力突出的师资队伍。截至2018年7月，中心现有专职教职工27人，其中教授15人，副教授7人，讲师3人，教辅人员2人，另有特聘教授2人。教学科研人员全部具有博士学位，有博士生导师15人（其中兼职2人），硕士生导师19人。近20人有海外学习交流的经历，形成了“学科带头人—学术骨干—青年教师”老中青相结合的师资队伍。在校博士、硕士研究生约200人，师生比约为1：8。

第三，独特的理论贡献。20世纪90年代，杨建新教授提出了“各民族共创中华”理论，并从族体上的相互吸纳、祖国疆域的共同开发、经济上的相互促进、对中国政治历史文化传统的维系、对中华文化宝库的丰富、反对侵略和保卫中华、推动中国民主革命、维护祖国统一、共铸中华民族精神等几个方面阐述中华民族从“多源”走向“一体”的历史进程，动态地展示各民族与中华民族的关系，从历史与现实两个维度提升了对中华民族共同体的认识，与费孝通先生提出的“中华民族多元一体格局”相得益彰。在杨建新教授的主持下，其研究团队对“共创中华”进行详细论证，并出版了“各民族共创中华”丛书。

第四，创办核心期刊。兰州大学民族学研究者先后创办了《西北史地》与《中国民族学》两个专业期刊。《西北史地》创刊于1980年，至1999年《告别读者》一文发布为止，共运行了20年，内容以西北地区之历史、地理、政治、经济、文化为主，涉及民族史、宗教史、西北地区边疆史、中外关系史、西北历史人物、藏学、敦煌学、历史语言学等诸多领域，是专注中国西北研究的重要阵地，得到学术界的普遍认可。《中国民族学》创刊于2008年，曾用名《中国民族学集刊》，采用以书代刊的形式发行，并连续入选南京大学CSSCI来源辑刊（2014—2016；2017—2018），为兰州大学民族学与外界的学术交流建立了新的渠道。

第五，突出的社会贡献。民族学是一门重视理论与实践相结合的学科，投身实践不仅可以促进理论的提升和完善，还能为地方社会的和谐稳定与科学发展提供智力支持。多年来，中心为西部尤其是西北民族地区培养了一批高素质的民族研究者和民族工作者，并为各级政府提供咨政服务，提交了一批有重要现实意义的咨政报告或调研报告，被各级机关采纳。2017年，中心先后入选中国社科院评选的“中国核心智库”和南京大学与光明日报社评选的“CTTI来源智库”。

兰州大学意大利研究中心简介

“兰州大学意大利研究中心”前身为“兰州大学意大利文化研究中心”（下文简称中心），成立于2011年11月。中心组织了哲学、历史学、社会学、人类学、法学等专业的十多位学者，建立了一支意大利研究的专兼职队伍，对意大利的政治、经济、文化、社会等展开全方位的综合研究。中心成立后不久，即确定了一些研究项目，如“中国骊靬人的起源演化研究”“马可·波罗与徐霞客旅游文化价值比较研究”“13世纪中意商业法律文化的碰撞与融合”“马可·波罗时代的中西文化交流”“早期中国罗马兵团后裔研究”“明清之际中意伦理道德文化比较研究”等。这些研究项目已经完成，出版了《罗马军团来华问题研究》《马可·波罗来华研究——兼论中意文化交流》等著作。已经开展的工作有：(1) 与中国意大利中心、亚太交流与合作基金会展开合作，为2015年米兰世博会亚太馆的筹建提供顶层设计；(2) 与意大利大学展开学术交流与合作，派我校老师去意大利访学，也邀请意大利学者、留学生来兰大讲学、研究、学习；(3) 与意大利“诚浓”律师事务所合作，为意大利来华的企业提供帮助，也为计划到意大利发展的西北的企业牵线搭桥，并为中国留学生提供咨询服务。

2017年6月，“兰州大学意大利文化研究中心”更名为“兰州大学意大利研究中心”，并获批成为教育部国别与区域研究中心（备案）。目前正在承担的教育部项目有“中国与意大利文化会通研究”“意大利‘公地运动/commons movement’法律透析”。中心与意大利大使馆、中国意大利中心、亚太交流与合作基金会、中国文艺复兴教育基金会（香港）、文化更新研究中心（香港）已经建立了良好的关系，展开了一系列的合作，并积极筹备在意大利开设孔子学院。

中心的工作重点是为“一带一路”经济文化交流服务，为甘肃的经济建设服务。具体研究项目为：(1) 人才培养。包括：派学者去意大利交流访学，学习意大利的语言，并在哲学、社会学、历史学、法学、艺术等领域进行进一步的交流学习；与意大利的一些大学（如米兰自由大学）联系，建立校际合作，双方互派学生交流学习；聘请意大利的学者在兰州大学讲学，讲授意大利哲学、法学、商学等课程。(2) 科学研究。包括：跨文化研究、政治法律研究、历史研究、社会学研究、教育学研究等等。(3) 社会服务。包括：加强中意之间文化交流，加强我国对意大利政治、经济、文化方面的了解；与意大利“诚浓”律师事务所合作，为意大利来华的企业提供帮助，也为计划到意大利发展的西北的企业牵线搭桥，并为中国留学生提供咨询服务。

兰州大学阿富汗研究中心简介

随着中国国家实力的增强及国际环境的变化，区域与国别研究的重要性日益剧增，尤其是加强对中国西部邻国的研究具有更加特殊的意义，西部邻国如阿富汗在中国的安全战略、外交战略，以及“一带一路”建设中具有越来越重要的作用。

兰州大学一贯重视国别和区域研究，结合学校的区位优势与研究基础，在“做西部文章，创一流大学”的指导方针下，于1994年成立了中亚研究所，积极展开了中亚、阿富汗等问题研究，是国内高校最早成立、目前实力最强的研究中亚问题和阿富汗问题的高校智库。2017年6月，兰州大学阿富汗研究中心通过教育部国别和区域研究中心备案，中心主任为朱永彪副教授。

中心定位：兰州大学阿富汗研究中心作为开放性的学术研究中心，将积极响应国家的战略需求，通过体制、机制创新，建成优势明显、特色突出的有中国特色的新型高校智库、重点研究基地。

中心目标：兰州大学阿富汗研究中心力争以3～5年的建设实践，将中心建成优势明显、特色突出的重点研究基地，在阿富汗问题研究方面具有国内先进水平、在国际学术界有较大影响力和话语权的高校智库，使阿富汗研究中心成为国家国际政治、国家安全与对外战略方面的高层次人才培养中心和科学研究中心，以及国家相关部门的决策、咨询中心，为国家外交、咨询、决策、教育等部门提供智力支持并输送后备力量。

组织架构：兰州大学阿富汗研究中心是教育部国别和区域研究中心之一，为校内二级科研机构。中心设立了学术委员会，是中心的最高学术决策机构，主要职能是审议中心的建设与发展规划、科研队伍建设规划等。未来将进一步完善阿富汗研究中心学术委员会制度，加大校外专家在学术委员会成员中的比例。中心已设立管理委员会，并建立了初步的章程。

研究队伍：目前有专职研究人员3人，兼职研究人员8人，其中包括长江学者特聘教授1人，国内著名高校有影响力的专家5人。

研究成果：兰州大学阿富汗研究中心已主持关于阿富汗问题的各类科研项目5项，出版专著2部，发表学术论文20余篇，向有关部门提交咨询报告10余份。

兰州大学格鲁吉亚研究中心简介

兰州大学格鲁吉亚研究中心系经中华人民共和国教育部备案的国别研究中心，中心隶属于兰州大学，成立于2017年7月，中心是格鲁吉亚问题研究的专业学术机构。研究中心现任主任为车如山，组建有教育学、经济学、文学、文化学、语言学、法学等学科领域的专家和学者参加的学术团队。

一、研究方向及定位

格鲁吉亚是“一带一路”沿线国家中最重视“一带一路”倡议的国家之一，其深度参与“一带一路”，已连续两年以格中央政府名义在其首都第比利斯举办“一带一路”国际论坛，论坛效果巨大，影响深远。格鲁吉亚已和中国签署自由贸易协定，并于2018年1月1日正式生效。显示出格政府加强和发展中国关系的迫切愿望。但由于各种原因，我们两国之间的相互了解不深，因此，加强对格鲁吉亚的研究，对于我国发展对格关系具有重要的现实意义。

研究中心立足于服务国家战略，尤其为国家“一带一路”倡议提供智力支持和决策咨询，重点研究中格关系的发展、格鲁吉亚对外政策、格鲁吉亚经济政策与形势、格鲁吉亚文化教育以及格鲁吉亚民族个性等。并通过服务国家战略来提升兰州大学的国际化水平和办学水平，为兰州大学建设世界一流大学贡献一己之力。在未来三年打造一支专业精深、结构合理、学科交叉的研究队伍，产出系列关于格鲁吉亚的研究成果，承担国家重要课题的攻关研究，形成特色鲜明、方向集中的研究方向，使中心走上可持续健康发展的良性轨道。

格鲁吉亚研究中心依托兰州大学在格鲁吉亚的一所孔子学院和一家独立设置的孔子课堂，密切与格鲁吉亚中国研究中心、丝路文化研究中心的合作，利用一切可以利用的资源，在深入展开实地调研的基础上，加强对格鲁吉亚经济、对外政策、人文教育等领域的专题研究，努力形成系列研究报告，促进两国在上述领域的交往与互动，尤其是切实推进双方高等教育领域人员的交流与互动。

二、研究领域及特色

研究中心依托兰州大学综合性大学的多学科优势，对格鲁吉亚进行全面研究，涉及格鲁吉亚与中国的交往史、格鲁吉亚历史与地理、格鲁吉亚文化与传统、格鲁吉亚民族性格、格鲁吉亚经济发展及中格经贸往来、格鲁吉亚教育体系及其特点、格鲁吉亚高等教育体系及其特征、格鲁吉亚职业教育体系及其特征等诸多方面，研究工作兼顾基础理论与实际应用。

三、科研项目及成果

（一）主持科研项目情况

格鲁吉亚研究中心积极参与国家科研项目，目前由我中心主持的在研项目有三项，其中教育部资助项目两项，中央高校基本科研业务费专项基金资助项目一项，科研总经费十万多元。研究进展顺利，于2018年3月提交研究报告。

（二）科研成果

本中心已撰写中格交往的历史研究报告约十万字，已发表格鲁吉亚高等教育方面的研究论文两篇，编写适合格鲁吉亚人士学习的格语版汉语教材一套共六册。目前正在翻译格鲁吉亚历史一书，有望于2018年年内完成并出版。

目前，一些研究成果已呈送中国驻格鲁吉亚大使馆，通过使馆推广，服务于在格中资企业和华人华侨。一些研究成果通过孔子学院推广，服务于格鲁吉亚政府部门，作为开展中格交流和往来的决策参考。也有一部分研究成果在国内核心期刊发表，服务于高等教育领域。

四、人才培养与国际合作

我们与格鲁吉亚中国研究中心、丝路文化研究中心、各主要大学进行广泛的合作与交流。目前，兰州大学已在格鲁吉亚开设孔子学院一所，独立设置的孔子课堂一家，与多所大学签署合作备忘录，并进行了实质性合作项目，与第比利斯开放大学合作建设博士专业（国际关系/中国方向），实现了项目合作、人员交流等合作形式。今后，还将继续推动双边人才交流与人员互动，加强两国高校及其他学术机构的合作。

第一，依托孔子学院和兰州大学国际文化交流学院，实施留学生各个层次的教育和培养，推行双方学生互换、学分互认、学者互访等实质性人才培养项目。

第二，定期召开国际学术会议和高层论坛，通过论坛，培养双方青年学者，使他们进一步开阔视野，增进相互了解。2018年“一带一路”国际论坛正在筹备中，计划于五月初在第比利斯举办。

第三，充分利用孔子学院平台，加强与多所大学、中学的校际合作。目前，兰州大学已与格鲁吉亚三所大学签有合作备忘录，中国南京第五高级中学在孔子学院牵线搭桥下，与格鲁吉亚第比利斯第98公立学校结为友好学校，双方互访，并派学生定期交流。石河子大学与格鲁吉亚农业大学拟建立合作，邀请格鲁吉亚葡萄酒专家讲学、讲课等，培养中国这方面的人才。

第四，结合“一带一路”及中格自由贸易协定的签署，培养更多商贸服务、旅游服务方面的人才。

五、研究计划及项目

（一）研究计划

今后，我们在调研的基础上形成各个专题研究报告，如格鲁吉亚人文、地理、经济、教育、旅游等方面的系列研究成果，探寻其特点，寻找出与我们的最佳契合点，并分阶段、有步骤地出版发行，提供有关部门决策参考。计划今后三年分阶段、分主题进行研究，争取每年出版专题专著一部。第一年计划出版格鲁吉亚“蓝皮书”，为后续研究打下坚实基础，获取重要一手资料。合理分配研究力量、研究时间、研究主题，成立若干专题组，分头进行研究，在明确分工的基础上，加强合作共享。

（二）未来三年的研究项目指南

格鲁吉亚是“一带一路”沿线国家，是联系欧亚的重要通道，由于历史原因，格鲁吉亚与中国的直接交往不多，两国的相互了解不够，针对这一情况，本中心拟从以下几个方面开展研究，以期形成较为系统的成果，为“一带一路”倡议提供咨询，增进双方的相互了解与理解。

1.编辑出版格鲁吉亚社会“蓝皮书”

2.格鲁吉亚与中国的交往史

3.格鲁吉亚历史与地理

4.格鲁吉亚的文化与传统
5.格鲁吉亚的民族性格
6.格鲁吉亚经济发展及中格经贸往来
7.格鲁吉亚教育体系及其特点
8.格鲁吉亚高等教育体系及其特征
9.格鲁吉亚职业教育体系及其特征

六、机构设置

为便于研究工作展开，格鲁吉亚研究中心在兰州大学和第比利斯开放大学分别设立。

七、研究团队组成

本中心已组建有教育学、经济学、文学、文化学、语言学、法学等学科领域的专家和学者参加的学术团队。研究人员专兼职相结合，数量充足，质量较高，中外结合，结构合理，形成了较好的梯队，研究精力充沛，有充足的时间投入研究之中。

（一）专职研究人员

车如山，兰州大学高教所副教授

汪晓文，兰州大学经济学院教授

毛世昌，兰州大学外国语学院副教授

师迎祥，兰州大学学报编辑部主任，副编审

马君，兰州大学高教所副教授

胡亚楠，兰州大学国际文化交流学院讲师

（二）兼职研究人员

Zauri Amilakhvari，教授，法学博士，第比利斯开放大学董事长

玛琳娜·吉布拉泽，中国语言学博士，格鲁吉亚第比利斯自由大学教授，孔子学院格方院长，中文系主任，格鲁吉亚汉学家协会主席

刘光文，格鲁吉亚第比利斯自由大学教授，格鲁吉亚丝路文化研究中心主席

崔永红，兰州文理学院讲师

王琪，宁波高等职业技术学院副研究员

格鲁吉亚孔子学院汉语教师及志愿者教师

兰州大学印度研究中心简介

兰州大学印度研究中心（兰州大学原印度文化研究中心）于2009年正式成立，以研究印度文化和中印关系为特色，在教育部和兰州大学的支持下，在中心成员的共同努力下，已经取得了一定的成绩。目前，中心已成为教育部国别和区域研究中心（备案）。

兰州大学印度研究中心围绕印度文学、宗教、中印文化交流等课题开展研究，已在商务印书馆、中国社会科学出版社等出版专著11部，在《人民日报》《兰州大学学报》等刊物发表印度文化研究方面的学术评论10多篇，承担了各级别研究项目5项。

充分发挥智库的作用，为决策部门献计献策。中心开启了国内对"现代玄奘谭云山"的研究。刊登于2010年7月9日《人民日报内参》上的毛世昌撰写的《挖掘"现代玄奘"谭云山，提升我对外影响力》，得到了李长春同志的批示。2010年8月20日，《人民日报》在第23版刊发了毛世昌所撰的《"现代玄奘"谭云山》，表示中国官方对谭云山历史地位的认可。

中心提出了关于修建中—尼—印铁路，打通中国—尼泊尔—印度经济文化大通道的建议。这一建议发表在2015年2月6日《人民日报内参》上，这一建议已经开始实施。

2012年，兰州大学与印度大使馆联合策划演出泰戈尔的名剧《齐德拉》，该剧被列为纪念泰戈尔150周年诞辰活动的一部分。演出受到国内外150多家媒体的报道。2012年3月，在胡锦涛同志赴印度参加金砖五国首脑会议的前两天，该剧演出录像在全印电视台播出，产生了较大的社会影响。美国、澳大利亚、柬埔寨、马来西亚等国的媒体也报道了这项盛事。

目前，印度研究中心已经和印度、美国、英国、瑞典、德国、意大利、孟加拉、斯里兰卡等国家的相关研究机构建立了学术和文化交流联系，和全国主要印度学研究机构建立了学术合作关系。中心定期派出人员参加印度研究方面的学术研讨会，与校外研究人员申请和承担印度研究方面的社科基金项目。

兰州大学印度研究中心将锐意进取，继续增强自身实力，追赶全国一流大学的印度学研究机构，成为国内乃至世界同行认可的有特色的印度学研究机构之一，将印度研究中心打造成为“丝绸之路经济带”的研究主力之一，为两国政府的文化交往提供咨询，做出一番成绩。中心将深化与印度相关组织和机构的交往和合作，成为中印文化交流活动的中坚力量，为国家“一带一路”建设提供智力支持。

兰州大学中国西部循环经济研究中心简介

兰州大学中国西部循环经济研究中心（以下简称研究中心）成立于2006年5月，于2010年5月被批准为甘肃省高等学校人文社会科学重点研究基地。在“做西部文章”的学校发展定位下，立足于西部特殊的循环经济发展问题，在系列循环经济课题的工作中，已锻炼了一支基础扎实、学术思想敏锐、善于分析解决循环经济发展问题的学术团队，同时也逐步形成了自己的循环经济理论方法和特色。

研究中心主要从企业、工业园区、城市和省域层面，分别围绕产品生态设计、清洁生产、产业共生、城市共生以及循环型企业、循环型农业、循环型工业和静脉产业发展等研究主题开展了系列研究工作，在SCI/EI及文科核心和理科核心等期刊发表循环经济有关论文200余篇，出版专著16部。由研究中心完成的《甘肃省循环经济实施方案》通过国家发改委评审。国家考察组2009年2月18—22日到甘肃考察循环经济期间，陈兴鹏等作为地方专家陪同技术组进行了解释和说明。2009年12月24日，《甘肃省循环经济总体规划》获国务院正式批复，这是我国第一个由国家批复的区域循环经济发展规划，实现了循环经济由理论到实践的重大突破。主持完成的甘肃省环境科学基金《甘肃省循环经济发展模式研究》获2009年甘肃省第十一届社会科学优秀成果奖三等奖，《甘肃省循环经济规划研究》获2007年甘肃省科技进步二等奖，《甘肃省循环经济规划系列研究》获得2011年甘肃省科技进步二等奖。研究骨干张子龙副教授于2012年获得德国联邦政府“绿色精英”全球青年科学家奖。

国际交流与合作方面，研究中心与美国密西根大学、加州大学伯克利分校、佛蒙特大学GUND生态经济研究所、英国伦敦大学地理系、德国IFAS研究所、日本筑波大学农林学院、日本环境科学研究所、台湾新竹清华大学经济系、北京师范大学资源学院、华东师范大学中国东西部合作研究中心等学校和中科院地理科学与资源研究所、中科院沈阳应用生态研究所、中科院寒区旱区环境与工程研究所等科研单位进行经常性学术交流和科研合作。

兰州大学中国政府绩效管理研究中心简介

兰州大学中国政府绩效管理研究中心是我国政府绩效管理基础理论研究、制度建设与评估发展、数据库建设、人才培养和社会服务的重要基地，由兰州大学与中国行政管理学会共建，兰州大学管理学院包国宪教授任中心主任，北京大学周志忍教授任中心学术委员会主任。

中心是我国首家第三方政府绩效评价机构，开创了中国第三方机构评价政府绩效先河的“甘肃模式”，推动成立了全国政府绩效管理研究会和全国政府绩效管理合作研究网络，组织编撰了《中国政府绩效管理年鉴》，培养出了我国第一批政府绩效管理专业博士和硕士毕业生。近年来，中心先后承担国家自然科学基金项目、国家社会科学基金项目、教育部人文社会科学基金项目和政府委托项目30余项，其中包括1项国家自然科学基金重点项目和1项教育部哲学社会科学研究重大课题攻关项目。在国内外杂志发表论文200余篇，多篇论文被《新华文摘》、人大复印报刊资料等全文转载，发表在*Administration & Society*杂志上的论文提出了以公共价值为基础的政府绩效治理理论，受到国际学术界广泛关注和认同，多项成果获得高等学校科学研究优秀成果奖（人文社会科学）二等奖、甘肃省哲学社会科学优秀成果一等奖和二等奖，以及中国行政管理学会“政府绩效评估研究贡献奖”。

中心推动了我国政府绩效管理制度建设和评估实践发展。与中央编办、监察部建立了合作关系，承担了国土资源部土地监察制度实施绩效评估工作和世界银行贷款项目绩效评估工作，参与了国家税务总局、环保部、农业部和杭州、深圳等多个地方政府的绩效评估方案设计，并承担全国MPA教指委“政府绩效管理”课程培训等多次全国性政府绩效专题培训，中心主任包国宪教授长期担任北京、辽宁、甘肃、杭州、深圳等地的政府绩效管理顾问，并多次应邀在中纪委监察部和地方政府举办的培训班授课，在业界产生了广泛的影响。

中心作为发起者与美国、日本、韩国、泰国、越南等国高校共同主办的政府绩效管理与绩效领导国际会议是全球范围内规模最大的绩效会议之一，现已经举办五届，建立在这一学术共同体之上的国际政府绩效学会（IGPA）正在筹建之中。

在国内相关评估和研究报告中，兰州大学中国政府绩效管理研究中心一直是对该领域做出贡献最大的学术机构。2013年，中心入选甘肃省高等学校人文社会科学重点研究基地，2017年，中心入选中国智库索引（CTTI）来源智库。

高校思想政治教育舆情与对策研究中心简介

高校思想政治教育舆情与对策研究中心成立于2017年，是甘肃省教育厅、中共甘肃省高校工委为深入贯彻落实全国全省高校思想政治工作会议精神工作需要，结合甘肃高校新型智库建设实际，依托兰州大学马克思主义学院王学俭教授负责的甘肃省高校人文社会科学重点研究基地“思想政治教育理论与实践创新研究中心”等科研机构组建而成的，是甘肃省高校重点建设智库，同时被确定为“甘肃省委办公厅信息直报点”，是首家纳入甘肃省委办公厅信息直报单位的高校智库。

研究中心主任为王学俭教授，副主任兼中心秘书为李东坡老师，现有成员15人，其中教授7人，副教授5人，讲师2人，人才队伍结构合理。智库合作单位有西北师范大学、兰州交通大学、兰州城市学院、甘肃民族师范学院、陇东学院、兰州大学党委宣传部、兰州大学学工部等7家高校科研机构、宣传部门和学生工作部门，有效聚合了兰州大学入选全国首批重点马克思主义学院的整体优势和甘肃地方高校思想政治教育的特色优势。

研究中心成立半年以来，始终坚持贯彻落实习近平新时代中国特色社会主义思想，牢牢把握全国全省高校思想政治工作会议精神总要求，瞄准思想政治教育重大理论前沿问题与重要现实运行问题，通过不断拓宽思想政治教育的基本内涵和运行领域，结合西部地区高校的民族特色、地域特色与文化优势，重点围绕甘肃省高校思想政治教育的基本架构、理论研究、队伍建设、人才培养、教学改革、实践育人、舆情监测、理论宣讲、意识形态安全等内容，开展舆情研究和对策研究，为甘肃省高等教育尤其是高校思想政治教育创新发展提供具有科学性、可行性、可操作性的理论成果、政策咨询和对策建议，取得了一系列显著成果。目前不定期组织发布《思想舆情动态》简报，承担国家社科基金后期资助项目、青年项目2项，承担兰州大学教学科研重大项目"一流大学思想政治教育体系创新发展研究"，在人民出版社、中国人民大学出版社等出版《十八大以来党的治国理政思想研究》《思想政治教育理论与实践问题的研究视角》专著2部，在《人民论坛》《教学与研究》《思想理论教育》等核心期刊发表论文20余篇，咨询报告《高校思想政治工作出现四种不良倾向》被中共中央办公厅采纳，并被中央领导批复。

兰州大学社区发展与反贫困智库简介

兰州大学社区发展与反贫困智库成立于2015年，是通过整合兰州大学现有优质资源而组建成的新型交叉性学术研究智库，是甘肃省首批的5家"高校精准扶贫智库"之一。智库采用项目合作和集体攻关的方式，主要瞄准甘肃省乃至西部地区的贫困问题开展科学研究、政策咨询和社会服务。智库长期立足中国西部发展问题，紧扣"民族地区、边疆地区、革命老区"三种类型的贫困地区特点，积极开展学术研究。自批准成立以来，智库依托自身的学科、人才等优势，紧紧围绕国家的精准扶贫战略以及甘肃省的精准扶贫工作，开展了深入的调查研究，形成了一批具有针对性的研究成果。

在社会调查组织方面，智库主持或参与了“第四次中国城乡老年人生活状况抽样调查”，2016、2017年度“甘肃省精准扶贫工作成效开展第三方评估”以及“甘肃省贫困人口退出第三方评估”，“2016年度宁县精准扶贫工作成效开展第三方评估”等多项评估调查。

在研究成果方面，智库围绕精准扶贫战略完成了多份具有较强问题意识和工作指导意义的咨询报告和多篇研究论文，如《关于在甘肃省“精准扶贫”工程中引入“贫困信号灯”机制的对策建议》《关于充分发挥社会力量介入精准扶贫的政策建议》等等。

在硬件建设方面，智库已采购了上海南康科技有限公司研发的计算机辅助面对面调查系统（CAPI）和计算机辅助电话调查系统（CATI），为我智库开展更大规模、更具效率的调查访问提供了强力的硬件支撑。

在数据库建设方面，经过多次组织的精准扶贫评估调查，智库已初步形成了甘肃省反贫困研究数据库。在数据格式方面，既有访谈文字资料、照片、录音以及视频等非结构化数据，也有一定规模的、基于问卷调查而形成的结构化数据；在样本构成方面，既有老年人的专题数据，也有贫困户、脱贫户的家户调查数据，总样本量达到12000左右。

兰州大学丝绸之路经济带建设研究中心简介

兰州大学丝绸之路经济带建设研究中心是在甘肃省委宣传部、兰州大学的支持下，依托兰州大学经济学院，并联合马克思主义学院、历史文化学院、文学院等单位成立的一个跨学院、多学科、综合性研究机构。研究中心于2014年12月设立，是甘肃省哲学社会科学重大研究基地。研究中心以服务“一带一路”倡议为根本宗旨，聚焦我国西部地区和“丝绸之路经济带”沿线地区的自然资源开发与利用、经济和社会发展、环境保护、国际交往等热点领域问题，发挥兰州大学学科门类齐全、科研力量雄厚的学术优势和学校地处“丝绸之路经济带”黄金段的区位优势，为国家和区域发展提供科学决策咨询和智力支撑。

研究中心现有研究人员34人，包括教授15人、副教授10人、讲师7人、其他人员2人。学历层次高，学缘结构合理，有博士学位的26人、硕士学位的8人。研究中心依托区域经济学等专业博士学位点，密切结合区域经济学、人口资源环境学、国际政治等专业硕士学位点，基本形成了理论与实践结合，知识与技能互补，学科与专业交叉的跨学科、综合型、开放式研究模式。

研究中心设有8个研究室，分别为：甘肃向西开放战略平台建设研究室、甘肃保税区、自贸区建设研究室、丝绸之路经济带跨国区域合作研究室、丝绸之路经济带产业合作研究室、丝绸之路经济带金融合作研究室、中亚能源投资研究室、丝绸之路经济带文化交流研究室、丝绸之路经济带国家安全研究室。

研究中心积极服务地方经济社会发展，应多家单位邀请，中心成员多次在甘肃省委、省政府等机构做学术报告，得到了社会的广泛认可。研究中心近五年发表“一带一路”相关研究学术论文近60篇，为国家和地方政府重要相关决策提供了学术支撑，为“一带一路”建设和国家的发展提供了智力支持。

研究中心在国际经济合作视角下，针对“一带一路”建设的理论问题展开基础研究和应用研究，先后承担并完成了部委和省市的重大研究课题和国际合作项目，取得了一系列重要成果。近五年承担国家级、省部级课题以及企事业课题总计300多项，经费总数达到2000多万元，研究内容涵盖经济、金融、民族、文化等多个方面，研究成果和咨询报告多次受到各级领导重视与好评。

研究中心积极开展国内、国际交流，参办了“第八届全国区域经济学学科建设年会暨变革时代的中国区域经济学术研讨会”“改革开放三十年：中国西部发展的回顾与展望”“中国西部经济发展报告蓝皮书发布会暨2010年西部经济发展学术研讨会”等国内学术会议。研究中心成员参加了“一路一带”文化圆桌会议、“海峡两岸2016年地貌与第四纪环境演变教育研讨会”“2017年美国地理学年会”“2017开普敦全球证据高峰论坛”等国际学术会议，提交的论文和大会主题报告，都取得了良好学术反响。

结合“双一流”学科建设，研究中心将“一带一路”倡议中共同化发展的新型合作机制研究确定为经济学院一流学科建设的重点研究方向之一，为中心的长期持续发展奠定了良好的基础。

兰州大学社会与经济发展研究评价中心简介

兰州大学社会与经济发展研究评价中心（简称“兰州大学社会评价中心”）成立于1995年，陈文江教授担任中心主任。自成立以来，中心围绕西部社会发展的现实与理论问题，致力于资源环境与社会发展、社会政策评估、网络行为、民族社会发展等研究，在环境社会学、社会政策与社会工作、网络社会学、民族社会学与文化人类学等专业领域取得了长足发展，尤其在西部社会学研究上的成果更为丰硕。中心通过整合兰州大学的学科资源、邀聘国内外相关领域专业学者，力求以综合的实力、严谨的态度开展研究工作，最大限度地服务社会、推动社会发展，成为西部地区社会发展研究与咨询服务的重要平台。

中心通过系统研究和专业化的调查研究，建立了西部经济社会发展的微观数据库，具体包括《甘肃经济社会变迁调查数据库》《川甘宁三省区人口流动与劳动力资源变化研究数据库》《甘肃省妇女社会地位调查数据库》以及《甘肃省老年人生活状况调查数据库》。经过广泛的科学研究和社会服务实践，中心已经锻炼出了一支专业高效并熟练掌握社会调查、数据分析和社会评价方法的队伍。

在学术研究领域，中心成员共获得十数项国家社科基金项目和教育部项目，六十余项横向项目，获得数百万元经费支持。中心聘请加拿大萨斯喀彻温大学、挪威FAFO应用国际研究所、美国ROWAN UNIVERSITY和科技部发展战略研究中心的专家学者担任客座研究员，开展了中国西部大调查等一系列国际合作研究，组织了一系列国际学术研讨会。在中国社会学学术年会上连续八年举办了“西部社会学论坛”，在中国社会学界产生了一定影响。

中心建立了计算机辅助面访调查系统（CAPI）和计算机辅助电访调查系统（CATI），为中心开展更大规模、更具效率的调查访问提供了强力的硬件支撑。目前中心能够独立设计和实施样本规模大、抽样设计要求精度高、测量指标多、问卷结构复杂、实施难度高的大型抽样调查（含市场调查）；在区域发展、产业规划和企业发展战略方面，中心能够独立策划和完成区域经济社会发展规划、大型产业规划，制定企业发展战略、企业运营管理规划方案、产品营销方案；在社会评价和项目评估方面，中心能够独立开展重大政府决策、社会政策措施以及大型工程建设项目和大型社会活动、重要社会事件的社会评价，尤其是在社会稳定风险评估方面积累了较多的经验。

在社会调查研究方面，近年来，中心共主持或参与多项专业学术调查和市场调查。典型的如2005年曾参与中国科技部与挪威FAFO研究所合作的“中国西部社会经济发展监测”项目，负责甘肃、青海、宁夏三省的抽样调查，数据质量和完成效果受到赞誉。2014年中心在此基础上开展了“西部家户生计与社会变迁调查”，为评估和研究新时期的中国西部社会发展提供了扎实的数据。

在应用经济研究方面，中心积极参与地方政府和企业的经济发展项目，其项目涵盖产业规划、企业发展规划等方面。如兰州民百集团企业发展战略、甘肃白银市第三产业规划、兰州市九州开发区工业园区发展规划、青海省互助县水利发展规划、兰州新区“太阳约城”项目咨询报告等。“一带一路”建设为中心的研究视野开辟了广阔的空间，2015—2017年，中心为连云港市开展了“丝绸之路”国家东中西区域合作示范区平台建设研究，并获得了良好的社会声誉。

兰州大学生态文明建设研究与评估中心简介

兰州大学生态文明建设研究与评估中心（以下简称研究中心）是甘肃省教育厅2016年批准成立的智库。研究中心基于兰州大学地理学和社会学的学科特色和科研优势，充分发挥地理学和社会学学科交叉融合的作用以及兰州大学地理学和社会学的全国学术高地作用，立足甘肃省实际，以服务甘肃省为导向，瞄准甘肃省生态文明建设的重大战略需求，坚持“做甘肃文章、服务甘肃大局”的研究理念，广泛整合甘肃、西北乃至全国研究力量，围绕资源永续利用、环境污染预防与治理、循环经济发展、环境行为调控等生态文明相关的重大现实问题，积极开展原创性研究，建立服务甘肃生态文明建设决策的咨询咨政制度，不断完善决策咨询研究成果的转化应用和推广机制，力争将中心建设成为科学决策可信任、可依赖的咨政服务平台，以及高端战略人才集聚的高地，并在中远期成长为在“一路一带”乃至全世界具有影响力的智库，最终实现专业报国、知识报国、智慧报国的宏愿。

研究中心以生态文明建设为核心，立足于甘肃省地处三大自然区域交汇区的特点和甘肃省发展实际情况，瞄准甘肃建设国家生态安全屏障综合试验区和循环经济示范区的重大战略需求，在以往研究的基础上，梳理借鉴国内外资源利用、环境管理、循环经济、环境行为调控等生态文明相关研究的理论、方法和经验，总结国内外生态文明建设的典型模式和实现路径，深入剖析中国和甘肃省在生态文明建设过程中的现实条件、存在问题、制约因素以及不足之处，从地理学、社会学、经济学、人口学等领域的不同视角及交叉视野中探寻新时期生态文明建设的总体布局、建设模式和实现路径，探寻建立生态文明建设的评价方法和指标体系，构建生态文明建设的专业数据库和决策支持系统，探索制定生态文明建设的政策蓝本和基本规范。

思想政治教育理论与实践创新研究中心简介

“思想政治教育理论与实践创新研究中心”成立于2013年，是兰州大学马克思主义学院充分发挥思想政治教育学科优势，依托马克思主义理论博士后科研流动站和思想政治教育博士点、硕士点、本科专业教学科研团队组建而成的科研机构，是甘肃省教育厅、中共甘肃省高校工委确认的甘肃省高校人文社科重点研究基地。

基地主任为王学俭教授，副主任兼秘书为宫长瑞副教授，现有成员20人，其中教授8人、副教授7人、讲师5人；既有国务院政府特殊津贴专家、甘肃省第一层次领军人才，又有全国优秀教师、全国思想政治理论课影响力标兵人物，还有全国高校优秀中青年思政课教师择优资助计划、全国“思想政治教育中青年杰出人才支持计划”和全国思想政治教育学科优秀博士论文获得者，涵盖了思想政治教育基础理论研究、前沿问题研究、教学创新研究、现实问题研究的老中青科研教学力量。

基地成立以来，始终坚持马克思主义指导思想，认真贯彻落实习近平新时代中国特色社会主义思想，按照“面向需求，突出特色，彰显优势”的基本原则，突出学科特色、地域特色和研究特色，积极关注党和国家重大理论前沿和思想政治教育创新发展问题，重点围绕习近平思想政治教育思想、思想政治教育基础理论、社会主义核心价值观、大学生信仰教育、思想政治教育协同育人、思想政治教育教学改革等重大问题，开展理论研究和对策研究。目前研究基地已经组建成了一支结构合理、富有活力、开拓创新的教学科研队伍，思想政治教育本科专业获批甘肃省高校特色专业。基地围绕思想政治教育教学和科研工作，形成明显的学科研究特色，承担国家和教育部重大、重点项目多项，国家社科基金项目、教育部社科规划项目、甘肃省社科规划项目等10余项；在《光明日报》《马克思主义研究》《马克思主义与现实》《当代世界与社会主义》《高等教育研究》等重要刊物发表文章70余篇，并有近20篇被人大复印报刊资料全文转载，王学俭教授入选中国人民大学复印报刊资料重要转载来源作者名录；在人民出版社、中国社会科学出版社等出版《十八大以来党的治国理政思想研究》《思想政治教育理论与实践问题的研究视角》《社会主义价值论纲》《生态文明与公民意识》《新媒体与高校思想政治教育》等学术著作10余部。研究基地为党和国家教育部门、思想理论教育界、思想政治教育工作者提供了一批有影响力的科研成果和咨询报告，在思想政治教育学科发展和人才培养方面做出贡献。

兰州大学社会舆论调查与舆情研判中心简介

兰州大学社会舆论调查与舆情研判中心属甘肃高校新型智库，成立于2016年12月。中心是依托新闻与传播学、民族学、社会学、管理学等学科优势，整合甘肃省委网信办、人民日报甘肃分社、兰州市委宣传部、中国移动甘肃分公司等机构资源联合组建而成的。本智库的重点研究领域：一是集中在甘肃省经济社会发展过程中的舆论调查和舆情研判的对策咨询工作上，及时准确地掌握甘肃社会舆论的“晴雨”状况和变化动态，重点在“预警”的意义上发挥智库的“监视功能”和“舆情警示”作用。在过去几年时间里，中心针对甘肃省内诸多舆情事件都及时做出了分析与研判。二是服务国家大局、大事和大势，对全国性重大事件做出及时舆情分析与研判，包括“一带一路”背景下沿线国家对中国的态度与舆论观点。

在过去两年里，中心在充分利用留学生资源的基础上，重点分析了“一带一路”建设背景下白俄罗斯及中亚国家媒体对中国的报道，详细描绘了中国在相关国家的国家形象，并对相关国家民众对“一带一路”及中国态度进行了调查分析，这对及时掌握“丝绸之路经济带”沿线国家对中国的态度及民间舆论，为进一步提升和完善中国在共建国家的国家形象，促进中国与相关国家的共同发展发挥了重要作用。

今后，中心将扩大合作范围，充分利用各种资源，围绕“一带一路”沿线国家对我国及“一带一路”的舆论进行调研、分析，加大对“一带一路”舆情的监测与研判工作。

西部地区区域经济发展与区域政策研究中心简介

兰州大学西部地区区域经济发展与区域政策研究中心成立于2013年，是甘肃省高等学校人文社会科学重点研究基地之一。中心依托兰州大学应用经济学学科优势，立足欠发达地区发展的现实基础，突出对西部地区“贫困、生态、民族、开放”等特色问题的研究，自成立以来，面向国家需求和区域需求，紧密围绕我国经济社会发展中的重大问题开展科学研究，取得了丰硕的研究成果。

中心下设区域经济理论与实践、经济增长模型与经济增长因素、产业经济与产业发展、金融理论与实践、可持续发展战略与模式六个研究方向。目前共有专职研究人员40人，其中教授15人、副教授10人、讲师15人，具有博士以上学位22人。在长期的多学科交叉研究过程中形成了优势明显、重点突出、结构合理、后劲强大的科研团队。

自中心成立以来，针对新一轮西部大开发战略实施中的重大理论问题、热点问题和难点问题展开研究，取得了一批高质量的成果。累计发表各类研究论文620余篇，其中CSSCI收录314篇。主持各类课题288项，其中横向课题224项、纵向课题64项；主持完成及在研省部级以上课题76项，包括国家级课题11项、部委级课题12项、省级课题53项。出版学术专著23部。五年累计进账科研经费1983.37万元。部分科研成果取得突出的学术、社会影响。

研究中心积极开展国内、国际交流，参办了“第八届全国区域经济学学科建设年会暨变革时代的中国区域经济学术研讨会”“改革开放三十年：中国西部发展的回顾与展望”“中国西部经济发展报告蓝皮书发布会暨2010年西部经济发展学术研讨会”等国内学术会议。研究中心成员参加了“一路一带”文化圆桌会议、“海峡两岸2016年地貌与第四纪环境演变教育研讨会”“2017年美国地理学年会”“2017开普敦全球证据高峰论坛”等国际学术会议，提交的论文和大会主题报告，都取得了良好学术反响。

近年来，中心围绕区域协调发展的政策完善主题，在经济发展方式转变、扶贫开发、生态环境保护与生态经济发展方面进行了大量的调查和前期研究，并提供了富有针对性和可操作性的政策咨询服务，诸多结论被政府采纳，一些研究西部、甘肃的报告，得到了决策部门的肯定。这些为地方经济社会的持续、快速、健康发展做出了应有的贡献。

第四部分　主要成果

世界观与国际关系理论

中亚水资源与国家关系

中国边疆安全研究

结构现实主义的理论评估及其发展

英国新左派的社会主义人道主义思想研究

著作类：

《分裂与反分裂：分裂主义研究论集》

杨恕、李捷主编

中国社会科学出版社2012年出版

我国是当今世界上受分裂主义威胁最为严重的国家之一。长期以来，新疆分裂主义、西藏分裂主义和台湾分裂主义对我国的领土主权完整和国家安全构成了严重的威胁，而且对我国和平发展战略的推进造成了冲击。因此，加强对分裂主义及反分裂领域的研究无疑具有重要的理论和实践意义。

"一带一路"建设一方面推进了我国的利益边疆，海外利益的比重在全球化的加速进程中不断加大；另一方面，国内政治包括民族问题与周边及国际的关联度进一步加强，国际安全风险向国内溢出及渗透的压力增大。因此，需要从统筹国内与国际两个大局的角度来做好"一带一路"的风险评估工作。

分裂主义是国际政治中一种普遍而又特殊的现象，它一般并不以国家历史传统、政治制度和经济文化发展水平为转移。据我们的不完全统计，"一带一路"沿线国家中存在分裂主义的国家有17个，约占"一带一路"沿线国家总数的1/4，且广泛地分布于东南亚、西亚、北非、中东欧、高加索等地区，特别是巴基斯坦、车臣、土耳其等国的分裂主义又与伊斯兰极端主义、国际恐怖主义有着千丝万缕的联系，而他们又与新疆的"东突"分裂势力关系密切。关于分裂主义的危害，首先对"一带一路"沿线相关国家和地区的安全与稳定构成严重的危害，进而威胁到"一带一路"建设的顺利推进和我国在沿线国家和地区的人员及投资安全；其次，"一带一路"在方便了各国之间的互联互通的同时，也为沿线各国的分裂主义的相互勾连提供了便利条件，甚至有的沿线国家政府对我国的分裂主义持同情和支持立场，给我国的反分裂斗争带来新的挑战，绝不能因为"一带一路"而牺牲我国的领土与主权等核心国家利益。

该书为兰州大学中亚研究所近年关于分裂主义及反分裂研究中公开发表的部分成果，现结集成册，既是对中亚研究所分裂主义研究的一个阶段性总结，也便于学术界及读者加深对分裂主义的综合性理解。

该书主要包括分裂主义基本理论研究、分裂主义国际化研究、分裂主义及反分裂斗争案例研究等内容。重点分析了分裂主义的概念界定、产生原因、安全威胁等基本理论，进而研究了分裂主义国际化的必然性、进程及可能造成的消极影响。此外，该书还对美国、苏联、西班牙、斯里兰卡等国家的案例及政策实践进行了分析。

由于国内对分裂主义的理论研究尚处于起步阶段，远不能满足我国反分裂斗争实践的需要，因此，我们现阶段的研究仅仅是一个起点，如何进一步深入挖掘分裂主义的内在机理、把握分裂主义的发展规律、更紧密地与反分裂斗争实践结合起来，将是下一步研究分裂主义的重要任务。

《聚焦中亚:中亚国家的转型及其国际环境》

杨恕主编,曾向红副主编

中国社会科学出版社2013年出版

中亚国家自独立以来即启动了国家转型进程。该进程主要涵盖三个方面的内容，即从计划机制向市场经济体制转型、中央集权的政治体制向具有民主内涵的政治体制转变、从封闭社会向加强国际联系并融入全球化进程的方向转变。经过20多年的国家建设和社会转型，中亚国家在转型道路上走了很远一段距离。然而，鉴于苏联解体、中亚国家独立所处的国际背景以及各国国力较弱，以及各国缺乏建立现代民族国家的经验，中亚各国的转型虽然发生过内战（塔吉克斯坦）、出现过两次非正常权力更迭（吉尔吉斯斯坦）等，但整体而言，各国转型所取得的成绩不容否定。如此，对中亚国家的转型历程及其与外部世界的关系进行回顾和深入研究，就凸现出重要的理论与学术价值。

该书荟萃了新世纪以来兰州大学中亚所研究人员围绕中亚国家的转型及其国际互动这一主题所发表的28篇学术论文，并根据研究内容的特点划分为四个部分。其中，第一部分为“中亚社会转型及其发展”。该部分主要回顾了中亚国家社会转型的历程和基本成就，并提炼了影响中亚国家社会转型的各种内部因素，如多样化的文化传统、因为长期处于苏联体制下对各国制度变迁产生多重影响的政治文化、俄罗斯文化传统对中亚国家转型的影响、中亚国家源远流长的部族政治文化，等等。其中，著作以两次发生不正常权力更迭的吉尔吉斯斯坦为例，探讨了国内政治和社会因素对该国社会转型所产生的显著影响。

著作第二部分为“中亚地区安全”，主要研究了该地区局势发展变化对中亚各国社会转型带来的影响。中亚国家的形成，主要归因于沙俄和苏联的塑造，各国长期处于一个帝国或民族国家内部，自然给该地区独立之后的政治社会进程产生难以估量的影响。尽管各国独立之前的密切联系，给各国推进一体化进程、维持既有的积极联系提供了难得的条件，然而，各国独立后专注于本国的国家构建，逐渐破坏了这种联系，以致该地区出现了明显的“逆一体化”现象。本部分的7篇论文，主要剖析了影响中亚国家政治和社会转型的地区负面情势，如伊斯兰极端主义的滋长和恐怖主义的演变、国家间对水资源的争夺、小武器和轻武器的地区扩散、阿富汗局势动荡及由此衍生的毒品走私泛滥等。这些消极现象的存在和扩散，是导致各国走上“逆一体化”道路的重要原因。

著作第三部分“世界大国的中亚战略”主要探讨了积极参与中亚事务的世界或地区大国针对中亚国家所采取的战略政策及对中亚国家转型所产生的影响。中亚地区具有极为重要的地缘战略价值，近代西方地缘政治学家将该地区称为“心脏地带”即是例证。而对大国在该地区的激烈竞争最形象的说明是“大博弈”的概念，用以指19世纪沙俄与大英帝国在阿富汗和该地区所展开的激烈角逐。中亚国家独立后，由于俄罗斯的实力下降以及其对中亚地区的重视程度并非一以贯之，故有学者认为外部大国在该地区启动了“新大博弈”。本部分全面和深入地研究俄罗斯、美国、日本、德国、印度为介入中亚事务所拟定的战略与政策，并分析了这些大国介入中亚事务过程中所产生的影响。

著作第四部分为“中亚国家与多边合作机制”，包含了7篇文章。相对于第三部分从双边层面讨论大国介入与中亚转型之间的关系，第四部分主要关注的是各种多边国际机制对中亚地区的兴趣以及中亚国家在这些机制中的参与情况。如前所述，中亚地区自独立以来出现了“逆一体化”的现象，其典型体现是该地区不存在一个仅涵盖该地区五国的地区合作机制，各国仅根据自身战略需要和国家利益的考虑选择加入或退出包含了其他地区成员国的地区性合作组织。本部分对中亚国家与欧亚大陆主要的地区性国际组织之间的关系做了深入分析，如欧盟、欧安组织、上海合作组织、集体安全条约组织等，其中重点讨论了中亚国家与上海合作组织之间的关系。

总之，尽管中亚地区国家数量较少、实力较弱，但由于各国独立时间较短、地理位置重要，故各国的转型状况值得学术界密切关注并予以深入研究。该书通过对影响中亚国家转型的内外部因素进行较为全面的研究，有助于为人们了解其转型过程的复杂和艰难提供有益的参考。

《世界观与国际关系理论》

曾向红著

中国社会科学出版社2015年出版

该书的主旨在于揭示世界观与国际关系之间的隐秘关系并探讨其对中国国际关系研究的启示。该书首先检视了现代西方世界观与主流国际关系理论之间的关系，其次分析了作为霸权世界观的现代西方世界观的运作机制及其带来的理论与政治后果，进而讨论了中国世界观对于中国国际关系理论研究所具有的启示，最后探讨了和谐世界观的思想根源、可行性与可期性等问题。该书为将世界观"带回"国际关系理论研究之中做了必要探索，并在这一过程中发现了和谐世界观被遮蔽的重要意义。

该书首先将和谐世界观视为一种"世界观"，认为它是中国人在对国际局势进行判断的基础上，对全球发展趋势做出的一种展望，它内在地包含一套有中国特色的世界秩序方案。因此从世界观与国际关系的角度讨论和谐世界观提出的意义，既有必要也有可能。然而，国内学术界很少有人从世界观的角度研究和谐世界观，即使对于一般世界观与国际关系之间的（理论与实践）关系，国内外学术界的研究成果也比较有限。当我们将和谐世界观视为一种世界观，就可以从世界观与国际关系之间的关系这一整体框架中对和谐世界观提出的意义进行考察。和谐世界观要避免成为一种"十足的外交口号"或"乌托邦"，首先要提高本身的学理化程度，实现这一目标的途径就是让和谐世界观承担起“批判”“解释”与“规范”这三重使命。该书的主旨就是尝试完成和谐世界观的批判使命。

该书将马克思关于“统治阶级的思想在每一时代都是占统治地位的思想”的观点，引申到国际关系领域。不过，与国内社会由统治阶级的意识形态保证对被统治阶级的压迫和统治不同，在国际关系领域，这一功能是由霸权世界观承担的。在当前的国际关系中，现代西方世界观在很大程度上发挥着霸权世界观的作用。该书尤其关注霸权世界观在国际关系知识中的体现。世界观与国际关系知识之间有着人们尚未意识到的密切关系，前者为后者提供本体论与认识论资源，而后者则保证世界观避免受到其他世界观的质疑和批判。西方主流国际关系理论都认为自身是客观中立、普适性的，然而，通过对它们与霸权世界观间关系的研究，我们能发现它们都有消除、同化其他世界观和文化以及政治制度等方面差异的内在冲动。这是我们之所以不能不加批判地接受霸权世界观及其衍生出来的西方国际关系知识的重要原因。霸权世界观能够产生象征性权力的政治效应，其有力之处就在于通过国际关系知识的传播等途径，在不知不觉中影响乃至塑造其他国家人们的心智结构和世界观，进而潜移默化地否定其他世界观及其知识的合法性与有效性。霸权世界观是一种深具威胁的力量，然而其作用却很少被人们意识到，它是西方国家同化和克服其他文化、世界观、政治制度多样性的重要途径和有力武器。之所以需要反抗霸权世界观，就在于通过维护世界观的多样性，进而维护多种世界秩序方案，避免世界成为一个“同一性的帝国”。

批判霸权世界观，是为提高和谐世界观的学理化程度和科学化水平服务的。人们不应在未加深入研究的情况下，认为和谐世界观仅仅是一种“战略口号”而简单地予以否定。对于霸权世界观及其预设的内化，既是和谐世界观之所以无法充分学理化的重要原因，同时也是中国国际关系研究之所以缺乏创新性研究成果的部分根源。该书认为，对霸权世界观进行批判，既是和谐世界观展示自身生命力的基本前提，也是赢得人们信任和认同、获得世人响应和尊重的必然要求。

该书具有较高的理论与学术价值。其中一个表现是该书的部分内容曾在《世界经济与政治》《国际政治科学》《国际政治研究》《欧洲研究》等主流学术刊物上发表。该书对于构建国际关系理论研究的“中国学派”具有一定的参考价值。

《遏制、整合与塑造:美国中亚政策二十年》

曾向红著

兰州大学出版社2014年出版

美国是参与中亚事务的重要行为体。该书比较深入地分析了美国中亚政策的演变及中亚国家对美国所做的回应。第一章首先回顾了美国中亚政策的演变，并将其区分为地缘经济阶段、地缘安全阶段、地缘文化阶段以及地缘政治阶段。第二章主要提炼美国中亚政策中保持相对稳定的因素。这些因素包括美国介入中亚所追求的战略目标、美国决策者赖以指导外交决策和实践的理论以及美国为实现目标所采取的权力手段。第三章集中研究美国的物质性权力以及美国和中亚国家之间的安全关系。第四章讨论美国如何利用多边机构加强与中亚国家的制度性联系。第五章讨论美国关于中亚问题的学术研究和政策话语。结论部分简要讨论了该书的基本观点、中亚国家对美国中亚政策做出的反应以及美国中亚政策的走向。通过分析，可以发现美国要实现其在中亚的战略目标，还有相当长一段路要走。

该书的主要价值还体现在以下三个方面:

第一，该书对美国介入中亚事务二十多年的过程做了比较系统的梳理。国内学术界关于美国中亚政策的研究成果不少，但缺乏对其进行全面、系统、深入的分析。而该书不仅回顾了美国中亚政策的演变过程、追求的战略目标及其指导思想，而且还对美国为追求其战略目标所使用的政策手段以及美国在各领域开展的具体活动做了比较深入的分析，此外还对美国中亚政策的效果及其演变趋势做了展望。可以说，该书较好地实现了理论与现实的结合，为人们了解美国在中亚地区的活动及所做的投入提供了新的、较为全面的参考。

第二，该书提供了一种研究美国中亚政策的分析框架。美国介入中亚事务的活动，涵盖了政治、经济、安全、社会、文化等多个领域，如果没有一种适当的框架予以分析，很容易陷入复杂和破碎细节的描述之中。该书在提出美国在中亚地区追求遏制、整合与塑造三重战略目标的基础上，认为这三重战略目标分别得到了冷战时期美国遏制战略、美国学术界“文明冲突论”与“民主和平论”等理论的启发和影响，并主要通过强制性权力、制度性权力与呈现性权力这三种政策工具来追求。美国中亚政策指导思想、战略目标与政策手段之间的大致对应关系，构成该书的一种分析框架。这种框架虽然可能会引发争议，但比较新颖，它是该书第三、第四、第五章所做案例研究的思想性支撑。

第三，该书文献资料丰富、学理性较好。该书对美国中亚政策的研究，除征引了美国领导人关于中亚问题的一些表述以及美国政府和国会的一些重要文件外，还大量参考了美国学术界的研究成果，表现出严谨的学术态度。尤其是该书第五章整理的美国1996至2011年间美国研究中亚问题的博士学位论文目录，不仅有助于我们了解美国中亚研究的整体状况，而且为我们研究各方面的中亚问题提供了颇具价值的参考资料。此外，作者对美国主要的中亚问题研究机构和研究者的整理，也有助于我们了解美国中亚研究的现状及其发展趋势。

鉴于具有重要的现实参考意义和一定的理论价值，该书的出版得到了学术界的较高评价，并获得2016年甘肃省第十四次哲学社会科学优秀成果奖二等奖。

《社会·制度·秩序：赫德利·布尔的世界秩序思想研究》

马国林著

中国社会科学出版社2015年出版

秩序既是社会生活中普遍而关键的问题，也是世界政治中古老而常新的课题。古今中外，有多少哲学家、历史学家、社会学家和政治学家对此进行了苦苦思索，并在相关领域做出了各自的独特贡献。在国际关系学界，这一问题同样吸引着成千上万的研究者和学习者前往探索，并产生了一批令人瞩目的研究成果。其中，英格兰学派（English School）学者赫德利·布尔（Hedley Bull）的相关思想居于重要而特殊的地位。

赫德利·布尔是20世纪有重大影响的国际关系理论家，世界秩序思想是其国际关系思想最重要的组成部分。在其代表作《无政府社会》及其他著述中，布尔对世界秩序的基本内涵、世界秩序的维持手段、世界秩序的替代道路等相关问题进行了深入和全面的考察，产生了重大而持久的影响。可以说，如果要从国际关系角度来研究世界秩序问题，那么布尔的作品是无论如何也绕不过去的。

布尔提出的核心问题是：世界秩序如何实现？他的回答是：以国际社会为框架，以国际制度为纽带。社会、制度、秩序三者之间的相互关系，构成了布尔世界秩序思想的基本话语。然而，通过与雷蒙·阿隆思想的比较可以发现，布尔所说的全球性国际社会只是一个由国家组成的、不完全的社会，即"半社会"；通过与亚当·沃森思想的比较可以发现，布尔所说的均势等国际制度只是一些深层次的、习惯性的、非正式的制度，即"潜制度"；通过与赵汀阳思想的比较可以发现，布尔所说的世界秩序只是一种不稳定的、不牢靠的、基础脆弱的秩序，即"弱秩序"。

半社会、潜制度、弱秩序之间的关系是：基于共处目标的弱秩序只需在一个没有中央政府、缺乏共同文化的半社会中便可实现，而这样一个半社会也主要依靠一些成员心照不宣的潜制度进行支撑。布尔借社会、制度、秩序之名，而取半社会、潜制度、弱秩序之实，表明他的研究中暗含着一种"化程度问题为性质问题"的思维倾向。

该书的目的不是要用半社会、潜制度、弱秩序这三个新的术语代替社会、制度、秩序这三个传统术语，而是要表明布尔世界秩序话语体系的表面含义与实质含义之间的不一致性。

《分裂主义及其国际化研究》

李捷著

时事出版社2013年出版

分裂主义是当前国际社会中一种相对普遍而又特殊的现象，许多国家都不同程度地面临着分裂主义的威胁，而我国是世界上受分裂主义威胁最为严重的国家之一。因此，加强对分裂主义的理论研究，不仅对于维护我国的领土主权完整和国家安全有着重要的意义，而且也有利于我国和平发展战略的推进。

该书主要研究了分裂主义的概念、产生、威胁等基本理论，在此基础上，重点分析了分裂主义的国际化进程及应对问题。希冀本研究能进一步推进我国的反分裂理论建设并有助于我国的反分裂斗争工作。

该书第一部分是对分裂主义理论的基础研究，其中我们挑选了一些与中国反分裂斗争关系较为密切的问题进行分析，首先是分裂主义的界定问题。现有研究对何谓分裂主义语义的混乱和理解的偏差，已经影响到我们对分裂主义本质的认识及对其威胁的判断。有必要首先对分裂主义这一概念进行清晰的界定，以把握其特征和实质。其次是分裂主义产生的原因问题。我们认为，不同分裂主义的产生自然有不同的原因侧重，但它的产生常常是政治、经济、文化、地理等多种因素综合作用的产物。所以，既要抓住问题的核心，也要对催生分裂主义的各种因素进行综合的分析，两者缺一不可。当前学界中关于传统安全与非传统安全的争议，存在将安全概念泛化的问题。对此，我们认为分裂主义对国家安全的核心内涵构成了重大威胁，也关乎国家的核心利益，并不是一个非传统安全的命题。最后涉及的是对西方一些人主张的分裂权利的回应。某些西方学者基于自由民主的角度，鼓吹分裂权利的道义性及合法性。它不仅滥用了自由的概念，也曲解了民主的应有之义。

该书的第二部分重点阐释分裂主义的国际化问题。我们对分裂主义国际化提出了初步的判定标准：1. 在多数大国的媒体中成为稳定的关注对象；2. 在国际学术界成为固定的研究领域，有较稳定的研究机构和人员；3. 成为主要国家议会、政府等机构持续的工作对象；4. 各国公众对它有较多的关注。这一标准，可以称为我们研判分裂主义国际化问题的起点。

从动态演变的角度来看，分裂主义国际化的进程主要包括两个方面，其一是横向扩散，即一国内部的分裂主义冲突向周边及世界扩散和溢出，主要表现为分裂势力向外寻求支持；其二是垂直升级，即外部势力对他国分裂主义问题的介入和干涉。毫无疑问，分裂主义的国际化导致了矛盾的复杂化，这不仅不利于分裂主义问题的解决，而且直接对事发国及地区乃至国际的安全与稳定造成了严重的冲击。对于国际关系而言，分裂主义国际化最为消极的影响在于引发国际冲突。对于我国这样一个长期受分裂主义威胁而西藏、新疆等分裂主义国际化趋势不断加强的国家来说，如何建立此类国际冲突的防范和治理机制，无疑是当前反分裂斗争中的一项紧迫任务。

近年来，随着全球化的推进和“一带一路”建设的全面展开，分裂主义的国际化进程在某种程度上也呈加速的态势。应该看到，分裂主义本身的发展，更多源自于相关地区历史与现实问题的积累，源自于外部安全问题的渗入，源自于殖民主义与不合理国际政治经济秩序的影响。在这种情况下，“一带一路”建设可能在某种程度上会遭受分裂主义国际化的挑战，但是它本身却成为抑制分裂主义发展、实现国际安全与地区稳定的钥匙。

《南亚极端主义与民族分裂主义研究——以斯里兰卡为例》

李捷著

兰州大学出版社2014年出版

斯里兰卡是海上丝绸之路建设的重要节点国家。斯里兰卡是世界上最繁忙的海上通道的枢纽（超过80%的全球海运石油贸易运输通过印度洋），而在印度洋，中国、印度和美国的利益和影响正在重叠和交织，因此这一区域必将成为21世纪国际冲突和权力转移的中心。以斯里兰卡为着眼点，对南亚地区的极端主义与民族分裂主义进行研究，对于研判“一带一路”建设的风险，进而维护地区的和平与稳定，无疑具有重要的意义。

2016年4月，国家主席习近平会见斯里兰卡总理维克拉马辛哈时指出，为推动两国真诚互助、世代友好的战略合作伙伴关系不断迈上新台阶，中斯可以将双方发展战略更加紧密地对接起来；做好两国关系及各领域合作的顶层设计；以“一带一路”建设为契机加强各领域合作；夯实中斯友好的社会基础；加强两国在各类国际组织中的沟通和协调。斯里兰卡曾长期深受极端主义与分裂主义的困扰，加强对此问题的研究，有利于中斯两国在安全稳定合作基础上，深化两国的经济合作。

从1948年独立后，斯里兰卡的民族、宗教问题开始激化，在1983—2009年近30年间，斯里兰卡主要信仰佛教的僧伽罗人与主要信仰印度教的泰米尔人之间爆发了持续的冲突。在南亚国家中，斯里兰卡的民族冲突与暴力分裂主义持续的时间最长、冲突的烈度最强、造成的危害最为严重。“猛虎”组织曾经是世界上实力最强、危害最大的民族分裂主义武装。

斯里兰卡长期冲突的一个根本原因在于缺乏更高层次的国家整合，以致独立前后僧伽罗民族主义、泰米尔民族主义不断强化并向极端民族主义发展，最终演变为旷日持久的民族冲突和泰米尔民族分裂主义。在第三次民族主义浪潮的冲击和族群民族主义的滥觞中，斯里兰卡的民族问题具有某种典型的意义。

虽然2009年斯政府军在军事上击败了猛虎组织，但是斯国内极端民族主义和民族分裂主义的土壤仍然长期存在。同时，在经历长期的民族、宗教冲突之后，斯政府如何制定新的民族、宗教政策也是一个重要的理论和现实问题。中国与斯里兰卡同属发展中国家，且同受分裂主义的严重危害，斯里兰卡反对极端民族主义和民族分裂主义的经验和教训值得我们吸取和借鉴。

该书主要着眼于梳理斯里兰卡民族冲突、分裂主义产生与发展的脉络，发掘其极端民族主义滋生的历史和现实土壤，进而探讨当前斯里兰卡民族和解与分裂主义治理的可能路径。此外，在斯里兰卡这一个案的研究基础上，深入剖析极端民族主义和民族分裂主义相关的理论问题，亦是该书研究的重点和主要落脚点。

此外，在“一带一路”建设过程中，如何实现南亚地区大国间的战略平衡与协调，如何在地区稳定与发展问题上避免小国的“站队”尴尬和大国间的恶性竞争，都是需要深入研究的重大问题。该书以斯里兰卡为个案，做出了有意义的探索。

《国际网络恐怖主义研究》

朱永彪著

中国社会科学出版社2014年出版

恐怖主义问题一直是国际社会关注的热点，而网络恐怖主义又是其中一个新兴的课题，已引起了众多学者的高度重视，国家层面也开始关注这一问题，如中国已成立信息网络安全信息小组，习近平总书记任组长。

尽管还未出现利用网络为工具、手段来攻击网络的目标型网络恐怖主义，但工具型网络恐怖主义已经开始大行其道，并造成了严重危害。而从理论上讲，目标型网络恐怖主义也是迟早会发生的，这绝不是危言耸听。种种迹象也表明，恐怖势力已经开始策划攻击网络设施，企图制造以网络为直接攻击对象的恐怖主义。因此，加强对网络恐怖主义的研究成为必需。

《国际网络恐怖主义研究》的作者朱永彪副教授是国内最早对网络恐怖主义问题进行系统研究的学者之一，该书是在其主持的2007年国家社科基金项目“网络恐怖主义及对策研究”结项报告（2009年结项）的基础上修改出版的，是国内第一部关于网络恐怖主义的专著，对国际网络恐怖主义进行了详细研究，是跟踪国际前沿研究的成果，具有较高的学术价值。

该书共九章，分别由上、中、下三篇组成，上篇为“定义与背景”篇，包括第一章至第三章：《网络恐怖主义的定义》《网络对国际政治行为体的影响》《恐怖主义的现状与发展趋势》，中篇为“问题与现实”篇，包括第四章至第六章：《网络恐怖主义的表现形式、现状及发展趋势》《案例研究：伊尔哈比007（Irhabi007）》《世界性盛会防范网络恐怖主义问题——以奥运会为例》，下篇为“对策与建议”篇，包括第七章至第九章：《美国等国家的反网络恐怖主义战略研究》《反网络恐怖主义与公众参与》《对策与建议》。

《网络恐怖主义的定义》是该书的基础部分，主要对网络恐怖主义的定义做了理论探讨和归纳，也即回答了什么是网络恐怖主义这个问题。目前该书所做的相关定义已获得中国学术界的认可。《网络恐怖主义的表现形式、现状及发展趋势》分析了网络恐怖主义的表现形式和现状，预测了网络恐怖主义的发展趋势，并对网络恐怖主义产生的根源和危害进行了论述。截至目前，该书对于网络恐怖主义的发展趋势等相关预测完全正确。《案例研究：伊尔哈比007（Irhabi007）》对“伊尔哈比007”这一案例进行了研究，分析了“伊尔哈比007”的危害和成长过程，该案例研究对预防网络恐怖主义具有一定的启示意义。《美国等国家的反网络恐怖主义战略研究》对美国、英国、俄罗斯等国家防范网络恐怖主义的经验和相关探索做了介绍与分析，其意义在于为中国的相关工作提供有益的借鉴。

该书出版后，获得了良好的社会反响，已被多所公安院校作为相关专业的教材或参考书使用，短期内已被采购一空。

《中亚水资源与国家关系》

朱永彪、沈晓晨、付颖昕著

兰州大学出版社2016年出版

中亚是丝绸之路经济带建设的关键区域，且中亚各国对丝绸之路经济带也普遍看好并都予以了积极响应。但由于中亚5个国家间关系复杂，甚至有的国家间存在较大矛盾，这在一定程度上影响了丝绸之路经济带在中亚的建设。中亚相关国家间的矛盾由来已久，其中水资源争议发挥着特殊的作用，近年来，中亚国家间发生的多次边界争端大多与水资源争议有关。吉尔吉斯斯坦和塔吉克斯坦作为上游国家全力发展水电的国家战略，与乌兹别克斯坦、土库曼斯坦等下游国家发展灌溉农业的现实需要之间产生了不可避免的冲突，下游国家尤其反对上游国家的大型水电项目。

《中亚水资源与国家关系》一书对中亚水资源概况、中亚水资源争端现状与影响、中亚水资源争端产生的背景、难题难以解决的原因与前景进行了较为详细的分析，对苏联时期对巴尔喀什湖的开发及其问题做了案例研究，还对世界跨境河流管理现状进行了分析。

总体而言，该书较为系统全面地分析了中亚水资源对国家间关系的影响、原因和前景，认为中亚国家间的水资源争端之所以难以解决，主要由于国家间现实利益的矛盾难以调和，管理体制问题在短期内难以解决，也缺乏解决水资源争议的法律基础。此外，地缘政治矛盾与大国介入使得问题更加复杂化。在未来较长一段时期内，水资源争议将仍是影响中亚国家间关系的重要因素，虽然发生大规模冲突的可能性很小，但也存在矛盾进一步升级的风险。

兰州大学中亚研究所长期关注中亚水资源问题，发表了多篇关于中亚水资源问题的学术论文，并主持了多项有关课题。2010年，中亚研究所参与了中国科学院新疆生态与地理研究所所长陈曦研究员主持的科技部国家国际科技合作项目“中亚地区应对气候变化条件下的生态环境保护与资源管理联合调查与研究”，并主持子课题“中亚地区水资源及矿产资源调查与研究”，该书是这一课题的阶段性成果。

《中亚水资源与国家关系》一书曾于2016年入选教育部社会科学司2016年全国高校出版社主题出版选题。2017年，作为“中亚与西北边疆研究系列丛书”之一，入选“十三五”国家重点图书、音像、电子出版物出版规划增补项目。

《结构现实主义的理论评估及其发展》

陈小鼎著

中国社会科学出版社2013年出版

《结构现实主义的理论评估及其发展》一书旨在通过科学的理论评估阐释结构现实主义的理论定位、发展空间与发展路径。

该书选取了拉卡托斯的“科学研究纲领方法论”作为理论评估的基本标准。科学研究纲领方法论界定了理论进步的两个基本标准：其一，能够预测新颖性事实，实现理论上的进步；其二，能够验证其中部分新颖性事实，实现经验上的进步。基于科学研究纲领方法论，沃尔兹开创了纲领的单一核心理论，界定了纲领的硬核、正面启发法、负面启发法，启迪了后续理论的生成，为纲领的形成和发展奠定了坚实基础。结构现实主义出色地完成了作为初始理论的基本任务，一方面具备了强大的解释力，对均势、中美关系的演变等重大国际现象做出了独到解释，实现了国际政治的整体性解释；另一方面设置了灵活、有力的正面启发法和严谨、详尽的负面启发法，为后续理论的构建提供了方法论支持，具备广博的启发力。在初始理论的启迪下，吉尔平和米尔斯海默相继跟进，引进新的辅助假设，分别构建了国际政治变革理论和大国政治理论，实现了进步的问题转化，推动了结构现实主义研究纲领的发展。在理论评估的基础上，我们发现结构现实主义能够对单极体系的运作机制和走向做出系统、合理的解释，从而增强对重大现实问题的解释力。

同时，结构现实主义研究纲领能够提升外交政策研究的理论水平，推动外交政策的结构理论的构建，实现纲领的新发展。

结构现实主义三十年的发展历程对推动国际关系理论研究的进一步发展具有重大启示意义。第一，由单一核心理论发展成研究纲领是实现理论长足发展的重要保障。理论因偏颇而深刻，很难面面俱到，并且在演进过程中将遭遇各类反常的挑战。因此，为了充分挖掘理论的潜力，就必须设置强有力的保护带，推动后续理论的构建，形成研究纲领，才能保障理论的长期发展。第二，立足知识体系的健全，能否创造知识增长的空间成为衡量理论贡献的重要标准。结构现实主义的成功很大程度上归功于它推动了国际关系学的整体发展：一方面启迪了后续理论的发展，形成了完整的研究纲领；另一方面推动了国际关系研究的结构转向，兴起国际关系结构理论研究的高潮。第三，理论研究任重道远，不可急于求成。从1959年的《人、国家与战争》到1967年的《外交政策与民主政治》直至1979年的《国际政治理论》，沃尔兹的理论追求一以贯之，数十年如一日，高尚的学术品质成就了理论的辉煌。

《历史的回归和梦想的终结》

罗伯特·卡根著，陈小鼎译

社会科学文献出版社2013年出版

罗伯特·卡根《历史的回归和梦想的终结》一书，是美国新保守主义的代表作，旨在回应冷战后以“历史终结论”为代表的乐观主义思潮，警示美国和西方世界应认识到以俄罗斯、中国、日本、印度、伊朗等国为代表的竞相崛起以及权力斗争的重新上演。应该终结的不是历史，而是那些以为历史已经终结的梦想。卡根的观点有偏颇之处，但有助于我们更清晰地认识美国内部思潮的变化。卡根呼吁民主国家联盟应该与美国一道维持这一套自由民主的价值理念与国际秩序，共同应对俄罗斯等威权主义国家崛起以及伊斯兰极端势力，为美国主导的国际秩序提供一种辩护。

在卡根看来，冷战结束之初所涌现的“焕然一新的世界”只是海市蜃楼，世界的基本面貌并没有改变。当美国人看到世界新秩序并确信其抓住了成为全球领导者地位的天赐良机时，当欧洲人相信世界新秩序将在欧盟之后实现模式化时，恰如地缘政治现实主义者所预料的那样，国际竞争必将重现。20世纪90年代以来，出现的并不是西方人们所期待的世界新秩序，而是利益的冲突与大国的野心以及随之重新产生的联盟与敌对联盟。大国竞争开始重现，一个又一个崛起中的大国加入了国际竞争领域。俄罗斯的复苏使其与欧美两大阵营之间的竞争成为戏剧性的“历史回归”；中国日益崛起为地缘政治和经济巨人；还有追求向正常大国回归的日本，以及同中国一样正在崛起的人口大国印度；而伊朗作为伊斯兰世界中被逊尼派政府包围的什叶派国家，与世界上其他野心勃勃的大国一样，也在为区域霸权地位而争权夺利。据此，卡根认为，大国间的竞争以及民主与专制之间的对抗是当今时代最重要的两大现实。集权制俱乐部与民主制轴心在全球范围内的分裂对国际体系有着广泛的影响。此外，伊斯兰世界与建立在犹太—基督文化基础上的西方世界之间的冲突是当今国际体系的又一重大矛盾。面对这一切，美国应该扮演什么角色？在卡根看来，在这个面临着新的动荡并摇摇欲坠的世界里，美国即使是一个有缺陷的民主超级大国，也可能发挥着重要甚至无可替代的作用，并呼吁民主国家应该与美国一道共同塑造未来的国际秩序。

大国角逐的历史重现，世界和平的梦想已经终结。卡根将冷战后国际社会中那些最为重大的问题巧妙地呈现在了自由民主国家的面前，如同一记警钟。对于其他国家而言，此书虽不乏为美国主导的国际秩序辩护之义，但也有一定参考价值。

《苏联、阿富汗、美国：1979—1989年三国四方在阿富汗的博弈研究》

李琼著

中国社会科学出版社2016年出版

1979—1989年在阿富汗这个中亚小国发生了一场历时将近十年的战争，史称阿富汗战争，它是20世纪世界历史上的重大事件。阿富汗战争实际上是苏联、阿富汗人民民主党、阿富汗伊斯兰抵抗组织和美国之间的一场博弈。该书在总结前人研究的基础上，结合运用20世纪90年代以来解密公布的新史料，从苏联、阿富汗人民民主党、阿富汗伊斯兰抵抗组织、美国三国四方博弈的角度，对1979—1989年的阿富汗战争进行研究，力图揭示三国四方在这场博弈中的政策取舍及其成败得失，全面、深入地阐释这场冲突的实质和影响。

全书分为绪言、正文和结语三个部分。绪言部分回顾了有关阿富汗战争（1979—1989）问题的学术史，介绍本研究的选题主旨。结语部分从两个层面对主体内容进行提炼和剖析，深化研究主题。正文部分共分为五章展开论述。

第一章论述从1919年阿富汗独立至1978年四月政变期间的苏阿关系、阿富汗伊斯兰抵抗运动的兴起和美国在阿富汗的政策。自阿富汗独立开始，苏联就试图置阿富汗于自己的利益范围之内，不断对阿富汗予以经济、军事援助。战后至70年代初，苏阿关系获得了显著发展，特别是阿富汗人民民主党成立后即成为苏联在阿富汗的代理人。60年代中期，阿富汗伊斯兰组织在反对国家改革政策和左翼力量的斗争中发展起来，并发动了零星的反政府武装斗争。美国最初并未重视阿富汗，直到50、60年代，美国才出于对抗苏联的需要，加强了对阿富汗的援助，70年代后这种援助减少。总体来看，美国对阿政策的目标非常有限。

第二章论述1978年4月至1979年12月期间，苏联与阿富汗人民民主党的关系、苏联是如何走上出兵道路的、阿富汗伊斯兰抵抗运动的发展和美国对阿富汗国内变化的反应。1978—1979年间，阿富汗人民民主党内部纷争不断，同时阿富汗国内反政府运动的发展使人民民主党政权岌岌可危。对这些事件，苏联的态度从最初的调解但不出兵逐渐转变为决定武力干涉阿富汗内部事务。就在苏联和人民民主党关系日益紧张的时候，阿富汗伊斯兰抵抗运动迅速发展起来，他们反对政府推行的带有社会主义性质的改革，并在巴基斯坦和伊朗建立了反政府武装基地。对于阿富汗国内形势的变化，美国政府内部有不同意见，但总体反应比较平静。不过，中央情报局这时候在布热津斯基的支持下开始了对阿富汗抵抗组织的秘密援助。

第三章论述1980年至1984年期间苏联在旧的政治思维指导下在阿富汗推行的政策、阿富汗伊斯兰抵抗运动的高涨和美国在阿富汗的干涉。苏联在这一时期频繁更换领导人，它在阿富汗的政策虽然一度有松动的迹象，但总的来看，苏联并不打算离开阿富汗。苏联一面促使卡尔迈勒扩大执政基础，一面对圣战者发动了大规模的“清剿”。但卡尔迈勒没有获得国内支持，反抗烈火越扑越旺。抵抗组织中以马苏德的抗苏运动最为突出，他在与苏军对抗的同时进行了停战谈判，但双方终因根本立场不同而无法实现真正的停火。美国对苏联入侵阿富汗做出了激烈的反应，但随着时间的推移，美国的态度逐渐不甚明朗。里根上台后对阿富汗圣战者的援助渐趋公开化，并有所发展。不过，美国政府内部在对阿政策方面仍然存在分歧，而且其政策并无明确的战略目标。

第四章论述1985年至1987年期间苏联在阿富汗政策的转变、抵抗组织对苏阿政策的反应和美国在阿富汗干涉政策的加强。戈尔巴乔夫上台后，在军事手段仍然无效的情况下，决定从阿富汗退出。他在积极推动日内瓦谈判的同时，敦促纳吉布拉政权实施“民族和解”政策，以便为苏联脱身创造条件。然而，纳吉布拉并不具备苏联人期待的执政能力，“民族和解”没有达到预期的效果。阿富汗抵抗组织采取了一系列措施以破坏、瓦解“民族和解”政策，并加强了联合作战。美国则希望苏联继续背着阿富汗这个“包袱”，因此加强了对圣战者的政治支持和军事援助，同时对日内瓦谈判持消极、不配合的态度。在此过程中，美国的政策和以往一样，表现出明显的犹豫和谨慎。

第五章论述1988年至1989年期间苏联是如何推动并实现撤军的、有关各方的反应和苏联开始撤军后各方的政策。从1988年初开始，苏联加快了撤军阿富汗的步伐，更加积极地推动日内瓦谈判进程。阿富汗人民民主党为“配合”苏联撤军，在已经失败的“民族和解”政策上继续做表面文章。阿富汗抵抗组织提出了自己的临时政府方案，但这样的方案显然已经无法产生什么影响了。美国则以“对等原则”为借口继续阻挠日内瓦谈判。这时，急于撤军的苏联不再理会外界的政策，在苏联的努力下，1988年4月日内瓦协议最终签署。然而，该协议只解决了苏联撤军问题，阿富汗并没有就此平静下来。苏联开始撤军后，阿富汗抵抗组织向人民民主党展开了夺权斗争，苏联和美国继续向交战双方提供武器援助，阿富汗随即陷入内战。

《冷战后美国的伊朗政策》

王明芳著

社会科学文献出版社2015年出版

该书以“冷战后美国的伊朗政策”为主题，围绕“伊朗在美国外交天平上的位置”“美国对伊政策的历史背景”“冷战后美国对伊政策的转变”“美国对伊政策的手段”“美国对伊政策的国内政治背景”，以及“‘9·11’之后美国的伊朗政策”六个问题进行讨论，试图回答美伊纠葛迁延日久复杂难解的原因，以及美国对伊朗政策的实质这一问题。

伊朗地处波斯湾，约占世界石油储量的10%。由于深锁霍尔木兹海峡，伊朗对世界能源市场的安全具有无可替代的作用。伊朗对中东地区的宗教以及民族问题具有强大的影响力。其包括库尔德、阿塞拜疆、俾路支等人口的多民族构成，世界上第一个什叶派政权的属性，霍梅尼宗教哲学作为其国家意识形态的特殊性，都决定了它是地区层面上最重要的国家。这使它拥有一份可观的外交资产，也使美伊纠葛迁延日久。该书第一章集中讨论了这一问题。

美国在伊朗经历过非常深刻的情感创痛。伊斯兰革命前，伊朗是美国最重要的海湾盟国，得到美国的鼎力支持，美伊领导人也有非同寻常的个人友谊。伊斯兰革命使美国在伊朗的经营化为乌有，美国还经历了难以想象的羞辱——驻伊朗大使馆两次遭到冲击、52名美国外交人员被押444天、营救人质的军事行动在损失8名武装人员后遭到挫败……这些经历成为美国的情感创痛，严重阻碍美国对伊政策的改变，也为美国国内政治在伊朗问题上发挥影响奠定了基础。该书第二章集中讨论了这一问题。

伊朗伊斯兰革命后，美国对伊实行名为“平衡战略”的外交政策，即在伊朗和伊拉克之间保持平衡，政策的总体倾向呈守势。1993年美国实行名为“双重遏制”的对伊新政策，其突出特点是强硬、施压、隔绝、封锁。美国对伊新政策与国际战略环境的巨大变迁密切相关，是美国独步全球的实力的体现。第三章集中讨论了冷战后美国对伊新政策的出台。

美国对伊政策的重要工具就是制裁。美国对伊朗的制裁历时长、种类多、强度大，是美伊关系中的重要内容。美国对伊朗的制裁长期以来引起美国国内以及国际社会的巨大争议，美国和包括欧盟在内的盟国关系，以及美国和俄罗斯、中国的大国关系，也或多或少地受到美国对伊制裁的影响。第四章集中讨论了美国对伊朗的制裁。

美国政治具有多元化的特征，允许利益集团合法角逐，利益集团因此极大地影响了美国的伊朗政策。第五章集中讨论了美国亲以色列势力及其组织"美以公共事务委员会"对美国的伊朗政策的左右。

"9·11"恐怖主义袭击后，美国将伊朗视为"邪恶轴心""暴政前哨"，实行比以前更加强硬的政策，这既是美国在反恐战争后压倒性战略优势的体现，也是美国理想主义外交传统，尤其是新保守主义得势的结果。该书第六章集中讨论了这一问题。

该书24万字，入选教育部高校社科文库。

《英国新左派的社会主义人道主义思想研究》

邵永选著

兰州大学出版社2016年出版

这是一本涉及英国新左派运动的著作，主要内容是阐释英国新左派思想家爱德华·汤普森、佩里·安德森和阿拉斯代尔·麦金太尔等人关于社会主义人道主义的相关争论及思想。

20世纪50年代，英国新左派运动兴起。以汤普森和麦金太尔等人为代表的前英共知识分子和左派人士通过对马克思主义的人道主义解读批判斯大林主义，试图为英国社会主义寻找一种新的可能性。在这个过程中，他们对马克思主义与道德、社会主义的手段和目的以及"结构主义马克思主义"与社会主义人道主义的关系等问题进行了深入的思考，并逐渐发展出了一种社会主义人道主义思想。英国新左派的社会主义人道主义代表了一种独特的对马克思主义的人道主义解释。他们试图在共产主义内部重建一种人道的和自由的马克思主义理论传统，并寻求一种有道德倾向的社会主义运动的可能性。汤普森等人强调人的道德自主性对于社会主义的重要性，批判斯大林主义的机械主义和目的论道德观。最终，通过麦金太尔的贡献，将马克思的道德观与其“人性”思想结合起来，寻找到了将社会主义和人道主义结合起来的理论基础。可以说，英国新左派的社会主义人道主义思想是更广泛的欧洲社会主义人道主义思潮的一个重要部分，同时也是英国马克思主义者在本国思想传统基础上对于马克思主义的继承和发展。不可否认，在汤普森和麦金太尔等人对马克思主义进行解读的过程中，也存在着一定程度的过度阐释，甚至是误读的问题，但是在大多数情况下他们还是坚持了历史唯物主义的基本理论立场，并且对其中某些方面进行了补充和发展。在今天，当我们在反思中国马克思主义理论和实践的历史，建构中国马克思主义哲学当代形态的时候，新左派的理论方法和许多成果都值得我们借鉴和学习。

该书围绕英国新左派的思想内容、思想来源、理论内涵、思想争论等方面，从第一代新左派关于人道主义的争论、新左派时期的麦金太尔对于社会主义人道主义的论述以及两代新左派之间围绕着“结构主义”和“人道主义”展开的论战三个方面入手，对其理论展开了全面、系统的研究和论述。通过对汤普森、麦金太尔以及安德森等人相关著作的分析，对新左派的社会主义人道主义从哲学的高度进行抽象和概括，并总结出其理论特点和意义。该书的出版对于全面了解英国新左派运动的思想及发展，特别是其社会主义人道主义思想具有重要的理论意义。

《中国边疆安全研究》(一)

徐黎丽著

社会科学文献出版社2015年出版

边疆是人类为自己的生存和发展划定的人与自然、人与人既区别又联系的边界。如拉铁摩尔认为边疆可以分为两种类型：“一种为具有共同特性的两个社会共同体之间的边疆，一种为不具有不同性质的两类社会共同体之间的边疆。”即边疆是人类内部的分界。这种边疆，以人类生存的地球环境为基础，走过了陆地、海洋和太空三个阶段。如文明古国时期，由于人类的足迹只限制在地球上几个适于人类生存的大河流域，因此即使不划分边界，他们的足迹也只限定在那些地区。他们对边疆的理解也只限于陆地边疆。但随着适宜人类居住的地球陆地及其资源被文化武装的人类占据和消耗后，海洋及其资源也成为人类生存与发展的地区，海疆和陆疆一起就构成了人类的边疆。如今随着人类对太空资源的需求，空疆又成为人类认识边疆的又一个维度。于是陆疆、海疆和空疆构成的三维一体的疆域就成为这个时代人类的边疆概念。这个概念，是历时性、实体性概念，即硬边疆。相对而言，人类不同或相同共同体生活在这个相互认同的边界内部，安全指数相对较高。然而从共时性的角度来说，目前随着人类科学技术和文化知识水平的不断提高，即使生活在硬边疆的中心范围内，人类不同或相同共同体的人们也因硬边疆以外的因素而失去安全感，比如无处不在的互联网带来的信息、不同共同体的传统文化、共同体政权的利益需要等等也会影响边疆，因此一些学者将这些因素归纳为战略边疆、利益边疆、信息边疆、文化边疆等“软边疆”的概念。最终人类生存在由“硬边疆”与“软边疆”交织的国家边疆范围内。安全环境、安全感受、安全认识受多种因素的影响。因此虽然有边疆学、边政学、边防学、边疆地理学等研究边疆的学科出现，但从安全角度解读边疆问题的研究并不多见。该书认为，边疆安全作为国家安全的重要组成部分，在实体边疆问题不断突显和边疆概念不断演变的今天，有必要作为一个问题域进行研究。这是边疆安全研究的价值所在。

对于中国来说，边疆安全问题除传统的边界纠纷外，还越来越多地与生态、资源、族群以及文化等交织在一起。因为中国边疆多为信仰、语言与文化不同的多民族聚居地，不仅“守边、管边、控边”的分散性和涉外性明显，而且“固边、治边、富边”的复杂性和自治性突出，即传统安全与非传统安全相互交织是中国边疆安全问题的具体表现。与此同时，用于指导边疆安全问题解决的理论，也需要深入研究，因此该书分边疆安全理论、文化戍边、边疆治理、边疆民族问题等四篇来分别探讨边疆安全。

边疆安全理论篇从历时性与共时性结合的角度出发，在论述硬边疆和软边疆概念的基础上，分析边疆与安全之间的多维互动关系，建构边疆安全内容的结构和价值基点，最终体现为“边疆安全学”。但是否能够成为一门学问，时间和实践是最好的检验。

文化戍边篇主要针对中国边疆安全问题中非传统安全因素不断上升的现实，从文化的概念和现代特征入手，论述中国文化战略、边疆文化的整体价值、各个文化因子、文化产业及其文化交流与合作在戍边中的作用。

边疆治理篇通过实地调查对目前中国陆疆出现的一些微观问题进行了研究，并提出了对策建议。如边疆人口数量和质量问题、边疆少数民族传统管理制度对当今边疆治理的作用、如何治理边疆多民族杂居社区等等，从而保证边疆安全的人文环境。

边疆民族问题篇作为边疆安全的专题研究，从多民族居边守边的事实出发，研究民族作为生物性、文化性和建构性三位统一体在国家时代产生的问题对边疆安全的影响，旨在分析民族特征或属性在戍边中的特殊作用。

由于边疆安全研究是针对近些年来对边疆安全产生越来越多威胁的问题研究，因此它无论从研究概念的内涵外延及内容上都处于探索之中。目前呈现给读者的这本不成熟的著作，也只是一家之言，其中的不足和错误在所难免，敬请学界同仁批评指正。

《中国边疆安全研究》（二）

徐黎丽主编

社会科学文献出版社2016年出版

作为边疆安全研究的提倡者，我们曾经提出过“边疆安全学”，出版了《边疆安全学引论》《中国边疆安全研究》（以书代刊杂志，从2015年起每年只出版1期），发表了近30篇有关边疆各类问题研究的论文。但随着研究的不断深入，我们不得不对边疆研究进行深刻的反思。这些反思就成为《中国边疆安全研究》（二）的内容。

反思之一：边疆研究范式的缺失

从历时性角度来看，中国的边疆研究始于陆疆危机，学术界最近才因海疆问题日益突出而开始重视对海疆的研究；从共时性角度来看，中国边疆研究偏重于硬边疆的研究，如如何守卫边地，如何治理边土，但对边民的重视和研究不够。也许大多数族群为农耕人的中国人善于在已有的一亩三分地上精耕细作，也善于处理因农业结成的各种社会关系，尽可能以协商、调解的方式化解近在眼前的生活纠纷，让自己在等级明确、分工精细的社会中找到自己的社会地位和生活。在此基础上形成的国家政权也如一个大家庭一样，注重对内的修炼和统治，却不擅长开疆拓土，在边疆的事务上以被动防御为主。形成的一系列治边策略也主要体现在文韬方面，如和亲、结盟、质子、以夷制夷、守中沿边，等等，在不得已的情况下才付诸武力。最能反映中国人以防治边理念的事情莫过于对边疆少数族群的态度，即如果皈依中国就欢迎，如果离开中国皈依其他国家，中国王朝也听之任之。中国的中原人只有到了土地无法满足不断增长的人口需求时才被动地向邻近的地区迁徙。这种随人口增长而进行的代际迁徙或同一代中较小兄弟的迁徙仍然遵循够种够吃的原则，最终中国人因人口不断增长而在地毯式迁徙中形成统一的多民族国家，但这只能是被动迁徙的结果，而不是有意识地开拓疆土。因此，中国人自古以来缺少对边疆的认识和经略边疆的经验，由此形成的能够指导实践的边疆理论也极为缺乏。如今当边疆出现危机时，众多的学者均想为国家边疆治理出谋划策，但限于传统和经验，受当代学术风气的影响，研究边疆的成果体现出与其他国家不同的特点。这种特点表现在与边疆相关的学科的研究中，如边疆学、边政学、边防学、边疆地理学、边疆安全学，等等。这样的研究固然重要，但如果兴起了许多研究边疆的学科，却没有出现好的理论或方法对解决边疆各种各样问题有所帮助的话，那么这些学科也将会在学术研究的长河中逐渐被淘汰。我们就以自己所提出的边疆安全学为例来说明：由于当初在边疆调研时发现边疆诸多问题都对边疆安全形成威胁，所以不同学科背景的学者们都认为有必要首先对边疆诸多问题进行具体调查研究，在条件成熟以后再提边疆安全学。但学者们的学科背景不同，在研究过程中缺乏共同认可的范式指导，因此我们在回顾历史上的治边策略和当今影响边疆安全的诸多问题的基础上，发表了题为《“边安学”刍议》的文章，后又出版了《边疆安全学引论》等著作。然而，在研究的实践过程中，我们又不得不回过头来再对边疆安全构成威胁的问题一一进行梳理。从我们本身的研究经历来看，无论哪个学科都可以从不同视角关注边疆、研究边疆，不同学科的人都努力从不同学科出发建构边疆学科，实际上都是想在研究范式上有所突破，并以此作为研究的指导。但从目前出现的这些边疆学科来看，都存在着不同程度的片面性，而现实存在的边疆诸多问题是那样的复杂和多变。因此，研究边疆存在的诸多问题，需要不同学术共同体规范明确的研究范式。在范式提出者的库恩看来："我所谓的范式通常是指那些公认的科学成就，它们在一段时间里为实践共同体提供典型的问题和解答。"也就是说，"范式就是某一科学家集团（科学共同体）在某一专业或学科中所具有的共同信念，这种信念规定了他们共同的基本理论、基本观点和基本方法，为他们提供了共同的理论模型和解决问题的框架，从而形成了该学科一种共同的传统，并为该学科的发展规定了共同的方向"。由于"一个范式就是一个科学共同体的成员所共有的东西，反过来，一个科学共同体由共有一个范式的人组成"，那么最重要的因素就是科学共同体，"直观地看，科学共同体是由一些学有专长的实际工作者组成，他们由他们所受教育和训练中的共同因素结合在一起，他们自认为也被认为专门探索一些共同的目标，也包括培养自己的接班人"。就边疆研究的科学共同体而言，每个研究边疆的科学共同体必须有一个公认的研究范式，否则，在具体的问题研究中就没有指导理论。在我们这些从安全角度研究边疆的共同体看来，安全是视角，研究框架是历时性和共时性、理论与实践相结合，在解决边疆诸多安全问题的基础上，凝练治边理论，但这只是一个大体的努力方向，我们仍然走在不断探索边疆研究范式的路上。

反思之二：边疆问题的界定缺失

边疆研究范式缺失的结果就是对边疆问题的界定缺失。目前在边疆具体研究方面有三种趋势。一种趋势是对边疆相关问题的研究，如民族（包括跨国民族）、宗教、边界、生态、恐怖及极端组织活动，等等。这些问题的确存在，也对边疆的安全稳定和发展具有重大的影响，但它们和边疆之间的关系如何？是不是就是边疆问题？由此引出了边疆问题的界定。这是边疆研究的第二种趋势。第三种趋势则是对某类专项问题进行研究。比如提倡边疆安全研究的学者，就从源头上的多源性、过程上的突发性、内容上的交织性、后果上的破坏性等评价指标出发，将边疆群体性事件、边界冲突、边疆重大自然与人文灾害、跨国民族移民与难民问题、周边国家关系问题、恐怖与极端组织活动上升为边疆安全问题，并分别进行具体研究。边防学、边政学则从军事、政治角度界定哪些问题是边防问题，哪些问题是边政问题。可以说边疆之所以出现危机，肯定是存在着问题，但与边疆相关的问题有很多，是不是这些问题都是边疆问题，这就需要我们通过范式及具体分析和归纳来确定。但目前边疆问题的界定还没有达成共识，这就影响了我们对边疆危机的因果分析和解决。

反思之三：边疆理论的缺失

从国内外古今边疆治理策略和理论来看，有基于人与自然的关系形成的自然边疆理论，这种理论指出，基于不同生态环境造就的人类从生计到文化的不同特征，使不同自然环境的边缘地带成为国家边疆。有从本国历史角度提出的历史继承论，这在每个国家的历史上均出现过，其核心观点：祖先足迹到达的地带就是国土的组成部分，这是人类自然迁徙的结果。有从本国治边角度提出的理论，如苏联的民族自决权理论、中国的民族区域自治理论。这是对边疆多为少数民族居住地带的认同，其目的是通过对少数民族权利和义务的尊重而治理边疆。有从地缘政治角度形成的边疆理论，如麦金德的欧亚心脏地带理论、殖民主义理论、战略边疆理论、高边疆理论，等等。地缘政治其实是将各国利益放在一个局部或全球国际关系背景中考虑的结果。它注重从国家外部环境入手来看国内边疆，通过在国际关系中的博弈来达到国家利益的实现。一般来说发达国家从地缘政治入手达成的国家利益份额比较充足，发展中国家相对较少。还有以人的活动为中心而创造的边疆理论，如特纳的移动边疆理论、拉铁摩尔的互相边疆理论、德国的文化边疆理论，等等。这些理论强调人的边疆行为的能动性，给我们的启示就是治理边疆的核心在于边疆不同族群安居乐业于边疆。从以上边疆理论的梳理来看，这些边疆理论之所以能够流传并为我们所继承，主要在于它们曾经解决了历史上的边疆问题，因此它们是真正有实践价值的理论，也是可以存活下去的理论。但现在的中国，无论用老祖宗留下来的守中治边理论或现代的民族区域自治理论，均无法解决日益严峻的陆疆和海疆问题，以及未来肯定会面临的空疆问题。我们在边疆理论的研究方面，缺少与时俱进的态度和眼光，导致我们总是在边疆问题出现之时束手无策或开了“头痛医头”的偏方。由于面临新问题没有新思路和新办法，所以不能上升为治理当代中国边疆问题的新理论。

以上便是我们对中国边疆研究的反思。但这并不意味着我们对边疆研究失去信心和勇气。相反，正是因为反思，我们才能找出边疆研究中存在的问题，然后沿着分析问题和解决问题的途径，最终或许能够在前人理论和当代实践相结合、问题与范式相结合的基础上，实现边疆理论的再创造。

本期收集文章就是从理论梳理与边疆问题相结合的角度，选择了边疆理论、文化戍边、边疆治理、跨国民族和“一带一路”战略与边疆安全研究五个专栏，以期在不断进行问题研究的基础上，为创造边疆理论奠定基础。

《中国边疆安全研究》(三)

徐黎丽主编

社会科学文献出版社2017年出版

《中国边疆安全研究》（三）分为五大板块：边疆理论、边疆治理、文化戍边、口岸研究、丝绸之路研究。其中口岸研究是这一期推出的新板块，其中四个板块则是一、二期研究的继续深化。

边疆理论篇虽然还没有出台我们自己的边疆理论，但我们却归纳出边疆危机的本质问题是越来越多的地球人口与越来越少的地球生态资源之间的矛盾。这一问题的归纳，就为我们以后的边疆理论的研究奠定了问题基础。另外我们也关注到观念、意识或思想对边疆产生的重大影响，如中国人受“大一统”天下观的影响，边疆统一、国家认同、以和为主便成为中国边疆观念的核心和边疆治理的目标。为了达到这一目标，守中治边、因俗而治、多元一体便成为中国边疆治理的方略。

边疆治理篇主要关注中间地带、边疆村庄空巢化、边疆集市在边疆治理中的功能。具体来说，本期作者认为加快发展长城、丝绸之路和藏彝走廊等中间地带是当今中国边疆治理的新思路；以城乡发展一体化为思路、以小城大村为途径去解决边疆村庄空巢化的问题；发挥边疆集市在国家边境区域从交通到商品的互通作用也是边疆基层社会治理不可忽视的一个方面。

文化戍边篇则从汉族迁移边疆从而适应边疆多民族文化和中国西北跨国民族传统地方性知识两种视角入手论述文化戍边的作用。其中一篇论述了莎车的汉文化通过军事屯田和丝路贸易两种模式传播，分析了汉文化传播对包括居住、生产、宗教、语言在内的地域文化的影响，认为莎车地域文化是维汉双方互相选择的结果，丝绸之路商贸活动对汉文化传播起到了很大促进作用。另一篇则认为中国西北跨国民族的地方性知识可分为基于生产的生计知识、基于行为规范的组织管理知识、基于社会互动的交往知识、基于信仰的宗教知识等四种类型。其特点则表现为原生异质性、多元融通性、体系稳定性、持久延续性。其功能则表现为：“居边”——保障跨国民族在边疆安居乐业、“通边”——保障边疆各族的经贸往来、“融边”——保障边疆各族的文化交流、“识边”——加深边疆及边疆人的自我与他者认同、“和边”——保障跨国民族所在国家关系和谐、“安边”——保障西北边疆的安全与稳定。

口岸研究篇则从口岸本身和口岸人两种不同视角入手，论述口岸的地理交通作用和口岸人的精神世界。其中以吐尔尕特口岸和伊尔克什坦口岸为例的论文主要论述了新疆克孜勒苏柯尔克孜自治州境内的两大国家级一类公路口岸在促进当地经济发展和对外人文交流方面发挥的重大作用。同时，两个口岸和口岸城市存在的管理权属不明、当地人共享其发展成果不够、发展定位不合理、建设资金不足、双边交流协调不畅等现实问题也急需解决。另一篇以中蒙边境马鬃山口岸蒙古人的“微信世界”为研究对象的文章则认为，边疆少数民族社会中，借由微信媒介所建构的虚拟网络世界促成了地方社会关系由疏离到维系、由单一到多元、由现实到虚拟的演变。

丝绸之路篇则从整体和局部的视角论述丝绸之路在中国西北边疆治理和向西开放中的作用。其中第一篇认为丝绸之路贯通对中国经略西北边疆的影响表现在：中国向西开放发展的战略得以实现；中国西北边疆得以拓展和中国版图得以扩大；中国传统治理边疆策略逐渐形成。中国作为统一的多民族国家的西北版图基本随丝绸之路的贯通而奠定。第二篇则认为甘肃作为“一带一路”建设的“黄金段”是否能够实现，关键在于以下四点：一是建设“东来西往、南联北接”的交通黄金带；二是花大成本保护“一带一路”“黄金带”的生态环境，保障交通黄金段的生态恢复、道路畅通；三是依靠交通黄金带，发展特色产业，做好贸易中转；四是凭借交通黄金带，通过文化交流与理解，架起内地与边疆各族民众互相尊重、包容、共享、信任的桥梁，促进国家凝聚力和向心力的提升。

总体而言，虽然本期仍然走在边疆理论与实践相结合的研究道路上，但反思我们的研究成果，一是离我们的理论提升越来越近，二是通过研究边疆诸多问题及其解决，离边疆安全的宗旨也越来越近。

《区域自我发展能力研究：兼论中国区域经济转型及其路径分异》

曹子坚著

中国社会科学出版社2014年出版

该书基于主体视角，尝试构建了一个研究区域自我发展能力的新的理论范式，并进一步从自我发展能力的视角，系统诠释了中国经济转型及其区域路径分异问题。

该书认为，人类社会发展的历史就是能力发展的历史。能力理论及其方法的创新，是研究区域转型发展乃至中国社会经济转型发展的基本方向。而从主体性出发构建能力理论，是能力理论发展最为本质的要求。

该书在系统梳理能力概念内涵和外延的基础上，从主体性角度，定义区域自我发展能力为：特定区域在区域功能给定的前提下，区域主体在社会经济实践中生成、发育、发挥和提升的能动性。区域主体根据外部环境的变化，主动调适自身社会经济活动方式的过程，就是区域自我发展能力培育和提升的过程。该书据此将区域自我发展能力区分为个体、企业、政府、组织发展能力等四个方面，同时在广泛借鉴相关研究成果的基础上，提出了具体衡量和评价区域自我发展能力的指标体系与数理模型，从而为分析区域自我发展能力相关问题提供了一种新的理论范式。

该书认为，自我发展能力是理解我国社会经济转型的一把钥匙。从主体性角度观察，社会经济转型包括区域经济转型的过程，本质上就是主体能力建设的过程。经济转型的市场导向，仅仅反映了其体制性内容，它不能涵盖经济转型的全部。中国区域经济转型与其说是市场导向，毋宁说是能力导向。培育和提升发展能力，是贯穿经济转型过程的一条逻辑主线，经济转型必须以能力建设为导向，才能避免单纯市场导向所引致的各种理论问题和现实问题。能力建设在主体和方式上的多维性，是区域经济转型路径分异的基本原因，这不但能够揭示经济转型的主要动力和源泉，同时也提供了进一步提升区域自我发展能力、加速经济转型的基本方向和思路。

该书认为，区域发展能力的培育，客观上受制于区域功能定位的刚性约束，区域功能定位决定着区域主体能力建设的基本方向。区域问题的本质在于发展能力和区域功能之间的矛盾与冲突，提升区域发展能力的核心问题就是实现发展能力与功能定位之间的匹配。区域能力建设的制度架构和政策设计，必须围绕缩小乃至消除相对于区域功能要求的能力缺口这一主线进行。同时，欠发达地区社会经济发展水平滞后原因的多样性和所处区域功能要求的多样性，决定了并不存在适合于所有欠发达地区的能力提升路径。必须针对产生能力缺口的具体原因，采取有针对性的对策措施。

根据区域自我发展能力的评价指标体系与数理模型，结合我国区域能力建设和经济转型的实际情况，该书对我国不同区域特别是以定西为典型的欠发达地区自我发展能力进行了相关实证分析，并提出了提升自我发展能力、加速社会经济发展的对策性结论。

《中亚东干话调查研究》

王森等著

商务印书馆2015年出版

该专著研究的目的和意义：130多年来，东干族处在俄、吉、哈众多异族语言包围之中，割断了与国内汉语的联系，它的整体和局部与国内源头方言陕、甘话及汉语普通话都存在诸多差异。探讨这些差异，可以看出一种语言在脱离它的群体、处在被异族语言完全包围的封闭状态下，它自身如何发展。专著对东干话做了基础性的全面系统深入研究，揭示了东干话的上述差异，以及它与近代汉语、西北相关少数民族语言的千丝万缕的联系，挖掘、整理、归纳出了东干话的结构系统、发展途径及某些异化现象，从而为国内外所关注的东干话研究提供了新资料、新观点，把东干话研究推向了新的发展阶段，并将促进汉语西北方言的共时与历时研究，进而为普通语言学的发展提供支持。该专著的成果也可为“一带一路”相关的中亚国家和民族提供具体的可操作的相应语言支持。

该专著的原创性：该专著第一次提出，并回答了下列问题。计有五个方面，选述其二：一是东干话词汇发展的多元化倾向。即词汇发展中谈到的使老词多义化等6种倾向。值得注意的是，多义化是语言词汇发展的共性，而此外的其他途径则为东干话所独有，即它或者用句法手段（就是使用短语）来弥补相关词语表达的缺失（如用缝衣裳的车车子表示缝纫机），或者用甲词形表达乙词义（如用发展兼表发育）等等。这些词大多是其相应词语缺失或音义残存的替代形式。它是由语境封闭造成的。它不同于欧美等域外华语，代表了另一类型。二是东干话语序特殊。它的下列语序和汉语普通话正好相反，或存在较大差异。内容很多，选述如下。宾语常常放在谓语动词前；状语的语序和汉语差异最大；各种介词短语充当的状语总是放在主语前（如“替人们把一切活机器做的呢”）。多个状语之间的语序和汉语的差异情况多样，总的倾向是在肯定句中，与充当状语的词语的音节结构（即单音节或多音节）有关，详见该书相应内容；在否定句中，单音节否定副词（如“不”等），一般情况下总是紧靠在谓语中心语前，而其他词语总在否定副词前。大致有7种情况。详见该书相关内容。

该专著的拓展性：该专著参阅国内相关论著、近代汉语、相关方言，对有关问题做出了整合、拓展、定型。

该专著的总的构想是补短板、体系化。首先是补短板。就是不回避重要的没得到解决的问题，攻坚克难，着手解决。如该专著首次提出的东干话的两种“借调法”就是大家都回避的语音难题。词汇、语法方面也都如此对待，着手解决。紧接着就是体系。面上的问题原本都有了描写，点上的短板现在也都得到补足，东干话内容的全貌就呈现出来了。这时再按语音、词汇、语法三大系统对全书的上述内容分门别类做出整合、归纳，它的章法就应该是系统完整科学的体系了。

该专著的学术价值和应用价值：该专著有关东干话语序的内容，曾先期在《中国语文》上发表，受到《中国语文》编辑部等内地和香港有关专家的重视，多次引用。

该专著的有关内容已被引入有关专业，如西北师大国际文化交流学院的部分师生就在学习。

《中华民族伟大复兴的中国梦》

张新平总主编,蒙慧主编

人民出版社2017年出版

"中国梦"是千百年来萦绕在中华民族灵魂深处的呐喊,更是近代以来中华儿女魂牵梦绕的夙愿,但在官方层面一直未明确提出"中国梦"概念。直到2012年11月29日,习近平同志在参观"复兴之路"展览时首次提出这一概念,自此,"中国梦"开始作为一个官方词汇出现在公众面前,并引发了"井喷式"的研究热潮。但其研究还存在一些问题,如学者对于"中国梦"内涵还存在一定的分歧、研究后劲不足、具有学术深度的成果相对偏少等。基于以上原因,我们编写了该书,在该书中,我们研究了以下问题:

第一,关于"中国梦"的历史演进。中华民族在较早时期,就已经形成了独具特色的中国梦理想。该书从"小康社会"思想开始,探寻5000年以来中华民族对"中国梦"的探索与追求。

第二,中国共产党的追梦之路。中国共产党自成立以来,就领导中国人民为完成民族独立和人民解放进行了艰苦卓绝的奋斗,中华人民共和国成立以后,中国共产党更是努力推进工业化进程,为实现国家富强和人民富裕打下良好基础。在此过程中,1921年中国共产党的成立、1949年中华人民共和国的建立和1978年十一届三中全会的召开等是中国共产党追梦之路上的关键时点。

第三,"中国梦"的内涵。在"十八大"召开之前,"中国梦"所指并不明确,在不同的文本中,"中国梦"或者是"家梦"和"国梦"的结合体,或者兼具国家、社会和个人的多维发展梦想。在习近平同志提出"中国梦"概念后,其内涵开始趋向稳定,表现为实现"国家富强、民族振兴、人民幸福"。

第四,"中国梦"提出的意义。"中国梦"自提出之日起就引起国内外学术界的关注和热烈讨论,其原因不仅在于"中国梦"承接了中国历史悠久的政治理想、凝聚了新中国几代领导集体的智慧,还在于它开启了中国坚持和发展中国特色社会主义道路的视野，具有较强的理论与现实意义。

第五，实现“中国梦”的机遇与挑战。实现中华民族伟大复兴的“中国梦”距离我们越来越近，但越是接近这个奋斗目标，困难和挑战也就越多，尤其是最近几年，国内外发展形势都呈现出新的特点，如何利用其中的机遇，应对其中的挑战，如期实现“中国梦”是关键环节。

第六，实现“中国梦”的路径。“中国梦”在未来一段时间内的发展状态，决定了中国能否最大程度上为世界所理解、所接受，也决定了中国将以怎样的姿态屹立于2050年。该书遵循习近平同志提出的“三个必须”，即必须坚定中国道路、必须弘扬中国精神、必须凝聚中国力量，探寻实现中国梦的具体路径，如深化改革、加强党的建设、改善国际环境等。

我们在编写该书过程中，在以下方面有所突破：

一是力求系统而全面地揭示和展现自中华民族有历史记载以来，“中国梦”思想及其行为的演变逻辑与轨迹。

二是在尽可能占有第一手资料的基础上，对该书所涉及的内容进行更为深入的研究。首先，该书不是孤立地考察“中国梦”，而是将其放在中国成就与中国问题共同构筑的巨大张力和开放语境之中，从而使该书结论具有全面性、科学性；其次，力图在一些问题上，不囿于旧说，提出自己独到的见解。

《印度贱民领袖宪法之父与佛教改革家：安培德卡尔》

毛世昌编

中国社会科学出版社2013年出版

种姓制度是印度社会特有的现象，已经延续几千年，一直影响着印度的政治、文化、经济等各个方面。负责宗教礼仪和吠陀讲授的为最高种姓婆罗门，负责打仗的武士、皇族阶层为刹帝利，负责提供生活物质的商人、农民阶层为吠舍种姓，为以上三个阶层服务的叫首陀罗种姓。属于这四大种姓的人统称为种姓阶层。

被排除在四大种姓之外的最底层叫贱民。贱民最初来自于战争俘虏、被开除出种姓的人以及部落山民等。他们被认为是最下贱、最肮脏的“不可接触者”，从事最肮脏、最下等的职业如丧葬、制革、补鞋、捕鱼等，政治、经济上毫无地位可言，深受种姓阶级特别是高种姓的歧视和压迫。贱民占印度总人口的25%，但几千年来，他们在印度社会毫无地位和尊严。

20世纪，印度出了一个伟大人物，他带领印度全体贱民与种姓制度进行了不屈不挠的斗争，为贱民阶层赢得了极大的权利，大大地提高了贱民的地位，大长了贱民阶层的志气，大灭了种姓阶级的威风，成为贱民高举的一面旗帜和一致拥戴的领袖。他就是印度宪法之父和佛教改革家——安培德卡尔(1891—1956)。

安培德卡尔出生于印度一个贱民家庭，由于深受种姓阶层的歧视和压迫，所以他立志要改变贱民几千年来的最底层状况，为贱民争取权利和尊严。他发奋苦读，冲破层层障碍，凭着钢铁般意志和聪明才智，取得了美国和英国两个国家的博士学位。这在贱民阶层前所未有，就连当时印度种姓阶层的最有名人物甘地、尼赫鲁、奥罗宾多等也望尘莫及，就是在整个印度社会也罕见。

安培德卡尔坚决反对种姓制度，主张贱民不仅在种姓上而且在政治、经济上都应与其他种姓享有平等权利。当他希望在印度教范围内改善贱民的地位的努力失败后，号召贱民改信佛教。他宣传印度教是建立在等级基础上的宗教，贱民在印度教中不会有真正的解脱，只有佛教才是真正在平等基础上的真正的人的宗教，信仰佛教是解决贫困与社会不平等的最好方法。他策划、组织、动员50万贱民几乎在一夜之间改信佛教，引起印度教教徒的极度恐慌，极大地震撼了印度教社会，动摇了印度教社会基础，也在世界引起了巨大的反响。

安培德卡尔在当时的印度社会既是最权威的经济学家，又是最权威的法律学家，他以自己的高超的学问和一颗赤胆之心，为提高贱民的经济地位，为保障贱民的平等权利鼓与呼。这为他自己赢得了极大的声誉。因此在印度独立之初制定共和国新宪法时，他是主持拟订新宪法的不二人选。以尼赫鲁为总理的新政府把这项关系到国家制度和长治久安的极其重大的使命托付给了大法律学家安培德卡尔。安培德卡尔不辱使命，为制定共和国新宪法殚精竭虑，反复征求社会各阶层的意见，反复修改，同时为把贱民的平等权利通过大法规定下来，他坚持自己的主张，据理力争，毫不让步。今天印度的贱民阶层享有的各种权利都是宪法所规定的，任何人无权更改或拒不执行。印度宪法是全世界最长的宪法之一。但令人称奇的是，从印度独立至今70年以来，该宪法没有修改过，经受住了无数的惊涛骇浪，越来越显示其无可动摇的权威性，足见安培德卡尔的远见卓识和极其高超的法律水平。

安培德卡尔对佛教的改革就是对佛教进行再阐释，以适应时代的变化。他出版了具有革命性意义的《佛陀及达摩》。在书中，他对2500年以来的人类经历进行了重新阐释，解决了几个世纪以来困惑佛教徒和非佛教徒的一些问题。他对佛法的阐释与弘扬，使佛法得到了重生，更重要的是赋予佛法当下的意义，引发了一场宗教革命。

他的三大行动纲领——教育、斗争和团结，源于佛教三宝——佛陀、达摩和僧伽。因为佛陀的智慧是教育的象征；达摩是斗争的象征；而僧伽则是团结的象征。因此，佛陀、达摩、僧伽构成了安培德卡尔哲学的三大要素。

除了佛陀之外，所有宗教创立者扮演的都是救世主的角色。在佛教中，占据神之位的是道德，这是佛法最具革命性的地方，也是对印度教的反击。

佛教革命不仅是一场宗教革命，更是社会革命和政治革命，这场革命的主角是佛教徒。安培德卡尔认为，印度教相信神和灵魂，佛教不相信。佛教关注现实的生活，代替神和灵魂的是道德。由于道德是社会的灵魂的基础，因此，佛教就有了重建社会的力量。佛教反对种姓制度，种姓制度在佛教中没有地位，因为佛法宣扬众生平等。佛教倡导团结，佛教的僧伽本身就是一种原始的社会民主制，佛教的本质特征是平等，给人们带来的是思想自由和发展自由。可以说，佛教给印度民主社会的构建铺平了道路。

与甘地、尼赫鲁的思想相比，安培德卡尔的思想是反对印度教，他与甘地、尼赫鲁的最大区别就在于，甘地、尼赫鲁的思想扎根于印度教，他们对印度社会的批评以及社会改革措施是基于维护印度教文化传统之上，而安培德卡尔的思想是反对印度教，从根本上推翻印度教种姓制，用佛教思想构建印度民主社会。

《西部地区自我发展能力研究：基于问题地区和对外开放的视角》

汪晓文等著

中国社会科学出版社2014年出版

中国西部地域广袤、民族众多，在长期的历史变迁中孕育了灿烂的文化。西部地区自然资源丰富、市场潜力巨大、战略位置重要，是我国工业化发展的能源基地。但由于自然、历史、社会等原因，人口密度较低、经济发展动力不足、观念落后、居民收入水平低、生态环境恶化等问题普遍存在于广大西部地区。

西部大开发是中央政府协调区域发展、改善民生、推动社会主义现代化建设的一项重要政策。2001年到2010年是西部大开发奠定基础阶段，重点是调整结构，建设好基础设施、保护好生态环境、大力发展科技教育，建立和完善社会主义市场体制，打造特色产业，培育新的增长点，促使西部地区投资环境初步改善，生态和环境恶化得到初步遏制，经济运行步入良性循环，增长速度达到全国平均增长水平。截至2012年，西部大开发累计开工重点工程187项，投资总规模高达3.68万亿元，有效地促进了西部地区的经济社会发展。历经40年的风风雨雨，在党和政府各项促进西部发展的政策支持下，西部大开发在应对全球气候变暖的融合与冲突、金融危机的机遇与挑战、自然灾害与边疆安全问题的凸显等方面取得了有目共睹的成就。然而，也应看到东西部虽然相对差距缩小，但绝对差距仍在诸多领域持续扩大，西部地区并没有完全摆脱相对贫困落后的境况。

通过研究，笔者发现西部地区目前存在的问题突出体现在经济发展能力、社会发展能力、技术创新和制度创新能力，特别是较中东部地区而言，西部地区地方政府财富积累与社会资源动员能力仍处于一个相对较弱的状态。在《区域经济开发模式比较及我国西部开发模式的再选择》一文中，笔者曾提出西部大开发的开发模式应以增长极和点轴开发模式为主，辅之以综合体模式与网络开发模式，这样点、线、面相结合，可促进西部地区经济的快速发展。在《欠发达地区经济增长的动力机制：人力资本投资》一文中，笔者提出加快提高人力资本的存量和水平，是经济增长方式从“粗放型”向“集约型”转变、实现跨越式发展、缩小区域差距的重要动力和途径。在《中国省际农村居民收入结构和收入差距分析》一文中研究发现，工资性收入是目前中国省际农村居民收入差距扩大的最重要原因，而家庭经营性收入起着差距促减的作用，转移性收入和财产性收入的不平等程度较高，以此获得启示来反观西部地区农民的收入问题。另外笔者也进行了大量针对区域自我发展能力的研究，这些研究是笔者从业多年的一些心得，同时也是最终出版专著的经验基础。

开发西部关系中国现代化全局，中国现代化的困难之处不在东部，而在西部，中国现代化的落脚点最终可能也是在西部地区。2002年11月，党的十六大从中央层面首次提出要增强西部的自我发展能力，通过自我发展能力的培育与提升促进西部开发顺利推进。2006年国家“十一五”规划在关于推进西部大开发中明确指出，西部地区要加快改革开放的步伐，通过国家支持、自身努力和区域合作，增强自我发展能力。从2011年到2030年，是西部大开发加速发展阶段。在这一重要的发展阶段，笔者认为西部大开发的成功关键在于自身，提升西部地区的自我发展能力对于坚定不移地推进西部大开发至关重要。本研究根据国内外相关研究的新进展以及改革的实践，运用了规范分析与实证分析相结合、定性分析与定量分析相结合、静态分析与动态分析相结合、案例分析与比较分析相结合的方法，从一些新的角度、新的视野进行了初步的尝试和探索。

本研究弥补了理论界和实际工作部门就培育与提升西部地区的自我发展能力研究之不足部分，即对增强西部地区自我发展能力的对策建议和实践层面研究得多，而对区域自我发展能力的理论构建和提升区域自我发展能力模式研究相对较少。本研究的突出特色主要体现在，一是对西部区域自我发展能力和自我发展能力这两个核心概念的提出和研究；二是分别从问题地区和对外开放的视角架构西部地区提升自我发展能力模式的新格局。与已有的研究不同之处是本研究视角新颖，不是就西部大开发政策论述增强西部地区自我发展能力的路径选择，而是从区域经济学和发展经济学中关于处于非均衡态势下的欠发达地区经济实现跨越式发展的理论出发，发掘西部地区具有不同资源禀赋和处于不同发展阶段地区的经济成长轨迹、演进机理，建立评价指标体系，客观评价落后地区的自我发展能力，为西部通过自我发展能力培育与提升摆脱“经济边缘化”提出具体发展模式，这在国内外相关研究中较少见到。以增强西部地区自我发展能力为例所做的大胆探索是运用有关理论并进行系统研究所获得的成果。这是富有创新研究的成果，在国内也是少有的，特别是所提出更有效的、可供操作的增强西部地区自我发展能力的财政、金融支持政策和产业政策。

本研究成果首先介绍了区域经济理论、内（外）生增长理论、贫困和反贫困理论、后发优势理论以及区域自我发展能力理论，勾勒出一个完整的理论框架；其次将西部问题地区划分为贫困地区、民族地区、资源枯竭型城市，并分别加以研究；再次基于对甘肃省通渭县、甘南州、兰州市红古区进行实地调研，理论联系实际，探讨提升西部问题地区的区域自我发展能力的模式选择；最后依据相关结论提出政策建议。关于西部地区对外开放与自我发展能力的分析，本研究首先从理论分析入手，介绍对外开放、区域自我发展能力、区域经济合作的相关理论，然后深入探讨了西部地区对外开放的内涵和特征，以及内外部环境条件，重点分析对外开放与区域自我发展能力的作用机理，在此基础上，提出西部地区对外开放新格局的架构，最后以新疆和云南为例，运用案例分析法，介绍当地提升区域自我发展能力的模式选择，以启发广大的西部地区。

随着区域经济发展中的“落后病”“萧条病”“膨胀病”等区域问题的日益凸显，区域经济发展中出现了各种“问题地区”，这些“问题地区”的经济发展能力关系到区域发展的整体质量和水平。西部问题地区作为统筹城乡发展、缩短地区差距和推动经济跨越式发展的特殊区域，其自我发展能力的提升对于缩小东西部发展差距，实现西部地区经济健康可持续发展具有重要意义。该书将区域自我发展能力定义为一种根据周围环境变化不断适应和进化的能力，将区域自我发展能力划分为隐性进化能力和显性进化能力，体现为区域经济发展的自身基础和自我造血功能，也不排斥外部力量对区域经济发展的推动作用。西部问题地区自身缺乏持续的发展动力，仅仅依靠外力支持无法完成跳出贫困循环的陷阱，急需培养自我发展能力，完成初始资本积累和建立现代市场经济体系。

对外开放是我国一项长期基本国策，是指在独立自主、自力更生的基础上，遵循平等互利、互守信用的原则，同世界各国发展经济合作和技术交流。我国的对外开放历程，在经历全面开放阶段和体制全面接轨阶段之后，目前已进入互利共赢阶段。西部地区的对外开放有起步早、规模小、发展缓慢的特点，各省份开放度普遍不高，且相互之间也存在差距。但是西部地区拥有中国85%的陆地边境线，拥有中亚地区广阔的腹地，在发展边境贸易上具有得天独厚的条件，亚欧第二大陆桥和设想中的亚欧第三大陆桥为西部地区向西开放提供了有利的环境。近年来，随着西部地区对外贸易总额不断攀升，对外开放在我国西部地区已成为不可逆转的趋势，加大对外开放力度已成为西部地区经济发展的重要“引擎”。

在探明了西部地区自我发展能力和对外开放进程对于西部地区发展的重要性后，笔者又提出“对外开放与一个地区的发展能力在一定程度上相互作用、相互影响”的观点。一方面，对外开放对区域自我发展能力有着正反两方面的影响，既可能增强区域的自我发展能力，也可能使一个区域在对外开放中处于劣势。另一方面，区域自我发展能力的强弱也会影响当地的对外开放水平。一般来说，自我发展能力较强的地区，有能力也有意愿进行对外开放，往往开放水平较高。笔者在研究中，尽可能地探明两者相互作用的机理，积极发挥两者的正面作用，消除两者的负面作用，努力构建“自我发展能力不断提高、对外开放程度不断加深、经济效益明显改善”的西部发展模式。

《维果茨基全集》

列·谢·维果茨基著，龚浩然等译

安徽教育出版社2016年出版

维果茨基（Лев Семёнович Выготский，1896—1934）是苏俄心理学的主要奠基者，著名的社会文化历史学派的创始人，是国际上备受推崇的心理学泰斗，20世纪世界范围内最具影响力的心理学家之一。在世界众多心理学家中，维果茨基的学说独树一帜，他以辩证唯物主义为指导，在心理学方法学、心理学史、普通心理学、发展心理学、教育心理学、艺术心理学、儿童缺陷学、临床神经学以及其他人文科学（如符号学、语言学、文化学等）的广阔领域进行了卓有成效的理论与实验研究，论著多达186种300多万字。

他的心理学思想已经成为人类心理学宝库中不可多得的精神财富，其思想也远远超出了心理学的范围，尤其对当前世界的教育理论和实践产生了重要的影响。在过去的20多年中，西方兴起的“维果茨基研究热”不断升温，以至影响全球。

《维果茨基全集》（下文简称《全集》）中文本于2016年11月在我国出版面世。《全集》是继20世纪80年代苏联俄文版《维果茨基文集》（6卷本）之后世界上最全的版本。《全集》共9卷：第1卷《对传统心理学的反思》，第2卷《高级心理机能的社会起源理论》，第3卷《新心理学的基本理论》（上），第4卷《新心理学的基本理论》（下），第5卷《年龄心理学问题》，第6卷《教育心理学》，第7卷《缺陷儿童心理学研究》，第8卷《文艺心理学》，第9卷《对〈哈姆雷特〉的心理分析》，共计300多万字。其中第6卷《教育心理学》、第8卷《文艺心理学》和第9卷《对〈哈姆雷特〉的心理分析》是苏联俄文版《维果茨基文集》没有的。

《全集》的翻译工作由我国“全国维果茨基研究会”组织，安徽教育出版社负责出版。从2006—2007年申报选题并立项，翻译工作自2008年启动，其间被列为国家重点出版规划项目和国家出版基金资助项目，最后正式出版，凝结了30多位译者、编辑的智慧和辛勤汗水，可谓“十年磨一剑”。它的出版是中国心理学界，乃至整个学术界、理论界值得庆贺的一件大事。安徽教育出版社能出版这样一部卷帙浩繁的纯学术性著作，充分显示其在文化传承与创新的社会责任上的远见卓识。

《全集》的出版为我国维果茨基研究填补了一项空白。2016年11月份恰逢维果茨基120周年诞辰，白俄罗斯、俄罗斯在戈梅利和莫斯科两地举办了以纪念维果茨基120周年诞辰为主题的“列夫·谢苗诺维奇·维果茨基和现代文化历史心理学”国际科学会议。《全集》也是我国学界向世界级学术大师维果茨基诞辰的献礼之作，更是我国学术界对世界文化做出的贡献。

《全集》由浙江大学龚浩然教授任主编，刘华山（华中师范大学教授，中国心理学会副理事长）、黄秀兰（浙江大学教授）、王光荣（兰州大学教授）、吴长福（山西大学教授、《列宁文集》的译者之一）任副主编。主编龚浩然教授于2010年春季不幸病逝，兰州大学王光荣教授作为全国维果茨基研究会的副会长兼秘书长，又是副主编中最年轻的学者，义不容辞地为《全集》的出版承担了大量的工作，除了负责第3卷部分内容的翻译工作和第5卷的校对，以及统稿工作外，还负责副主编、译者和出版社的沟通，副主编和译者的协调工作，并为第9卷撰写了“维果茨基的生平与事业”和“维果茨基年表”条目，甚至还对《全集》美术编辑的封面设计提出了修改意见，其工作得到了其他几位副主编、译者和出版社的认可。

《丝绸之路上的世界遗产[中国段]》

彭岚嘉主编

兰州大学出版社2016年出版

《丝绸之路上的世界遗产［中国段］》是2015年教育部全国高校出版社主题出版项目和甘肃省重点图书资助项目：丝绸之路上的世界遗产（编号14）的结项成果，主持人：彭岚嘉，参与人：王万鹏、李小红、吴双芹、沈明杰。

丝绸之路经济带地域辽阔，有丰富多样的自然资源、矿产资源、能源资源、土地资源，还有珍贵璀璨的文化资源，被称为21世纪的战略能源和资源基地。随着丝绸之路经济带战略构想的提出，丝绸之路文化也成为学界关注的话题之一。尤其是在“丝绸之路：起始段和天山廊道的路网”进入《世界遗产名录》之后，如何认识和理解这一广袤的文化线路沿线的世界级的自然和文化遗产以及非物质文化遗产，也就成为沿线各国甚至全世界所关注的焦点。丝绸之路进入世界文化遗产名录，是世界上第一个以联合申报的形式成功列入《世界遗产名录》的项目，也是中国第一个跨国联合申报世界遗产的项目。这一创举，毫无疑问，既为丝绸之路沿线众多的文化遗址提供了一个进入世界遗产的机遇，也为遗产大国如何申报世界遗产提供了可资借鉴的经验。课题批准之后，课题组意识到精力有限，不可能在短时间对丝绸之路全线的世界遗产做整体性观照，只能选择丝绸之路中国段沿线的世界遗产为研究对象，力图对这一区段的世界遗产状况做些初步的梳理和论述。著作从丝绸之路的历史与文化、世界遗产的标准与价值、2014年前丝路沿线的世界遗产、丝绸之路：起始段和天山廊道的路网、丝路沿线的世界非物质文化遗产几方面对丝绸之路中国段的世界遗产进行了较为全面而又系统的阐述。丝绸之路上的世界遗产充分体现了《世界遗产公约》的精神实质，丝绸之路列为世界遗产，对人类珍贵文化遗存的全面保护，对东西方经济文化的交流，对沿线国家的社会发展与和平稳定都会起到巨大推动作用。通过对古代丝绸之路文化的保护和开发，既可以为沿线的发展中国家提供可资参考的宝贵的历史经验，又能与全面贯通的亚欧大陆桥相辅相成，全方位地拓展其辐射功能，一线串珠，襟带万里，沿桥各国的经济文化必将日益繁荣起来。作为一本研究丝绸之路上的世界遗产的专题著述，著作视野较为开阔，没有将视野仅仅聚焦于对丝绸之路上世界遗产的资料性介绍，而是从学理的角度梳理了丝绸之路的历史、交通线路、经济贸易和文化交流，以及对联合国教科文组织遴选世界遗产的标准、价值、申报程序以及分类等进行阐释，使读者在了解相关资料的基础上，能较为深入地理解"丝绸之路"能列入《世界遗产名录》的必要性与重要性。与以往同类著作大多将重点放在物质文化遗产上不同，该书首次将非物质文化遗产纳入丝绸之路世界遗产的研究范畴，并从文化线路的视域中探究了世界遗产的跨国申报的历程，从而使读者对丝绸之路文化遗产的重要价值和深远意义有更加深刻的认知。应当说，丝绸之路作为一条推动人类向文明进化之路，跨国申请列入《世界遗产名录》，具有多方面的意义。丝绸之路是东西方之间融合、交流和对话之路，近两千年以来为人类的共同繁荣做出了重要的贡献。它对多种文明的交流起到了促进作用，为商品交换、宗教信仰、科技知识、技术创新、文化实践和文学艺术的深度交流提供了便利。沿线国家和地区以丝绸之路为轴线，充分挖掘沿线丰富的文化资源，创造更加丰富、更高质量的文化产品和文化服务，加强丝绸之路沿线各国文化交流和贸易往来，可以建成一条横贯欧亚的丝绸之路文化产业带，这一文化产业带也是丝绸之路经济带的有机组成部分。

《丝绸之路上的华裔文学奇葩——中亚东干文学》

杨建军著

中国社会科学出版社2015年出版

丝绸之路文学与文化的突出特点是中外互通，中亚的华人移民族群——东干族创作的“东干文学”就是丝路文学中外互通的典型范例。

中亚东干族源于清朝末年移民中亚的中国西北回民，他们最早于1877年进入中亚，目前人口10余万，多居于吉尔吉斯斯坦、哈萨克斯坦、乌兹别克斯坦。中亚东干人百余年来坚持以中国西北方言为民族语言，并创制了拼写独特的东干文字。自20世纪至今，中亚东干族引起了美国、日本、挪威、俄罗斯、中国等多国学者关注，澳大利亚学者葛维达认为东干人是“世界上唯一说中国话又完全用字母拼写中文成功的人”。

中亚东干文学是丝绸之路上中外文化互通而孕育的文学奇葩。追溯中亚东干文学的渊源可见，作为中亚东干人先民的中国西北回民，其在中国的形成与沿丝绸之路而来的阿拉伯及波斯商人有关，中国西北回民也多聚居在丝绸之路沿线的陕西、宁夏、甘肃、新疆等地，清朝末年前往中亚的回民也主要来源于丝路沿线的陕西和甘肃两省，回民来到中亚后居住的中亚三国也分布在丝绸之路沿线。中亚东干文学由丝绸之路沿线的中国文化和中亚文化共同哺育，主要书写丝路沿线的民风民俗，无疑是丝绸之路上中外文化互通的文学奇葩。

著作《丝绸之路上的华裔文学奇葩——中亚东干文学》相较国外穆罕默德·苏尚洛的《苏联东干文学纲要》、法蒂玛·马凯耶娃的《东干苏维埃文学的建立和发展》等，其将中亚东干文学置入世界华裔文学的研究视野内，由多元文化碰撞与多国文学比较视角分析东干文学。著作的研究对象属世界华裔文学研究的新领域，为目前专注于欧美板块、东南亚板块的世界华裔文学研究新添了一个中亚板块，研究成果拓展了世界华裔文学的疆域。著作在具体研究中将中亚东干文学与中国少数民族文学、中国俄罗斯裔侨民文学、美国非裔黑人文学等进行比较，著作还关注中亚东干文学属华裔少数民族文学的特质，由之提出了开展世界华裔少数民族文学研究的构想。

《民族文学》主编石一宁先生认为：“阅读这部论著，不仅能使人获得关于东干文学的认识，还在诸如世界华裔文学研究如何进一步拓展，尤其是如何开辟华裔少数民族文学研究新领域等方面获得十分有益的启发。还有很重要的一点，是在实施‘一带一路’国家战略的时代背景下，作为丝绸之路上中外文化交流的一个特例的东干文学，必将越来越成为一个醒目的存在。加强东干文学的研究，也必将是进行新丝绸之路文化和文学交流的一个焦点。可以说，这部论著切合了时代的需要，具有不可忽视的超越文学之外的现实意义。”

《全球社会政策——国际组织与未来福利》

鲍勃·迪肯、米歇尔·赫尔斯、保罗·斯塔布斯著，苗正民译

商务印书馆2013年出版

该书是商务印书馆出版的《社会政策译丛》之其中一部。根据作者“序言”，它是“在原创性研究基础上写成的，是将近四年研究工作的最后成果，探讨了一个重要主题：社会政策的全球化与全球政治的社会化。该书首先表明，国家的社会政策正日益受到全球经济竞争和国际组织（如世界银行）的社会政策的影响；其次，社会政策的内容正日益超越国家界限。该书根据人类需求得到满足的程度展示了世界福利的现状，并对全球东西南北各种不同的福利制度大相径庭的经历进行了概括和分析。另外，该书还对国际组织的社会政策进行了系统审视，并追溯了国际组织内部及相互之间就福利政策的未来而展开的全球性话语，从而重申了社会政策全球化这一主题”。

该书共分六章。第一章《全球化与社会政策研究》主要叙述了全球化过程对许多国家社会政策的制定所造成的影响，即社会政策的出台和形成本来主要是各个国家自己的事务，但随着“全球化”的深入，国家的社会政策机制、手段等已具有超国家化性质，尤其对于欧盟这样的国际团体。如再分配形式和社会福利提供已在国家间进行。全球化环境下的社会政策问题包括

“社会公正”“公民权”“自主与保障”“提供机构”“国家之间的公正”“超国家公民权”等问题。第二章《世界福利状况》提供了涉及主要发达国家和若干发展中国家（包括中国）的“社会发展状况”和“人类发展指数”的数据；分析了多种体制福利运行的模式与特点，指出总体上“社会不平等日益缩小”，但“经济不平等日益加大”。第三章《全球性机构的社会政策》说明了国际货币基金组织、世界银行、世界贸易组织、欧洲理事会、联合国儿童基金会、联合国开发计划署之类机构的主要运作方式和思维倾向及主要服务对象。第四章《国际组织与后共产主义社会政策的制定》比较了苏联解体后主要国际机构对东欧国家社会政策形成与制定的干预和影响方式及建议等。第五章《冲突环境下的非政府组织与全球社会政策》讲述天主教救济会、牛津饥荒救济委员会、联合国难民事务委员会等大型非政府组织在南斯拉夫解体后各新生国家处于战争和种族冲突环境下如何进行有关的救济工作。第六章《全球社会政策展望》首先回顾了该书所探讨的重点，然后就全球化背景下的社会政策未来发展提出一些重要建议，如“对全球竞争加以管理”“对联合国进行改革”“加强全球政治、法律和社会权利”“赋予国际公民社会权利”等。

该书自出版后，得到多方的好评，评论者一致认为，该书基于作者自己在国际机构多年的实践经验，因此书中“资料丰富，研究翔实”“很有启发意义”和“独创性”。诚如作者所言，该书虽然以社会政策专业的学生为主要对象，但也值得国际组织和国际关系专业的学生、发展研究专家、经济学者、政治学家、社会学者等阅读，尤其值得社会政策制定者及其顾问们参考。该书译者认为，书中对全球化背景下社会政策诸多方面所做的分析、归纳、建议以及案例分析，应该对中国的社会政策的发展尤其是社会福利制度的建设有非常积极的参考价值。

《区域发展能力理论：新一轮西部大开发理论创新与模式选择》

姜安印等主编

中国社会科学出版社2014年出版

《区域发展能力理论——新一轮西部大开发理论创新与模式选择》一书是兰州大学经济学院2014年出版的区域发展能力研究丛书之一。

自党的十六大提出培育西部地区自我发展能力以来，理论界围绕这一问题进行了大量的研究。从国内目前对西部大开发战略研究的现状看，对策和战略研究虽比较充分，但大都是围绕"发展差距"问题有感而发，对大国在广袤空间的落后地区实施大开发的理论体系构建上仍相对较弱，尤其是相对于"继续推进"的新阶段而言，明显存在开发理论落后于开发实践的问题，从区域发展的能力理论构建出发，有望在开发理念上取得突破，将有利于尽快改变西部开发理论落后于实践的状况。

该书在总结已有区位理论、空间经济学理论、区域发展理论的基础上，深入剖析了已有区域科学对空间概念的理解及其赋予其发展寓意的不充分性，结合区域发展的新趋势和新特点，提出了"区位租"概念，用于解决空间价值与区域利益的理论分离难题，从而实现了空间功能与现实的区域发展融合。从空间价值最大化框架下，区域发展可以简约为区位租最大化，在空间功能永续性与人的全面发展的双重约束下，区域协调发展可以聚焦于区域发展能力的研究上，即区域协调发展是一个区域发展能力与空间功能优化、区域利益协调相互匹配的问题，在区域协调发展的完成式中，空间功能价值的最大化、区域利益关系的协调、区域自我发展能力的完善三者是等价的。在这种状态中，人与自然、人与人的矛盾将会得到解决。

区域发展的能力理论是科学发展观在区域发展中的集中体现，是对中国区域发展实践经验的总结、提炼，是已有能力理论的整合、创新，是用新的区域发展理念、新的区域发展目标和新的区域发展方式，重新审视西部大开发中出现的新问题，总结中国区域经济发展的基本经验，重新定位"区域"在实现人与自然、社会和谐发展中的作用，对构筑区域经济优势互补、主体功能定位清晰、国土空间高效利用、人与自然和谐相处的区域发展格局有一定的借鉴意义，是基于中国区域发展实践基础上的对区域经济学的丰富和发展。基于功能—利益—基本公共服务—能力建设协同发展的政策建议，对形成功能互补、优势彰显、协调联动、利益互动、空间整体功能优化，再塑西部大开发新格局具有一定借鉴意义。

《罗马军团来华问题研究》

刘继华著

兰州大学出版社2017年出版

《罗马军团来华问题研究》一书主要针对学术界和普罗大众所关注的罗马军团来华这一问题进行论述，以时间为序，阐述其来龙去脉，论述了罗马军团来华问题研究的开端、兴起和发展及其对目前的现实影响。该书分古代时期、近现代时期及当代时期，考证了学术界对汉张掖郡骊靬县名的各种说法及其关联，简要说来主要有：古代学者提出的西域犁靬国说、骊靬降人说、丽皮说和两靬相俪说，近现代学者提出的骊山戎说、祁连山说、罗马军团战俘说，当代学者提出的罗马军团说、埃及亚历山大城说、犁靬眩人说、寄居河西骊靬眩人说、犁靬眩人慕义向化说、匈奴犁汗部说、犁汗异译说、犁汗讹写说、塞琉西亚希腊文音译说、罗马军团音译说、军团拉丁文音译说等说法。该书考证得出罗马军团来华说的始作俑者为美国学者德效骞，并对其著述进行分析，认为他的研究经历了一个较长时间，并不断调整自己的观点，尤其表现在罗马军团的归宿及其战斗力等问题上。当然，该书也论述了海内外学术界对德效骞学说的反响，认为整体上经历了一个由最初认同，逐渐进入批评的过程。华人学者对德效骞的观点评论得比较晚，经历了一个由海外华人到国内的过程。总体上而言华人学术界一般不接受德效骞的观点，批评也甚为激烈。改革开放后，中国大陆学术界关注罗马军团来华问题，但明显分为两派：一派千方百计寻找证据，证明罗马军团来华为事实，并提出各种版本的罗马军团来华说；另一派在检讨罗马军团来华问题的同时，对各种版本的罗马军团来华说进行激烈批评。此外，地方政府的推动和新闻媒体的炒作让这种争论备受关注，各种以罗马军团来华为题材的文艺创作作品也不断推出。进入21世纪，随着对丝绸之路的不断重视和华夏文明传承创新区建设的推进，罗马军团来华问题依然是社会热点。以罗马军团来华为题材的文艺创作由之前的小说、文学剧本向舞蹈、音乐、评书、电影、电视剧等方向发展，文艺创作形式更加多样化，并紧跟时代潮流。与此同时，罗马军团来华问题也对地方政府和地方社会影响较大，地方政府出面组织的、以此为主题的学术会议、国际旅游节等活动连年举行。与此同时，地方社会则出现了与此主题相关的一些公司、文化产业园等机构或项目。在此影响下，学术界也深度介入其中，出现了证明、批判或者阐述等研究项目或著述。该书对此现象进行了分析总结，并专门开辟附录部分，刊载外文著述译文及研究目录索引，意在让读者能够根据这些信息、线索进一步探讨该问题，以抛砖引玉。

《哈俄英汉会话手册》

王政、贾纳尔编

民族出版社2016年出版

《哈俄英汉会话手册》是2016年9月由中华人民共和国驻阿拉木图总领事馆赞助、民族出版社出版，哈萨克斯坦阿里·法拉比国立民族大学孔子学院、哈萨克斯坦KIMEP大学及当地几所著名高校通力合作，共同编著的一本集哈萨克语、俄语、英语、汉语四种语言为一体的实用主题会话参考书。

2013年9月，时值习近平主席访问哈萨克斯坦并在纳扎尔巴耶夫大学发表演讲呼吁共建丝绸之路经济带，同年兰州大学外国语学院副教授王政（时任哈萨克民族大学孔子学院中方院长）与哈萨克斯坦KIMEP大学贾纳尔老师以此为契机共同构想出编著该书的创意，并开始着手筹备此事，之后也获得了中华人民共和国驻阿拉木图总领事馆的大力支持。从开始提出编著此书的设想直到此书出版成册，历时三年时间，是编委会联合阿拉木图地区各高校不同语种专业的专家、教授及教师的智慧与汗水的结晶，该书于2016年9月出版并在中国发行。

该书包括四十五个实用生活主题，包括问候、相识等初识场景，也将赞同、反驳、道谢、道歉等主观意愿的表达囊括其中，配合关于时间、天气、旅游、机场、餐厅等众多生活场景，从常用词汇对照到常用语句的表达，尽列其中，并以哈萨克语、俄语、英语、汉语同时对译、呈现，让其他国家及民族的人们在不经意间也会慢慢受到汉语的熏陶，让该书的多功能性体现更加明显。此外，为了迎接哈萨克斯坦首都阿斯塔纳世博会（2017年）的开幕，考虑到各国民众尤其是中国人民在哈旅游时语言及生活方面的诸多不便并方便外国游客入哈参观、游览，因而增加了“在世博园”这样一个主题场景，使该书更具针对性。

该书从开始编著、出版到发行经历了三年之久，出版后受到了众多读者的广泛欢迎及一致好评，不仅使中国游客在哈旅游更加便捷，一定程度上解决了出国游时经常会遇到的语言与沟通障碍，也通过该书将哈萨克斯坦当地常用语言及会话真实展现给游客，成为了解当地民生的一个窗口。同时，为呼应习近平主席当时提出的共建丝绸之路经济带设想以及之后发起的“一带一路”倡议，将作为一带一路沿线国家之一的哈萨克斯坦与中国更加紧密地联系在一起，也成为我们编著并发行此书的最终目标，使中哈两国人民增进友谊，互相了解并最终在“一带一路”的背景与框架下推动两国携手共进，合作共赢。

《东部主义与西部映射：西部社会学初探》

周亚平著

中国社会科学出版社2017年出版

《东部主义与西部映射》是一本立足于西部，思考西部，研究西部社会和西部人的书，旨在找到西部社会独特的发展路径，探索西部社会学的特色所在。

主要论点为：在中国现代化的进程中，东西部地区的发展存在着严重的不平衡，这种不平衡，不仅来源于历史形成的发展差距，更在于一种“东部主义”发展战略主导下的现代化模式和发展观引导下的结果。“东部主义”的发展思维和“西部话语”是在历史发展的过程中逐步形成的，它主导了中国社会现代化的发展进程，严重地限制了西部地区的经济和社会发展，也将对中国社会的现代化的最终实现产生重要的影响。

全书分为理论和实证两大部分。理论部分重新审视“世界体系”理论，基于西部人本土化的价值关怀反思中国的现代化道路，重新思考中国社会的发展问题，研究和探讨西方社会理论对中国现代化发展的解释力问题。中国社会学研究在积蓄了中国传统社会科学的基础上，关注了中国当下社会转型中非常重要的问题，但是，这种关注是以东部为中心的，是在“发展”的语境下形成的一种逻辑思维。在世界体系理论中，将国家和地区分为中心、半边陲和边陲，国家内部的剥削关系则是类似地缘政治经济学的分析，以核心地区及边陲地区的不平等交换为分析单元。在我国内部存在着一种“东部中心”论。东部地区在学科建设上也形成了研究中的“统治性范式”，形成了一种“主体”与“他者”的二元对立的社会结构。该书在中国版图的地理中心、中国最西部的腹地——兰州，提出并研究“西部社会学”，就是基于中国社会东西部差距的现实，对中国西部经济、社会、文化领域的真实问题进行系统研究。西部社会学以理论诉求和现实关怀，呼吁在政治环境、社会结构、制度基础上去看待东西部之间的差异，主张回到西部人民多样生动的实践中去，改变宏大理论和抽象经验主义不在场的权威的研究方式，发现西部的创造力和活力。

实证部分主要通过西部十二个省份的大型抽样调查数据，探讨西部民众对东西部发展差距、资源诅咒等问题的社会认知。研究发现东部发展、西部贫困的现实已经根植于当代的年轻人群体、少数民族群体、人均GDP低的群体，在当前中国整体经济发展开始回落时，抗争群体就会更倾向于在这部分群体中凸显。在西部“资源诅咒”成为现实的前提下，区域民族的地方发展意识和发展差距感知会更加强烈，在未来会形成很大的隐患。该书通过以上本土化的研究，建立起对中国社会发展具有解释力的理论方法和知识体系，为社会学研究范式的转换和理论自觉而贡献力量。

该书最大限度地将社会学的价值体现在行动研究中。当下世界社会学一个公共主义取向的体现就是将价值关怀体现在社会学的研究中。这本书具有一定的人文主义价值关怀趋向，站在西部的立场上，以西部人的视角深入反思西部地区社会转型所带来的阶层分化和社会差异问题，这本书的团队所体现的也正是对社会公共事件的积极参与和干预。如对甘肃玉门搬迁案例的认知，进而探讨发现，西部“资源诅咒”现象的背后，更是存在着国家层面的政策上、学术界层面上的知识创造和传播上的东部主义的支撑。

在中国西部数据比较匮乏和失真的严峻情况下，采用中国社会科学比较薄弱的数据研究，对西部十多个省份进行了数据搜集并且整理分析，运用抽样调查数据，结合本土化研究，探讨一些东部社会学不容易探讨的问题。在如今全球化席卷整个社会的浪潮下，如何对政治、经济、文化相对落后的地区保持人文关怀、倾听最底层的声音，如何从现实的苦难和悲剧中建构真正的社会理论行动是我们需要真切关注的问题。

《阿里·法拉比思想与现代社会》

噶·木·木塔诺夫编，李发元、余源、桂亮译

中国社会科学出版社2015年出版

阿里·法拉比（870—950）是一位伟大的东方哲学家，是古丝绸之路上一位著名的“百科全书式”的学者。他是伊斯兰哲学界的璀璨之星，也是世界哲学界的杰出代表，被誉为继亚里士多德之后的“第二导师”。

阿里·法拉比是著名的医学家 、哲学家、心理学家、音乐学家。在三十岁之前，他就精通自己时代被称之为“三学”的语法学、修辞学、伦理学和称之为“四知”的算术、音乐、几何、天文原理。他在黑暗的中世纪，在伊斯兰教义学作为神学意识形态占了绝对统治地位的条件下，将亚里士多德的著作，从柏拉图的名著中和新柏拉图主义著作中区分出来，并做了深刻、精辟、创造性的注释，重建了亚里士多德哲学的权威。他认为，哲学是研究宇宙万有关系的科学，只有通过哲学才能获得对宇宙整体的认识，也只有通过哲学才能达到认知的目的。他把哲学分成理论的哲学和实用的哲学。理论的哲学包括物理学和数学等，实用的哲学就是伦理学。他还奠定了 阿拉伯音乐

理论的基础。他在《音乐大全》中确立了音乐的基本概念，阐述了音乐理论的物理和生理学原理，对曲谱进行了分类，记述了各种乐器的演奏法。

该书主要介绍了阿里·法拉比的生平，以及他对逻辑性、存在论、语言学、艺术学、宗教学、伦理学和部分自然科学的哲学思考。值得一提的是，他在“论幸福”一章中，从哲学视角研究人与世界、人与人如何相处，他对幸福的认识和观点仍具有重要的现实意义。他的思想对后续的文化发展，特别是对东方及中亚各民族文化、突厥文化、哈萨克文化的发展都产生了极其深远的全方位影响。阿里·法拉比的思想遗产是无价之宝，是东西方文化相互融合与相互理解的象征。

阿里·法拉比的哲学思想和音乐理论对以后阿拉伯哲学家和欧洲文艺复兴时期的哲学家产生了深刻影响。他的主要哲学著作有：《知识大全》《论灵魂》《论理智》《哲学入门必读》《美德城居民阶层分析》《柏拉图和亚里士多德的哲学》《论政治》《科学分类》《逻辑学入门》《幸福之道》，音乐理论著作有《音乐大全》等。

这位伟大的思想家在哈萨克斯坦共和国受到了高度的尊敬，在阿拉木图立起了阿里·法拉比12米高的雕像，哈萨克斯坦国立大学以阿里·法拉比命名，还有哈萨克斯坦很多地名也以他的名字命名。诚如阿里姆让洛夫所言，“阿里·法拉比是一位把毕生精力献给和谐人类建设的人，他是一位一千年前只为人类活着的人，他是一位眼中只有智慧、知识和渴求认知世界的人”。

《马可·波罗与世界的发现》

约翰·拉纳著，姬庆红译

上海三联书店2015年出版

马可·波罗是享誉世界的伟大旅行家，其名著《马可·波罗游记》（以下简称《游记》）自从问世起，就备受关注却也饱受争议，尤其是关于他是否到过中国的争论不绝于耳。国内外学者从多种角度进行解读，然而少有人从“世界的发现”的角度关注《游记》地理志书的性质，及其对西方地理学及其

“发现”世界的贡献。约翰·拉纳（John Larner）的研究独辟蹊径，在《马可·波罗与世界的发现》（1999年版）中再次给否定论者以有力的回击，在马可·波罗学领域引起了很大的反响。

该书的主要目标是探讨马可·波罗及其《游记》在13世纪晚期到19世纪在西方传播与受众情况，以及在欧洲地理大发现和近代西方对东方认知与探险中的重要地位。第一章概述马可·波罗出生前西欧人对亚洲的认知，以及蒙元帝国为世界旅行开创的舞台和欧洲游记文学产生的原因。在第二、三章威尼斯商业文化的背景中，重新找寻马可·波罗及其家族的信息，《游记》的成书背景及其与鲁斯蒂谦合作的性质。第四至五章着力于探究《游记》文本的性质，认为它是一部与中国地方志书类似的地理志著作，以此证明马可·波罗不仅到过中国，还在这里长期生活。第六至九章评论了诸多抄本、译本及作者生前、身后学界内外的反应与接受情况，认为《游记》的读者广泛，包括名门贵族、商贾贩卒、传教士、人文主义者及探险家等。它为西方人研究地理学和制图学带来了全新的刺激，激励了哥伦布等探险家对东方的探险活动。第十章分析了西方对东方“发现”的新形势下，《游记》被视为一种异域传奇和史学的研究对象。

这部著作的最大贡献是通过解释《游记》的中国式地理志性质，为“马可·波罗是否来华”问题提供了新的视角和有力的证据。在作者看来，《游记》不同于西方任何一种古典或中世纪旅行文学的写作传统，它平白直叙、近乎程序化和科学化的写作风格更合乎中国传统志书的写作特点。拉纳认为，马可·波罗若没有在中国长期生活的经历，就不可能有机会学习到中国志书的风格。

在拉纳看来，马可·波罗没有太多的西方文化“包袱”，也就不大可能用基督教的传统观念解释远东世界。因而，《游记》中没有西方任何关于东方的怪物种族的描述，如狗头人、巨人族、独脚人、半人马、独脚巨人等。书中也没有基督教友希望看到的基督教神迹、宗教传说等。尤其是关于东方三博士的记述与西方的传说大相径庭，颠覆了东方三博士在基督教神学体系中的神圣地位，造成了基督教徒自恋式的心理“创伤”，也在无意中挑战了中世纪及近代早期欧洲的传统观念。正如拉纳所言，《游记》尽管在早期多少存在供人娱乐的成分，但始终是地理学史上的一个里程碑，深远地影响了西方人的精神世界。

不容否认，拉纳是欧洲文化史学者，并非汉学家。他忽视了中国学术界极有价值的学术成果，他若认真研读过如杨志玖、黄时鉴和陈得芝等学者的论著，也许会修正自己所认同的约翰·海格尔（J. W. Haeger）的观点，即马可·波罗只到过中国北部和南部城市杭州，而对中部和南部公式化、苍白无力等的描写皆来自耳闻。瑕不掩瑜，这本著作仍不失为当今马可·波罗学领域的扛鼎作品之一。

《泰戈尔词典》

毛世昌、袁永平主编

兰州大学出版社2016年出版

泰戈尔（1861—1941）是印度最伟大的诗人，是亚洲第一个诺贝尔文学奖获得者。他为印度赢得了世界声誉，也为亚洲赢得了光荣。他是中国人民的好朋友，他关心中国、热爱中国。他1924年对中国的访问打通了中印文化交流和中印友好的通道，架起了一座崭新的中印友好的桥梁。他在年轻时就写文章，谴责英国人往中国贩运鸦片，毒害中国人的罪行。在抗日战争中，他发文揭露日本法西斯的罪行，痛斥日本反动诗人野口米次郎拉拢他为日本侵略中国辩护的无耻之举。他的伟大诗作影响了郭沫若、冰心、徐志摩等中国诗人，正在影响着一代代的中国读者。他和“现代玄奘”谭云山、徐志摩、徐悲鸿等建立了深厚的友谊。泰戈尔是中印友谊的象征，是中印文化交流的一面熠熠生辉的旗帜。

遗憾的是，在本词典出版之前，中国国内，甚至印度国内没有一本泰戈尔词典，这就给对泰戈尔作品的理解和对泰戈尔的研究造成极大的不便。本词典的主编毛世昌在印度尼赫鲁大学攻读博士时，就有了自己编写一部泰戈尔词典的想法。他把自己在研究泰戈尔过程中遇到的有关词条随时记录下来，并按照自己的理解给予适当解释。回国后和团队成员合作，正式开始编写《泰戈尔词典》。经过7年的努力，《泰戈尔词典》问世，算是填补了泰戈尔研究的一个空白。

泰戈尔是印度文化的代表，他的作品几乎涉及了印度文化的各个领域，因此这本词典也涉及了印度文化的各个领域。说这本词典是印度小百科全书不为过。泰戈尔又是世界著名的活动家，足迹踏遍世界几十个国家，与这些国家的名人有来往，因此许多词条与外国许多地名和人物、历史、事件有关。

《泰戈尔词典》的词条包括了所有泰戈尔作品中需要解释的词条，泰戈尔活动过的地方，泰戈尔接触过的人物，印度和中国国内的泰戈尔研究者，与泰戈尔作品有关的艺术家，泰戈尔的亲属、朋友等。这样下来，《泰戈尔词典》的词条涉及几乎所有的印度文化包括印度文学、艺术、历史、文化、宗教、神话、政治、经济、军事、哲学、科学、医学、地理、社会、民族、语言、教育、法律、考古、建筑、旅游、民族、民俗等，也涉及世界文化的许多方面。名义上是《泰戈尔词典》，实际上包含了印度文化有关的绝大部分最基本的词汇。对于印度学读者和研究者来说，把它作为一本印度学小百科词典来使用一点不过分。

印度是古代丝绸之路在亚洲最重要的国家，理所当然是“一带一路”的重要国家。要了解、研究一个国家，和它发展关系，文化是最基础的要素。这本词典可以算作是实现“一带一路”构想的铺路石，紧密服务于“一带一路”。

《泰戈尔的大爱思想》

袁永平主编

兰州大学出版社2016年出版

泰戈尔是印度最伟大的诗人，巍峨的喜马拉雅山，滚滚的恒河圣水，显赫的家庭，厚重的印度教哲学，优越的成长环境，培养了泰戈尔的大爱思想。

在漫长的创作生涯中，泰戈尔创造了一个以“爱”为核心的哲学思想体系。这个体系囊括了他的宇宙观、人生观、宗教观、真理观、美学观和社会观等。泰戈尔哲学思想的核心概念是“爱”，宇宙从爱生，依爱而维护，向爱而运动，最终归于爱。爱是万有的根源，是宇宙的主体。古印度哲学中的

“梵我如一”的命题实际上已经变化为“爱我同一”的诗歌境界和艺术真实。有了爱，人类不同的民族才能携手合作，才能和平共处、相互信任，文明才能体现出它的伟大价值来。整个世界相会在一个鸟巢里，全世界不同背景下的人才能和睦相处，彼此交流，相互理解。

泰戈尔的爱超越了个人的爱，不是一般意义上的情爱或性爱，而是宇宙的主体。作为具体的爱，他赞美人间真爱；作为抽象的爱，爱可以不受任何法律和规章的约束。他的大量诗作表达了他对受压迫者的同情及对同胞和世界人民的爱。他发现人类与自然之间的关系正如孩子与母亲之间的关系，人类作为大自然的孩子，难道不爱自己的母亲吗？泰戈尔的爱是真正的大爱，万物从爱而生，人生的意义就在于爱。爱的哲学形成了泰戈尔独特的女性观念和感情世界。和他青梅竹马的五嫂以“润物细无声”的方式影响、滋润着泰戈尔，在文学上二人“心有灵犀一点通”。美丽的五嫂给了他创作的激情，这份深厚、美好、纯洁但又可望而不可即的感情一直深切而又缠绵地蕴藏在泰戈尔心中。她是泰戈尔灵魂里的女神。他和妻子的文化素养差距很大，但泰戈尔把她的知识和修养提高到了与自己接近的程度，在她年轻的人生走向终点时日夜守护到最后。他和阿根廷女作家奥坎波的邂逅把东方文明的甘露滴洒在西方女性干涸的心房上。奥坎波自认为最理解泰戈尔的思想，并将自己的理解归纳为“爱即合一”，但她的理解有很大不确定性。泰戈尔在奥坎波矢志不移的绝望之爱中体现出人性或世俗的一面，他对奥坎波的情愫伴随到老。

泰戈尔爱祖国，爱人民，爱亲人，爱全人类，热爱大自然，热爱一切美好的事物。但爱与恨是相统一的。他又有怒目金刚的一面。这种怒目金刚的一面体现在他对法西斯主义的憎恨上。他年轻时就揭露英国殖民者用鸦片毒害中国人民的罪恶行径。他痛斥日本侵略者，对中国人民抱有深深的同情。日本反动诗人野口米次郎妄图拉拢泰戈尔为日本的侵略辩护，遭到泰戈尔的严厉拒绝。

泰戈尔是中国人民的好朋友，是中印友谊的象征，是中印友好的一面旗帜。他对中国人民的大爱换来了中国对他本人和他的诗歌的热爱。泰戈尔的大爱思想在中国社会存在道德缺失现象的今天无疑是一副医治道德疾病的良药。

论文类：

序号	篇名	作者	期刊(报纸)	发表时间
1	把兰州新区打造成新丝绸之路经济带黄金段的重要支点	倪国良	兰州日报	2013年10月9日
2	中国西部地区需要什么样的新丝绸之路——从北京的战略构想到兰州的现实诉求	杨恕	人民论坛·学术前沿	2013年12月1日
3	陵墓与佛窟——麦积山第43窟洞窟形制若干问题研究	董广强 魏文斌	十院校美术考古研究文集	2013年12月24日
4	基于模糊物元方法的西北五省区物流能力评价研究	高新才 丁绪辉 高新雨	新疆社会科学	2014年1月25日
5	丝绸之路经济带：优势产业空间差异与产业空间布局战略研究	郭爱君 毛锦凰	兰州大学学报(社会科学版)	2014年1月28日
6	丝绸之路经济带：战略构想及其挑战	杨恕 王术森	兰州大学学报(社会科学版)	2014年1月28日
7	丝绸之路经济带：开辟国际关系新通道	高新才	中国社会科学报	2014年3月19日
8	中亚国家对"丝绸之路经济带"构想的认知和预期	曾向红	当代世界	2014年4月5日
9	中国向西开放视角下的中哈关系	郭琼	现代国际关系	2014年4月20日
10	丝绸之路经济带与通道经济发展	高新才	中国流通经济	2014年4月23日
11	地缘政治想象与获益动机——哈萨克斯坦参与丝绸之路经济带构建评估	周明	外交评论(外交学院学报)	2014年6月17日
12	甘肃新丝绸之路经济带的发展现状实证分析	王晓鸿 张慧	中国发展	2014年6月25日
13	对外开放、交通便利度与城乡收入差距关系的实证研究——基于丝绸之路经济带沿线9省区的面板数据分析	李泉 王占学	区域经济评论	2014年7月15日
14	新疆长治久安的新战略——论丝绸之路经济带建设对新疆的意义	李捷	北方民族大学学报(哲学社会科学版)	2014年7月15日

续表

序号	篇名	作者	期刊(报纸)	发表时间
15	“丝绸之路经济带”构想的背景、潜在挑战和未来走势	王海运 赵常庆 李建民 孙壮志 A.B.奥斯特洛夫斯基	欧亚经济	2014年8月5日
16	建设“丝绸之路经济带”背景下的中国中亚外交	丁志刚	社会科学家	2014年9月5日
17	论我国与中亚国家能源合作互补性	苏华 王磊	经济纵横	2014年10月10日
18	西北地区与中亚五国贸易影响因素及潜力研究	马丽	甘肃社会科学	2014年11月25日
19	丝绸之路经济带建设与中国贸易之应对——基于引力模型的研究	高新才 朱泽钢	兰州大学学报(社会科学版)	2014年11月28日
20	西汉丝绸之路走向繁荣的原因及启示	水丽淑	兰州大学学报(社会科学版)	2014年11月28日
21	丝绸之路经济带建设的突破口	杨恕	中国投资	2014年12月5日
22	摄影测量方法制作数字化线描图在麦积山石窟的应用	孙明霞 魏文斌 黄莉萍 肖婕	敦煌学辑刊	2014年12月15日
23	中西边疆研究的差异性对中国边疆研究的启示	徐黎丽 卫霞	西北师大学报(社会科学版)	2015年1月5日
24	丝绸之路经济带城市经济联系的时空变化分析——基于城市流强度的视角	高新才 杨芳	兰州大学学报(社会科学版)	2015年1月28日
25	亚洲中部经济发展轴:区位优势及问题	杨恕 王术森	兰州大学学报(社会科学版)	2015年1月28日
26	“丝绸之路经济带”贸易联系网络结构研究——基于省区尺度和国家尺度的社会网络分析	王娜 陈兴鹏 张子龙 高鸿欣	西部论坛	2015年3月24日

续表

序号	篇名	作者	期刊(报纸)	发表时间
27	丝绸之路上的贸易便利化和生态导向发展:技术标准视角	杨丽娟	兰州大学学报(社会科学版)	2015年3月28日
28	打造“丝绸之路经济带”黄金段的战略思考——以甘肃省为例	张爱儒 丁绪辉 高新才	青海民族研究	2015年4月15日
29	“丝绸之路经济带”建设中的产业合作研究	汪晓文	经济问题	2015年5月15日
30	中国的中亚外交与丝绸之路经济带的构建	曾向红	上海交通大学学报(哲学社会科学版)	2015年5月25日
31	中国对外直接投资对国内产业升级的影响及对策建议	房裕	甘肃社会科学	2015年5月25日
32	“丝绸之路经济带”生态保护一体化战略研究	任海军 唐晶	兰州大学学报(社会科学版)	2015年5月28日
33	“一带一路”是沿线国家的合唱而非中国的独唱	徐黎丽 余潇枫	光明日报	2015年6月8日
34	关于推进“一带一路”建设教育交流合作的战略思考	杨恕	比较教育研究	2015年6月10日
35	“一带一路”与西北民族地区经济关系浅析	靳梦露	商	2015年6月24日
36	丝绸之路经济带建设带动沿线民族地区经济活力——以甘肃省肃北、阿克塞两县为例	马征 润泽	商	2015年6月24日
37	丝绸之路经济带产业合作的“雁行模式”构建	苏华 康岚 王磊	新丝路(下旬)	2015年6月25日
38	丝绸之路经济带:中亚—中国产业分工协作研究	郭爱君 毛锦凰	中共贵州省委党校学报	2015年6月25日
39	“一带一路”沿线中小型旅游城市经济系统脆弱性研究——以敦煌市为例	郭晓东 张启媛 李莺飞	经济经纬	2015年7月10日

续表

序号	篇名	作者	期刊(报纸)	发表时间
40	丝绸之路经济带框架下西部重化产业布局的优化分析——以甘肃为例	雷霆	江苏科技信息	2015年7月10日
41	论边疆安全问题对丝绸之路经济带战略实施的影响	徐黎丽 巴责达	云南师范大学学报(哲学社会科学版)	2015年7月15日
42	丝绸之路经济带建设中的我国节点城市产业定位与协同发展研究	郭爱君 毛锦凰	西北大学学报(哲学社会科学版)	2015年7月15日
43	“丝绸之路经济带”沿线国家贸易与能源效率关系研究——基于DEA模型与贸易引力模型的实证研究	汪晓文 马晓锦 倪鲲鹏	兰州大学学报(社会科学版)	2015年7月28日
44	“丝绸之路经济带”建设背景下的我国与中亚能源合作新模式探析	苏华 王磊	经济纵横	2015年8月10日
45	丝绸之路经济带与长江经济带的互联互通	高新才	中国流通经济	2015年9月23日
46	“丝绸之路经济带”建设面临的境外挑战分析	丁志刚 刘领平	学习与探索	2015年10月7日
47	“丝绸之路经济带”建设中的相关因素研究	高永久	青海民族大学学报(社会科学版)	2015年10月15日
48	“一带一路”建设中甘肃“黄金段”作用的发挥	徐黎丽 王悦	西北师大学报(社会科学版)	2015年11月9日
49	丝绸之路经济带研究：核心议题与深化方向	杨荣国 张新平	兰州大学学报(社会科学版)	2015年11月28日
50	“一带一路”建设中中国发展经验的互鉴性——以基础设施建设为例	姜安印	中国流通经济	2015年12月7日
51	“一带一路”背景下甘肃旅游微平台研究现状	侯周楚	新闻研究导刊	2015年12月10日

续表

序号	篇名	作者	期刊(报纸)	发表时间
52	事实与前景:我国高等教育现代化进程——基于我国东中西三省及全国平均水平的比较研究	李硕豪 杨海燕 李世萍	高教探索	2015年12月10日
53	"伊斯兰国"的意识形态:叙事结构及其影响	李捷 杨恕	世界经济与政治	2015年12月14日
54	上合组织在丝绸之路经济带中的作用与路径选择	陈小鼎 马茹	当代亚太	2015年12月20日
55	"丝绸之路经济带"沿线区域文化旅游产业合作发展研究	李泉 张馨予	青海民族大学学报(社会科学版)	2016年1月15日
56	规范与包容:从"一带一路"战略看民族团结进步示范区的建设	田俊迁	北方民族大学学报(哲学社会科学版)	2016年1月15日
57	论陆上丝绸之路对中国西北地区发展的影响	徐黎丽 唐淑娴	北方民族大学学报(哲学社会科学版)	2016年1月15日
58	丝绸之路经济带建设背景下西北五省(区)主要节点城市产业结构空间差异分析	任海军 张虎平	新疆大学学报(哲学·人文社会科学版)	2016年1月15日
59	浅析"一带一路"战略对提升国家形象的作用	侯卫栋	商	2016年1月20日
60	丝绸之路:汇聚文化与精神高地	程金城 马硕	中国石油报	2016年1月23日
61	丝绸之路经济带与西北城市群协同发展研究	郭爱君 毛锦凰	甘肃社会科学	2016年1月25日
62	麦积山石窟的分期、造像题材与佛教思想	魏文斌	中国文化遗产	2016年1月28日
63	丝绸之路经济带中国西北段核心节点城市经济联系实证研究	郭爱君 毛锦凰	兰州大学学报(社会科学版)	2016年1月28日

续表

序号	篇名	作者	期刊(报纸)	发表时间
64	立足区位、资源、环境与产业优势,全面融入丝绸之路经济带	郭爱君	青海党的生活	2016年2月8日
65	甘肃涉外法律服务存在的问题及对策——以"丝绸之路经济带"建设为背景	张文强	法制博览	2016年2月15日
66	基于环境溢出效应视角的风电产业环境价值测度——以甘肃风电产业发展为例	白丽飞	干旱区资源与环境	2016年2月15日
67	论蒙古帝国时期蒙古人对陆上丝绸之路的贡献	孙秀君	西部蒙古论坛	2016年2月15日
68	俄罗斯兼并克里米亚的心理动机研究——兼论对中国独联体地区外交的启示	曾向红	当代亚太	2016年2月20日
69	扬州伊斯兰文化与新丝绸之路建设	张世海	北方民族大学学报(哲学社会科学版)	2016年3月15日
70	"丝绸之路经济带"在甘肃段建设的金融支持研究	武丽丽	商	2016年3月16日
71	两汉对丝绸之路开通与维护的贡献	荀长玲 徐黎丽	西北民族大学学报(哲学社会科学版)	2016年3月20日
72	"一带一路"与我国中央与地方间关系的构建	李修燚	法制博览	2016年3月25日
73	金融发展对我国西部地区经济开放度的影响研究——基于"丝绸之路经济带"视角	陈文新 马婉蓉 于淑利	商业经济研究	2016年3月25日
74	丝绸之路经济带背景下中国与中亚国家贸易互补性研究	高新才 王一婕	兰州大学学报(社会科学版)	2016年3月28日
75	探析"丝绸之路经济带"经贸合作的法律保障	李鸣	湖北函授大学学报	2016年3月28日

续表

序号	篇名	作者	期刊(报纸)	发表时间
76	“丝绸之路经济带”旅游综合行政执法模式探析	邓小兵 徐金金	甘肃广播电视大学学报	2016年4月15日
77	“丝绸之路经济带”战略下中格高等教育的交流与互动	车如山 姚捷	高校教育管理	2016年4月15日
78	“一带一路”背景下的甘肃省整体形象再定位研究	杜占杰 苏云	甘肃科技	2016年4月15日
79	丝绸之路经济带跨国区域合作路径探析	张虎平	石家庄经济学院学报	2016年4月20日
80	中国减贫经验在“一带一路”建设中的互鉴性	姜安印 张庆国	中国流通经济	2016年4月23日
81	中国与中亚五国区域金融合作研究——基于“丝绸之路经济带”视角	杨肃昌 于淑利	金融发展评论	2016年4月25日
82	丝绸之路经济带与长江经济带互联互通模式探讨	许瑞泉	西北师大学报(社会科学版)	2016年4月25日
83	边疆治理新思路:加快发展连接内地与边疆的中间地带	徐黎丽 范薇	行政管理改革	2016年5月10日
84	哈萨克斯坦的民族结构与语言状况研究	李发元	西南民族大学学报(人文社科版)	2016年5月10日
85	“丝绸之路经济带”沿线区域金融发展能力研究——以西北五省(区)为例	李泉 石国海	西华大学学报(哲学社会科学版)	2016年5月13日
86	“一带一路”战略下少数民族原生态产品拓展国际市场刍议——以维吾尔族手工艺品为例	张平 迪力胡马尔 李秀芬	生产力研究	2016年5月15日
87	丝路经济带中国西北段物流节点功能定位与一体化	郭爱君	中国流通经济	2016年5月23日
88	“一带一路”倡议的生命力何在?	徐黎丽	中国社会科学报	2016年5月24日
89	“一带一路”建设背景下新疆可持续发展能力评估——基于2005—2014年统计数据	林柯 魏振基	兰州大学学报(社会科学版)	2016年5月28日

续表

序号	篇名	作者	期刊(报纸)	发表时间
90	“丝绸之路经济带”框架下中国与中亚五国能源效率评价——基于CCR-BCC和Malmquist指数分析方法的DEA-Tobit模型	岳立 杨帆	统计与信息论坛	2016年6月10日
91	“一带一路”背景下知识产权法律问题浅析——以小型企业的出口贸易为例	乔铭瑞	佳木斯职业学院学报	2016年6月15日
92	“一带一路”公共外交的目标、挑战与路径	张新平 杨荣国	思想理论教育导刊	2016年6月20日
93	中哈能源产品产业内贸易及影响因素分析——基于丝绸之路经济带战略背景	岳立 刘苑秋	石家庄经济学院学报	2016年6月20日
94	中、日、美大数据产业的竞争优势比较与启示	汪晓文 曲思宇 张云晟	图书与情报	2016年6月25日
95	城市规模、经济增长与雾霾污染——基于省会城市面板数据的实证研究	王星	华东经济管理	2016年7月1日
96	消除地方保护,通联“一带一路”	曹月梅	赤峰学院学报(自然科学版)	2016年7月10日
97	“一带一路”建设中我国地方政府间关系的构建——基于法治思维的视角	李修燚	赤峰学院学报(汉文哲学社会科学版)	2016年7月25日
98	兰州建设西北区域金融中心的战略定位及政策路径	成学真 岳松毅	甘肃社会科学	2016年7月25日
99	丝绸之路经济带城市群空间联系能力的测度与评价	魏丽莉	新疆社会科学	2016年7月25日
100	中国城镇化对碳排放的影响——基于省级面板数据的分析	王星	城市问题	2016年7月27日

续表

序号	篇名	作者	期刊(报纸)	发表时间
101	"一带一路"战略与中国全域发展	李钢 刘倩 孔冬艳 林依硕 黄兵兵	中国软科学	2016年7月28日
102	"一带一路"视野下对基层法院规则治理的展望	王坤	法制博览	2016年8月5日
103	丝绸之路经济带背景下中国西北与中亚交通运输问题研究	公梓安	商	2016年8月10日
104	范式转换:中国民族走廊与国际民族通道——丝绸之路研究的方法论刍议	马成俊 王含章	西北民族研究	2016年8月15日
105	丝绸之路经济带:打造甘肃"黄金段"的战略分析	李海龙	石家庄经济学院学报	2016年8月20日
106	高等教育服务丝绸之路经济带建设研究	李雄鹰 崔萍	决策与信息	2016年9月1日
107	"丝绸之路经济带"中国与中亚五国能源合作的经验借鉴及路径探析——基于地缘经济视角	岳立 杨帆	人文杂志	2016年9月12日
108	"一带一路"边境旅游消费者权益之思考	何改妍	山西省政法管理干部学院学报	2016年9月15日
109	"一带一路"倡议的智力支持——中亚研究的现状与未来	曾向红	国际展望	2016年9月15日
110	从古代丝绸之路的产生到当代丝绸之路经济带的构建——亚欧大陆共同发展繁荣和复兴之路	杨建新	烟台大学学报(哲学社会科学版)	2016年9月15日
111	丝绸之路经济带"点-轴带动"发展模式构想	苏华 冯亮	学术探索	2016年9月15日

续表

序号	篇名	作者	期刊(报纸)	发表时间
112	丝绸之路在西汉“贯通”对中国西北边疆经略的影响	徐黎丽 古力努尔	云南师范大学学报(哲学社会科学版)	2016年9月15日
113	为什么丝绸之路在西汉“贯通”	徐黎丽 万红	青海师范大学学报(哲学社会科学版)	2016年9月15日
114	“伊斯兰国”与东南亚恐怖主义的发展	靳晓哲 李捷	东南亚南亚研究	2016年9月20日
115	俄罗斯军事干预叙利亚危机的情感动机	周明 李泽	国际安全研究	2016年9月20日
116	“丝绸之路经济带”战略下西部民族地区文化产业发展研究——以甘青人口较少民族为例	闫丽娟 何瑞	贵州民族研究	2016年9月25日
117	泾川大云寺遗址新出北朝造像碑初步研究	魏文斌 吴荭	故宫博物院院刊	2016年9月30日
118	以文化的方式联通世界	彭岚嘉	甘肃日报	2016年9月30日
119	“一带一路”视角下传承中华伏羲文化的思考	宋春光 赵梓鑫 马玲	发展	2016年10月5日
120	中亚成员国对上海合作组织发展的影响:基于国家主义的小国分析路径	曾向红 李孝天	新疆师范大学学报(哲学社会科学版)	2016年10月9日
121	“一带一路”背景下西北地区畜牧产业扶贫战略研究	姜安印 刘博	贵州师范大学学报(社会科学版)	2016年10月10日
122	甘肃秦安“诸邑子石铭”考析——甘肃馆藏佛教造像研究之三	张铭 魏文斌	敦煌研究	2016年10月15日
123	“治性”相通:河西走廊与中原王朝的涉外管理	杨林坤	历史教学(下半月刊)	2016年10月16日
124	甘肃与中亚五国高等教育合作现状与研究	马斯文	亚太教育	2016年10月25日

续表

序号	篇名	作者	期刊(报纸)	发表时间
125	丝绸之路经济带与国家新区建设协同发展研究	郭爱君 陶银海	西北师大学报(社会科学版)	2016年11月5日
126	中国开发性金融经验在一带一路建设中的互鉴性	姜安印 郑博文	中国流通经济	2016年11月7日
127	“一带一路”对沿线国家人力资源开发的影响	季晶 刘璞 陈正军	人力资源管理	2016年11月8日
128	互联网理财账户的法律性质与监管问题研究	白牧蓉	甘肃理论学刊	2016年11月20日
129	丝绸之路经济带市域经济增长与产业结构变化	徐辉 李宏伟	经济地理	2016年11月26日
130	丝绸之路经济带人类发展指数差异的时空演变透视	高新才 殷颂葵	兰州大学学报(社会科学版)	2016年11月28日
131	“一带一路”战略视野下的西北少数民族文化优势思考	马桂芳	西藏大学学报(社会科学版)	2016年12月15日
132	丝绸之路经济带沿线城市旅游竞争力综合评价——以西北五省省会城市为例	李泉 张佳丽	宝鸡文理学院学报(社会科学版)	2016年12月15日
133	“丝绸之路经济带”背景下甘肃省基础设施投资与经济增长关系研究	朱瑜珂	兰州财经大学学报	2016年12月20日
134	“一带一路”战略,国际协定先行——中国与南亚八国合作的现状与未来	李晓静	中国与世界	2016年12月31日
135	边疆山村空巢化原因及解决途径——基于云南BMK村和甘肃HL庄的调查	徐黎丽 杨丽云	北方民族大学学报(哲学社会科学版)	2017年1月15日

续表

序号	篇名	作者	期刊(报纸)	发表时间
136	西北五省区金融集聚与区域经济增长的耦合匹配研究	成学真 岳松毅	兰州学刊	2017年1月15日
137	“伊斯兰国”对中亚地区的安全威胁:迷思还是现实?	宛程 杨恕	国际安全研究	2017年1月20日
138	丝绸之路经济带背景下贸易一体化与经济增长研究——基于中国与中亚五国的数据	苏丽娟 陈兴鹏	兰州大学学报(社会科学版)	2017年1月28日
139	全面看待“中国式创新”	焦若水	中国社会科学报	2017年2月7日
140	丝绸之路经济带建设背景下甘肃省产业转型升级对策研究	杨宏伟	兰州财经大学学报	2017年2月20日
141	我国资本项目开放进程中证券市场的发展与制度应对	白牧蓉	甘肃行政学院学报	2017年2月20日
142	“一带一路”背景下中国—中亚能源合作研究述要	姜安印 刘博 黄洁	中共贵州省委党校学报	2017年2月28日
143	中国周边外交新理念的国际话语权塑造	陈小鼎	上海行政学院学报	2017年3月10日
144	丝绸之路经济带建设中中国高等教育的机遇与责任	李雄鹰 王颖	长安大学学报(社会科学版)	2017年3月15日
145	通道地带理论——中国边疆治理理论初探	徐黎丽	思想战线	2017年3月15日
146	“一带一路”战略中多元纠纷解决机制研究	宗晓丽 高杨 管欣	合作经济与科技	2017年3月16日
147	丝路经济带建设下区域经济合作中政府的作用	曾敏	时代金融	2017年3月20日
148	国家认同危机与认同政治——国家统一的视角	李捷 杨恕	兰州大学学报(社会科学版)	2017年3月28日
149	全球化时代原生地认同对民族国家认同的挑战及应对	刘亚妮 杨恕	兰州大学学报(社会科学版)	2017年3月28日

续表

序号	篇名	作者	期刊(报纸)	发表时间
150	丝绸之路艺术的意义与价值——兼及“丝绸之路艺术学”刍议	程金城	兰州大学学报(社会科学版)	2017年3月28日
151	新疆史研究应注意的几个问题	杨恕 刘亚妮	兰州大学学报(社会科学版)	2017年3月28日
152	“丝绸之路经济带”背景下中亚五国投资环境评估与建议	丁志刚 潘星宇	欧亚经济	2017年4月5日
153	“丝绸之路经济带”沿线区域金融联系的空间分异与合作研究——以“丝绸之路经济带”国内段沿线七省(区)为例	李泉 石国海	西部经济管理论坛	2017年4月7日
154	西北地区商业银行发展对策——基于丝绸之路经济带建设的研究	王晨	当代经济	2017年4月10日
155	极端主义组织与认同政治的建构	李捷	世界经济与政治	2017年4月14日
156	“一带一路”对基层司法格式化的重塑	王坤	佳木斯职业学院学报	2017年4月15日
157	论西北边境口岸的特点及发展路径	徐黎丽 杨亚雄	西北师大学报(社会科学版)	2017年4月22日
158	中国边疆治理中“通道地带”的作用	徐黎丽	今日民族	2017年4月25日
159	“一带一路”的地缘政治想象与地区合作	曾向红	中国社会科学院国际研究学部集刊	2017年4月30日
160	“一带一路”为世界提供四大公共产品	郑东超 张权	当代世界	2017年5月5日
161	“一带一路”背景下我国西北五省区旅游业协同发展研究	姜安印 刘晓伟	新疆大学学报(哲学·人文社会科学版)	2017年5月15日

续表

序号	篇名	作者	期刊(报纸)	发表时间
162	论"一带一路"和中国发展模式对世界的重大影响	马曼丽 马磊	烟台大学学报(哲学社会科学版)	2017年5月15日
163	"一带一路"建设中的大学使命	袁占亭	中国高等教育	2017年5月18日
164	论中国反分裂主义战略	杨恕 李捷	统一战线学研究	2017年5月20日
165	"一带一路"背景下我国西北五省(区)产业结构协同测度及发展研究	姜安印 刘晓伟	新疆社会科学	2017年5月25日
166	中国—中亚国家贸易的"低端困境"及应对	高新才 朱泽钢	甘肃社会科学	2017年5月25日
167	丝绸之路文化旅游产业发展中公益信托的引入与制度构想	白牧蓉	甘肃政法学院学报	2017年5月30日
168	产业集群视角下丝绸之路经济带旅游业发展研究	杨林伟	知识经济	2017年6月1日
169	维吾尔族跨国布料生意困境研究——以新疆阿图什市DXLK村跨国商人为例	徐黎丽 杨亚雄	广西民族研究	2017年6月20日
170	研究古丝路上族群跨国流动的经验 推动"一带一路"的发展	马曼丽 艾买提	广西民族研究	2017年6月20日
171	"继承"还是"决裂"?——"后卡里莫夫时代"乌兹别克斯坦外交政策调整	焦一强	俄罗斯研究	2017年6月28日
172	"一带一路"框架下地方经济发展文献综述	孙吉乐	甘肃金融	2017年7月15日
173	"一带一路"战略下中国特色PPP模式的法律路径	白牧蓉	甘肃社会科学	2017年7月25日

续表

序号	篇名	作者	期刊(报纸)	发表时间
174	协同发展:我国区域经济发展战略的新趋向——兼论“一带一路”建设与我国区域经济协同发展	郭爱君 陶银海 毛锦凰	兰州大学学报(社会科学版)	2017年7月28日
175	丝绸之路经济带西部城市群金融发展的空间差异研究	魏丽莉 张利敏	石河子大学学报(哲学社会科学版)	2017年8月24日
176	全面提升甘肃向西开放水平	林柯	甘肃日报	2017年9月8日
177	论国家层面语言政策制定对国内民族团结和睦的影响——以乌克兰为例	李发元	西南民族大学学报(人文社科版)	2017年9月10日
178	论内陆边境口岸在边疆发展中的作用——以新疆克州两个公路口岸为例	徐黎丽 杨亚雄	西南民族大学学报(人文社科版)	2017年9月10日
179	孙中山《实业计划》对“一带一路”建设的启示	张建荣	理论月刊	2017年9月10日
180	北魏至隋唐罗布泊地区的生态修复与城市重建	郑炳林 唐尚书 曹红	敦煌学辑刊	2017年9月15日
181	甘肃省清真食品接轨“一带一路”对策研究	刘贺 田歌 尚福城	经贸实践	2017年9月15日
182	元初陆海“丝绸之路”及当代启示	冯国昌	江苏科技大学学报(社会科学版)	2017年9月15日
183	“一带一路”倡议在提升区域创新效率中的作用	孙吉乐 李文臻 房裕	云南社会科学	2017年9月20日
184	新时期的和平赤字:强权干涉、地区冲突与恐怖主义	高婉妮	红旗文稿	2017年9月25日
185	丝绸之路经济带民族地区特色产业的遴选研究	任海军 郭子煊	兰州大学学报(社会科学版)	2017年9月28日

续表

序号	篇名	作者	期刊(报纸)	发表时间
186	中亚国家的权力交接形式及其评估	杨恕	中国国际战略评论2017	2017年10月1日
187	资源型经济区产业路径依赖的形成机制、特性与破解	郭爱君 胡安军 王祥兵	经济问题探索	2017年10月1日
188	“一带一路”的知识转向与西部社会学研究的新视野	陈文江 寇星亮	河北学刊	2017年10月1日
189	阿富汗安全形势及其对丝绸之路经济带的影响	朱永彪 魏丽珺	南亚研究	2017年10月24日
190	会展经济带动区域经济发展的路径分析——以敦煌文博会为例	杨丽娟	中国商论	2017年11月10日
191	边疆安全视角下的西北地区和谐民族关系建构	李世勇 杨玉良	西北民族大学学报(哲学社会科学版)	2017年11月20日
192	反分裂斗争中国家文化认同建设论析	李捷 杨恕	统一战线学研究	2017年11月20日
193	论“一带一路”建设与西部文化产业的知识产权保护	刘斌斌 谢沁虹	兰州大学学报(社会科学版)	2017年11月28日
194	“一带一路”倡议对西部艺术设计文化产业发展的影响及其使命	高原 田艺龙	设计	2017年12月4日
195	寻求合作共赢:上合组织吸纳印度的挑战与机遇	杨恕 李亮	外交评论(外交学院学报)	2018年1月25日

报告类：

序号	报告名称	作者	采纳单位	采纳时间
1	甘肃媒体形象塑造及对外传播效果研究	王芳	甘肃省委外宣办	2013年11月15日
2	丝绸之路经济带白银段建设发展研究	李泉	白银市发改委	2013年11月21日
3	高新技术开发区综合服务体系构建研究报告	姚远	甘肃省科技厅	2013年12月10日
4	人民政协协商民主制度化研究	王学俭	甘肃省政协理论研究会	2013年12月11日
5	甘肃省建设节水型社会法律调控机制研究	迟方旭	甘肃省人大常委会	2013年12月12日
6	关于少数民族权利救济机制的调查报告	杨雅妮	国家民委	2013年12月24日
7	苯教信仰视野下的藏族传统法文化研究	韩雪梅	中国法学会	2013年12月25日
8	兰州市排水工程社会稳定风险分析报告	陈文江	兰州市市政工程公司	2013年12月27日
9	甘肃省加快城镇化发展的总体思路与布局、路径选择及重点任务研究	高新才	甘肃省发展和改革委员会	2014年1月12日
10	甘肃省农村能源条例	刘志坚	甘肃省人民代表大会农业与农村委员会	2014年3月10日
11	甘肃省国民经济动员综合预案	沙勇忠	甘肃省发改委	2014年4月15日
12	美国学界新“弃台论”思潮及其应对	张新平	甘肃省台办	2014年4月20日
13	习近平总书记法治中国思想研究	刘志坚	甘肃省司法厅	2014年7月31日
14	河西走廊少数民族生态移民与传统生产生活方式转型研究	王海飞	甘肃省民族事务委员会	2014年8月1日
15	绩效审计视角下的汶川地震甘肃灾区灾后重建项目的跟踪审计研究	曹凌燕	国家审计署驻兰特派办	2014年8月14日

续表

序号	报告名称	作者	采纳单位	采纳时间
16	习近平法治中国思想的主要内容	吴双全	甘肃省司法厅	2014年8月15日
17	加快甘肃省农村土地流转的若干思考	王向东	甘肃省政协农委办	2014年8月20日
18	甘肃省县(区)党政"一把手"权力行使制约监督问题研究	蒙慧	甘肃省纪委	2014年8月28日
19	甘肃省土地退化防治的法律政策综合评价研究	徐辉	甘肃省人民代表大会农业与农村委员会	2014年9月10日
20	华夏文明与甘肃文化——关于"华夏文明八千年"的论证	郭吉军	甘肃省社科规划办	2014年9月11日
21	甘肃文化是华夏文明八千年最好的例证	陈春文	甘肃省委宣传部 甘肃省哲学社会科学规划办公室	2014年10月8日
22	如何有效满足有宗教信仰民族的宗教需求	杨文炯	教育部社科司	2014年10月20日
23	甘肃省基层党风廉政建设调研报告	刘先春	甘肃省纪委	2014年10月20日
24	现象学视野中西北神话与华夏思想起源研究	郭吉军	甘肃省社科规划办	2014年10月28日
25	关于"基督教私设聚会点"依法治理的思考	陈声柏	中国统一战线理论研究会民族宗教理论甘肃研究基地、甘肃省委统战部、甘肃省宗教事务局等	2014年10月30日
26	仇池山歌传承保护研究咨询报告	燕仲飞	兰州大学艺术学院	2014年11月6日
27	明清时期未成年人犯罪研究	李守良	甘肃省高等法院	2014年11月11日
28	民族优惠政策制定和落实存在的问题及建议	高永久	教育部社会科学司	2014年11月30日
29	中共甘肃省委一项机密级文件(征求意见稿)的修改建议报告	吴双全	中共甘肃省委	2014年12月12日

续表

序号	报告名称	作者	采纳单位	采纳时间
30	基于政府网站信息的甘肃省市州绩效评价报告	包国宪	甘肃省政府	2014年12月14日
31	柳州东城投资公司金融投资咨询研究报告	刘朝阳	柳州东城投资公司	2014年12月20日
32	推动传统媒体和新兴媒体融合发展的舆情分析	王芳	中共甘肃省委宣传部舆情信息中心	2014年12月23日
33	2013/2014年度中央及港台媒体涉甘新闻报道分析	王芳	中共甘肃省委对外宣传办公室	2014年12月25日
34	甘肃省临床医学中心建设项目资金支出绩效评价报告	何文盛	甘肃省财政厅	2015年1月29日
35	甘肃省体育局2014年度部门预算整体支出绩效评价报告	何文盛	甘肃省体育局	2015年1月30日
36	甘肃省电子商务发展报告	沙勇忠	甘肃省商务厅	2015年1月30日
37	甘肃省市县级妇幼保健机构建设补助项目资金支出绩效评价报告	何文盛	甘肃省卫生与计划生育委员会	2015年2月1日
38	建立中/尼/印铁路大通道的构想	毛世昌	人民日报内部参阅	2015年2月6日
39	兰州市文化和科技融合发展研究报告	汪晓文	兰州市科技局	2015年2月18日
40	丝绸之路经济带建设中的风险与防控	徐黎丽	国家社科基金成果要报	2015年2月26日
41	“一带一路”进入战略实施阶段融入过程应当注意几个重要问题	彭岚嘉	中国甘肃省委办公厅《甘肃信息决策参考》2015年3月6日	2015年3月2日
42	甘肃省战略性新兴产业发展研究	汪晓文	甘肃省科技厅	2015年3月25日
43	甘肃境内苯教寺院的分布及其现状研究	阿旺嘉措	中国社科院	2015年5月11日

续表

序号	报告名称	作者	采纳单位	采纳时间
44	我国城市社区信息化对社区治理的推动——基于服务、参与、治理三维框架的探析	魏淑娟	教育部	2015年7月1日
45	当前少数民族未成年人犯罪状况及特征研究报告	申伟	团中央中国青少年研究中心	2015年8月1日
46	兰州市大气污染治理的法制化研究	李清宇	兰州市哲学社会科学办公室	2015年9月1日
47	关于编写《甘肃省地方立法指南》建议与论证报告	刘志坚	甘肃省人大常委会	2015年9月1日
48	关于当前我国少数民族未成年人犯罪问题的研究报告	申伟	四川省资阳市人民检察院	2015年10月1日
49	加强党的纪律建设　促使党的政治纪律与政治规矩落实到实处	王学俭	甘肃省教育厅	2015年10月10日
50	《甘肃省废旧农膜回收利用条例》立法后评估报告	刘志坚	甘肃省人大农业与农村委员会	2015年10月10日
51	加强政府与农民的信息透明交换:对甘肃“新农合政策”的传播效果评估	阙岳	甘肃省卫生与计划生育委员会	2015年10月12日
52	关于S(四川)省M(绵阳)市未成年犯罪案件刑事和解问题的研究报告	申伟	四川省资阳市中级人民法院	2015年10月15日
53	甘肃省利用世界银行贷款建设农村经济综合开发示范镇项目绩效评价方案	包国宪	甘肃省世行办	2015年10月15日
54	张家川回族自治县回族习惯法调查报告	申伟	甘肃省高级人民法院	2015年10月24日
55	一带一路建设背景下甘肃专利战略推进工作能力提升研究报告	刘斌斌	甘肃省知识产权局	2015年11月1日

续表

序号	报告名称	作者	采纳单位	采纳时间
56	鲜卑文化博物馆（西秦宫）创意方案	彭岚嘉	西固区委、区政府	2015年11月5日
57	兰州市财政局2013及2014年度新农合基金支持绩效评价报告	何文盛	兰州市财政局	2015年11月5日
58	金城文化博物馆（金城楼）创意方案	彭岚嘉	西固区委、区政府	2015年11月5日
59	甘肃省对外投资白俄罗斯现代农业项目商务计划书	刘朝阳	甘肃省商务厅	2015年11月10日
60	少数民族地区未成年人犯罪的原因与治理对策	李守良	中国青少年研究中心	2015年11月13日
61	国网甘肃省电力公司问题库管理体系研究	郝冬梅	国网甘肃省电力公司	2015年12月10日
62	创建国家公共文化服务体系示范区制度设计课题研究报告：张掖“乡村舞台”运行模式研究	李少惠	张掖市委市政府	2016年1月4日
63	酒泉市国民经济和社会发展第13个五年规划纲要送审稿	高新才 汪晓文	酒泉市发展和改革委员会	2016年2月4日
64	玉门市国民经济和社会发展第13个五年规划纲要审议稿	姜安印 潘永昕	玉门市发展和改革局	2016年3月1日
65	靖远县国民经济和社会发展第13个五年规划纲要审议稿	郭爱君 潘永昕	靖远县发展和改革局	2016年3月1日
66	甘肃省关于大力推进大众创业、万众创新的实施方案研究报告	潘永昕	甘肃省发展和改革委员会	2016年3月1日
67	甘肃省十三五时期发展总体思路、战略导向和主要任务研究	高新才 潘永昕 李菁	甘肃省发展和改革委员会	2016年3月2日

续表

序号	报告名称	作者	采纳单位	采纳时间
68	敦煌市国民经济和社会发展第13个五年规划纲要送审稿	汪晓文 祝伟	敦煌市发展和改革局	2016年3月3日
69	肃州区国民经济和社会发展第13个五年规划纲要草案	汪晓文	肃州区发展和改革局	2016年3月4日
70	兰州文化与科技融合发展规划	汪晓文	兰州市科学技术局	2016年3月4日
71	兰州市十三五战略性新兴产业发展规划	汪晓文	兰州市工业和信息化委员会	2016年3月4日
72	华亭县国民经济和社会发展第13个五年规划纲要审议稿	汪晓文	华亭县发展和改革局	2016年3月4日
73	甘肃省失业预警系统建设	汪晓文 韩雪梅 白立飞	甘肃省人力资源和社会保障厅,失业保险处	2016年3月7日
74	兰州市第一人民医院2014/2015财政支出绩效评价报告	何文盛	兰州市财政局	2016年3月12日
75	西和县“十三五”工业和信息化发展专项规划	李志远	甘肃省陇南市西和县工业和信息化局	2016年3月26日
76	天水经济技术开发区十三五规划	刘朝阳	天水经济技术开发区	2016年3月30日
77	青少年法治教育大纲中未成年人保护与犯罪预防问题探究	李守良	中央政法委	2016年3月31日
78	以个案诉讼方式反对历史虚无主义	迟方旭	中央政法委宣传教育室	2016年6月22日
79	兰州市安宁区十三五工业发展规划	祝伟	兰州市安宁区工业和信息化局	2016年7月5日
80	《甘肃省农村扶贫开发条例》专家建议稿及立法起草说明	刘志坚	兰州大学法学院受托立法课题组	2016年7月13日
81	关于阿柔部落族源与迁徙的调查	王云	青海省政协海北藏族自治州委员会	2016年8月18日
82	网络色情与未成年人保护	李守良	团中央	2016年9月30日
83	金城公园金城楼研究方案[展示]	彭岚嘉	兰州市西固区委、区政府	2016年10月30日

续表

序号	报告名称	作者	采纳单位	采纳时间
84	保护英雄人物生前人格利益民事立法研究	迟方旭	中央宣传部政策法规研究室	2016年11月10日
85	出土文献中的唐代法律案例研究	么振华	兰州大学	2016年12月16日
86	《革命烈士人格利益保护法》立法建议稿及说明	迟方旭	中共重庆市委宣传部	2017年1月12日
87	兰州生物制品研究所有限责任公司人员招聘测评的综合分析评价报告	李志远 赵雁海	兰州大学管理学院	2017年1月20日
88	甘肃省中长期人才规划(2010—2020)中期实施效果评价	张永 邵建平 郑刚	中共甘肃省委组织部	2017年6月16日
89	困境与出路:司法程序中少数民族语言权保障研究	杨雅妮	国家民委	2017年6月27日
90	十八大以来甘肃省反腐败问题研究:状况、特征及未来方向	蒙慧	甘肃省纪委办公厅	2017年6月30日
91	关于甘肃省基督教中国化的调研报告	刘继华 刘超 康学海	甘肃省基督教三自爱国运动委员会、甘肃省基督教会	2017年8月1日
92	关于加强我省鉴定人出庭作证知识培训的建议	拜荣静	民革甘肃省委会	2017年9月22日
93	《兰州文明行为促进条例》专家建议稿及立法起草说明	刘志坚 迟方旭	兰州大学法学院受托立法课题组	2017年9月26日
94	自媒体时代红色文化认同问题及对策建议	万秀丽 申灵敏	中共中央编译局	2017年9月27日
95	《甘肃省企业住所和经营场所登记管理办法》专家建议稿及起草说明	刘志坚 杨三正 宋晓玲	兰州大学法学院受托立法课题组	2017年10月10日
96	关于促进甘肃维吾尔族社会融合的建议	李洁	民革甘肃省委会	2017年10月11日

续表

序号	报告名称	作者	采纳单位	采纳时间
97	关于加快兰州新区发展的调研报告	林柯 姜安印 倪国良 张旺锋	政协甘肃省委员会	2017年12月4日
98	甘肃省基层公共文化服务建设与创新研究	李少惠	金城峰会研究报告	2017年12月9日
99	甘肃省绿色发展指数报告	吴建祖	兰州大学管理学院	2017年12月10日
100	甘肃互联网融资与监管创新研究	汪振江	甘肃省人文社科资金管理部门	2017年12月19日
101	西北地区少数民族未成年人犯罪研究	李守良 石鹏飞	甘肃省高等人民法院	2017年12月27日
102	做好我省明年经济工作的七点建议	郭爱君	甘肃省委办公厅	2017年12月27日

注：由中亚研究所等完成的40余篇被部委等部门采纳的研究报告未列入。

第五部分　学术会议

敦煌和丝绸之路国际学术研讨会

『丝绸之路考古与历史』国际学术研讨会

『一带一路』文化圆桌会议

『敦煌论坛：丝绸之路文化的复兴』学术研讨会

首届西部丝绸之路骨科高峰论坛

2013年至今，我校举办国际学术会议（论坛）55个，共计有6400余人来校参加会议，其中外籍代表1150余人。在这些会议中，会议规模与学术影响较大的有第十届国际地理大会——水资源可持续发展论坛（2013）、第八届国际风沙科学大会（2014）、第八届国际草种子大会（2015）、第十三届国际古湖沼大会（2015）、第九届国际牧草与草坪草分子育种学术研讨会（2016）、第八届国际稀土开放应用研讨会（2016）、第四届中日核燃料循环国际会议（2017）、"一带一路"国际商学教育论坛（2017）等。其中的部分会议为首次在亚洲地区或为首次在我国举办，并且是该学科的专业学术组织系列会议，影响力甚大。通过举办会议，进一步提高我校学术影响的国际化水平，促进我校的科学研究和人才培养，扩大我校的国内外影响。

2013年：

“敦煌和丝绸之路国际学术研讨会”在我校召开

会议时间：2013年7月22至23日

会议地点：兰州市

主办单位：韩国庆尚北道东亚地方政府联合会、高丽大学民族文化学院

协办单位：兰州大学敦煌学研究所

参会人员：来自韩国、日本、英国和中国的30余位专家学者参加了此次会议。

会议主题：本会议共收到学术论文20余篇，以“敦煌、丝绸之路和韩国的文化交流以及敦煌学的国际化”为主题，对丝绸之路、敦煌学、韩国汉学研究以及IDP（国际敦煌项目）等领域进行了交流讨论。

我校共建塔什干孔子学院
举办“丝绸之路”文化系列讲座

会议时间：2013年11月5日、7日和11日

会议地点：塔什干

主办单位：塔什干孔子学院

参会人员：约有200余师生到场聆听讲座。

会议主题：为了及时向乌兹别克斯坦师生宣传中国的对外政策，加深他们对作为联系中国与中亚纽带的丝绸之路的认识和了解，我校共建的塔什干孔子学院积极策划并推出的“丝绸之路”文化系列讲座于塔什干国立东方学院举办。

2014年：

"丝绸之路考古与历史"国际学术研讨会在我校举行

会议时间：2014年6月2日至3日

会议地点：兰州市

主办单位：兰州大学敦煌学研究所、兰州大学历史文化学院和瑞典乌普萨拉大学

参会人员：来自瑞典乌普萨拉大学和国内外的专家学者。

会议主题：会议上学者们就丝路文化和考古进行了热烈的讨论，"深入研究""加强合作"等关键词引起了中瑞学者的广泛共鸣。

“一带一路”文化圆桌会议在兰州举行

会议时间：2014年8月24日至25日

会议地点：兰州市

主办单位：兰州大学、中国宋庆龄基金会

参会人员：来自全球范围内20多个国家的百余位专家学者与会。

会议主题：探讨如何发挥民间组织与高校的作用，推进“一带一路”区域内国家间的交流与合作，为和平发展、交流互鉴、合作共赢凝聚共识和智慧。

“敦煌论坛：丝绸之路文化的复兴”学术研讨会在兰州大学召开

会议时间：2014年10月10日

会议地点：兰州市

主办单位：甘肃省委宣传部

承办单位：甘肃省教育厅和兰州大学

参会人员：来自美国、俄罗斯、德国、日本、吉尔吉斯斯坦和中国等地的近40位专家学者。

会议主题：围绕“丝绸之路文化的复兴”主题展开深入研讨，以期增进丝绸之路沿线各国文明对话，促进民心相通，共谋和平发展。

亚洲部分孔子学院联席会议在兰州大学召开

会议时间：2014年10月27日

会议地点：兰州市

主办单位：孔子学院总部/国家汉办

承办单位：兰州大学

参会人员：来自哈萨克斯坦、吉尔吉斯斯坦、乌兹别克斯坦、塔吉克斯坦、格鲁吉亚、亚美尼亚和阿塞拜疆等7国的14所孔子学院的校长、中外方院长及10所中国大学的校领导参加了会议。

会议主题：旨在让中亚和外高加索地区孔子学院互相交流经验，群策群力，凝聚共识，促进孔子学院可持续发展。

甘肃省“丝绸之路经济带建设研究中心”揭牌仪式在兰州大学举行

会议时间：2014年12月26日

会议地点：兰州市

主办单位：兰州大学

参会人员：甘肃省委常委、宣传部部长连辑，兰州大学校长王乘，省委宣传部副巡视员赵延河，兰州大学副校长潘保田、高新才出席了揭牌仪式。甘肃省委宣传部有关处室负责人，兰州大学相关学科带头人、部分师生代表参加了揭牌活动。

会议主题：甘肃省哲学社会科学重大研究基地“丝绸之路经济带建设研究中心”揭牌仪式。

甘肃省丝绸之路研究会换届大会暨“丝绸之路与文化产业发展”学术研讨会在兰州大学召开

会议时间：2014年12月28日

会议地点：兰州市

主办单位：甘肃省丝绸之路研究会

参会人员：莅临本次大会的有西北师范大学副校长田澍教授、西北民族大学副校长李正元教授、兰州大学科研处处长龙瑞军教授以及省社科联、省民间组织管理局、省教育厅等方面的领导。

会议主题：丝绸之路与文化产业发展。

2015年:

“丝绸之路经济带建设与不同宗教的对话共处”学术研讨会在兰州大学举行

会议时间：2015年6月2日至3日

会议地点：兰州市

主办单位：兰州大学历史文化学院，甘肃省丝绸之路研究会，兰州大学博物馆

参会人员：来自国家宗教事务局、中国社科院、清华大学、浙江大学、陕西师范大学、兰州大学、四川大学、西北师范大学、宁夏大学、北方民族大学、青海民族大学、新疆社科院等十余所高校和科研机构的40多位专家学者参加了研讨会。

会议主题：丝绸之路经济带建设与不同宗教的对话共处。

兰州大学共建孔子学院承办丝绸之路经济带国际研讨会

会议时间：2015年6月17日

会议地点：阿拉木图

主办单位：中国驻阿拉木图总领馆与哈萨斯坦阿里·法拉比国立民族大学

参会人员：驻阿拉木图总领事张伟，哈萨斯坦阿里·法拉比国立民族大学校长穆塔诺夫，联合国公共信息局代表弗拉斯基米尔，哈首任驻华大使阿乌埃佐夫，以及来自哈国内、吉尔吉斯斯坦等周边国家的高校校长、专家、学者、中资企业、媒体、学生等各界代表150多人参加研讨会。

会议主题：新丝绸之路——持续发展与共同繁荣之路。

“丝绸之路经济带发展中国家创新合作论坛”与“科技部发展中国技术培训班联谊活动”在兰州大学举行

会议时间：2015年7月6日至7日

会议地点：兰州市

承办单位：科技厅

协办单位：兰州大学

参与人员：来自巴基斯坦、摩洛哥、柬埔寨、哈萨克斯坦、乌兹别克斯坦、老挝、伊朗、孟加拉、尼日利亚等17个发展中国家的共44名海外专家及国际学员参加了本次论坛与活动。

会议主题：论坛期间，龙瑞军教授、AHMED Monzur Morshed、Pr. Karima SELMAOUI等10人分别做了有关“一带一路”建设的报告。

“2015中韩丝绸之路带药用植物资源综合开发与可持续利用研讨会”在兰州大学召开

会议时间：2015年7月6日至7日

会议地点：兰州市

主办单位：兰州大学

参会人员：中韩专家、政府官员、企业代表以及兰州大学药学院师生参加了此次研讨会。

会议主题：丝绸之路带药用植物资源综合开发与可持续利用的科学研究、政策导向、设计规划、实施策略等问题。

首届西部丝绸之路骨科高峰论坛在兰举行

会议时间：2015年9月5日

会议地点：兰州市

主办单位：中国健康促进基金会、甘肃省医学会骨科学分会

承办单位：兰州大学第二医院骨科临床医学中心

参会人员：来自西部、中西部、华北、华南的700余名参会代表。

会议主题：此次会议是骨科医院发展的重要契机，为医院骨科临床医学中心向骨科医院的转变打下了基础，必将为将来的工作起到助力和推动作用。

兰州大学联合46所高校发起成立“一带一路”高校战略联盟

会议时间：2015年10月17日

会议地点：敦煌市

主办单位：甘肃省委宣传部

承办单位：兰州大学

参会人员：甘肃省副省长郝远，兰州大学校长王乘，甘肃省教育厅厅长王嘉毅出席研讨会。

会议主题：文化传承创新高端学术研讨会在敦煌市举行。会上，我校与复旦大学、四川大学和俄罗斯乌拉尔国立经济大学、韩国釜庆大学等46所高校发起成立“一带一路”高校战略联盟，共同发布《敦煌共识》。

第五届中国西部传媒与社会发展高层论坛在兰州大学召开

会议时间：2015年11月14日

会议地点：兰州市

主办单位：武汉大学媒体发展研究中心、中国西部传媒与社会发展研究院和兰州大学新闻与传播学院

承办单位：兰州大学新闻与传播学院

参会人员：来自中国人民大学、上海交通大学、厦门大学、中山大学、浙江大学等二十余所高等院校、科研院所的专家学者出席了本次论坛。

会议主题：丝绸之路经济带与华夏文明传播。

汇聚各方智慧　问诊甘肃发展

——“2015金城峰会”顺利召开

会议时间：2015年12月27日

会议地点：兰州市

主办单位：兰州大学管理学院、甘肃银行

参会人员：来自省内外的企业家、著名学者和政府官员500余人。

会议主题：“一带一路”战略中的甘肃：向西开放的机遇与挑战。

2016年：

中华医学会“泌尿外科腔镜一带一路行”首站走入兰州大学

会议时间：2016年5月28日

会议地点：兰州市

参会人员：会上，中国工程院院士、第二军医大学校长、中华医学会泌尿外科分会主委孙颖浩教授，中国工程院院士、中国医师协会泌尿外科分会名誉主委、北京大学第一医院名誉院长郭应禄教授做客“百年兰大·名家讲坛”并做精彩专题报告。还邀请了包括周利群、贺大林、李建兴等数位国内知名专家教授就腔镜泌尿外科及泌尿系结石诊疗的前沿和热点问题做精彩学术报告及手术演示。

会议主题：中华医学会“泌尿外科腔镜一带一路行”和“泌尿系结石培训基地”启动仪式暨学术论坛。

中国地质调查局与兰州大学签署《丝绸之路经济带地学协同发展战略合作协议》

会议时间：2016年8月15日至17日

会议地点：西安市

参会人员：来自国家发展和改革委员会、科技部、国土资源部、商务部、中国工程院以及国内地勘单位、高等院校、科研机构等的150多名专家学者出席会议。我校潘保田副校长和地质科学与矿产资源学院宋春晖副院长参加了这次会议。

会议主题：这次研讨会以“分析形势、构建平台、对接需求、信息服务”为主题，对接“一带一路”建设对地质工作的需求，研究推进“一带一路”地质调查国际合作的措施。

2016年会之“丝路·兰大”论坛：讲好丝路故事　推动“双一流”建设

会议时间：2016年8月20日

会议地点：北京市

主办单位：兰州大学北京校友会暨北京甘肃企业商会兰州大学工商分会

参会人员：兰州大学副校长曹红，兰州大学历史文化学院院长、敦煌研究所所长郑炳林，中国人民大学重阳金融研究院执行院长王文，中国劳动关系学院院长刘向兵，西安隆基集团代表钟宝申，中共中央联络部当代世界研究中心副主任金鑫等100余名兰大校友。

会议主题：追溯丝路与兰大的故事，探讨在“一带一路”政策下兰大的新机遇，并在论坛中提出了协助学校完善学科建设等有益建议。

“一带一路”高校联盟在敦煌召开主题论坛
联盟高校增至126所

会议时间：2016年9月18日

会议地点：敦煌市

主办单位：甘肃省委宣传部和省教育厅

承办单位：兰州大学、西北师范大学、甘肃中医药大学和甘肃政法学院

协办单位：敦煌市政府

参会人员：来自国内外110所大学的校长及学校代表280多人。

会议主题：共商沿线国家高等教育交流合作的“大计”。

首届敦煌文博会商学院院长论坛在敦煌举办

会议时间：2016年9月19日

会议地点：敦煌市

主办单位：兰州大学

参会人员：来自国内外28所高校的商学院院长。

会议主题：商学院与区域协同发展。与会商学院院长围绕“一带一路”倡议中的重大问题与重要对策、商学教育发展展望、文化创意产业与创新创业等议题展开讨论，内容涉及“一带一路”与宗教文化关系的历史反思及未来展望、“一带一路”战略和甘肃全面开放、展望商学教育的未来等。

首届丝绸之路文化传承与发展法治论坛在兰举行

会议时间：2016年9月23日

会议地点：兰州市

主办单位：甘肃省委宣传部、甘肃省政法委、甘肃省法学会

承办单位：兰州大学法学院

参会人员：论坛邀请了国内“一带一路”沿线省际法学会或副省级城市法学会、甘肃法律实务部门、文化行政主管部门、在兰法律院校等单位共计90余位法律工作者参会。

会议主题：文化产业发展的法治保障。

敦煌文博会“一带一路”与绿色发展论坛在兰州大学举办

会议时间：2016年9月26日

会议地点：兰州市

主办单位：甘肃省科学技术协会、甘肃省科技厅、中国科学院西北生态环境资源研究院、兰州大学、西北师范大学、甘肃省治理荒漠化基金会

参会人员：包括中国科学院院士、中国工程院院士在内的十余位国内外嘉宾受邀进行演讲。

会议主题：围绕“沙漠都江堰”到沙产业崛起的生态建设，系统论述了沙害、防沙、治沙、用沙等相关话题。

第四届中国计算机学会(CCF)大数据学术会议暨丝绸之路西北大数据高峰论坛在兰州召开

会议时间：2016年10月12日

会议地点：兰州市

主办单位：中国计算机学会

承办单位：中国计算机学会大数据专家委员会、兰州大学、兰州新区管委会

参会人员：专家学者、师生、企业界代表逾500人参加会议。

会议主题：与行业引领者相识互动，寻找最新技术方案，把握大数据未来。

南开大学校友会和兰州大学校友会联合举办“丝绸之路与古代中外物质文化”沙龙讲座

会议时间：2016年11月5日

会议地点：沈阳市

主办单位：南开大学辽宁校友会、兰州大学辽宁校友会

参会人员：南开大学辽宁校友和兰州大学辽宁校友。

2017年:

兰州大学共建第比利斯自由大学孔子学院举办第二届“中格经济贸易合作论坛”

会议时间:2017年1月24日

会议地点:格鲁吉亚第比利斯

参会人员:中国驻格鲁吉亚大使季雁池,第比利斯自由大学董事长本杜基泽、校长瓦列扎瓦,格鲁吉亚外交部亚非澳太司参赞阿契尔,中国驻格鲁吉亚大使馆商务参赞万连坡出席,格外交部、经济部、国家旅游局代表,中格高校经济专家,在格中资企业代表,孔子学院师生代表及当地媒体记者等近百人参加了论坛。

会议主题:两国共建“一带一路”开局良好,孔子学院凭借自身优势,将在“一带一路”经济带的建设上发挥重要作用。

“一带一路”微生物组国际论坛在兰州大学举行

会议时间:2017年4月14日至16日

会议地点:兰州市

主办单位:中国科学院微生物研究所、中国微生物学会环境微生物学专业委员会

承办单位:兰州大学生命科学学院、兰州大学细胞活动与逆境适应教育部重点实验室、甘肃省环境生物监测与修复重点实验室

参会人员:来自巴基斯坦、印度、尼泊尔、埃及、中国的120余位代表参加了本次论坛。

会议主题:“一带一路”与微生物组:启动区域合作先机,共赢未来发展。

“一带一路”建设“催生”中国内地高校“俄语热”

会议时间：2017年5月12日至15日

会议地点：兰州市

主办单位：中国俄语教学研究会、兰州大学、上海外语教育出版社

参会人员：来自全国60多所高校的外语学院院长、俄语系主任及俄语专业负责人参加。

会议主题：随着“一带一路”建设的推进，现今中国多所高校开始新建俄语专业，甚至还有一些中学将俄语作为高考外语语种来学习，迎来了学习俄语的“热潮”。

“丝路启航”兰州大学艺术学院2017届本科生毕业设计作品展暨产学研项目签约仪式举行

会议时间：2017年5月25日

会议地点：兰州市

主办单位：兰州大学

会议主题：“丝路启航”兰州大学艺术学院2017届本科生毕业设计作品展暨产学研项目签约仪式在甘肃画院举行。

兰州大学共建孔子学院三方联席会议在塔什干孔子学院举行

会议时间：2017年5月26日至29日

会议地点：塔什干

参会人员：孔子学院中外方理事出席会议。

会议主题：进行了联席会议开幕式、联席会议全体会议以及塔什干孔子学院理事会议和哈萨克国立民族大学孔子学院理事会议。

“一带一路”国际绿色化学高端论坛在兰州大学召开

会议时间：2017年7月14至16日

会议地点：兰州

主办单位：兰州大学功能有机分子化学国家重点实验室

参会人员：来自美国、加拿大、英国、荷兰、瑞士、新加坡等国家以及国内各大高校与研究所共计一百多名绿色化学领域的专家学者参加了本次盛会。

会议主题：绿色化学的前沿与机遇及化学的可持续发展。

“一带一路”高校联盟 2017大学校长论坛成功举行

会议时间：2017年9月20日

会议地点：敦煌市

主办单位：甘肃省人民政府

承办单位：兰州大学和甘肃省教育厅

参会人员：甘肃省副省长、省政协副主席郝远，兰州大学校长王乘，教育部国际合作与交流司副司长王慧，甘肃省教育厅厅长、省高校工委书记王海燕及副厅长徐宏伟，我校作为主请单位邀请的10余个国家和地区的27所国内外高校的60多名校长、专家出席论坛。

会议主题：围绕“开放、交流、发展——强化‘一带一路’高校联盟，助推一流大学建设”展开对话交流。论坛期间，在郝远、王慧和王海燕以及所有参会代表的共同见证下，兰州大学分别与澳大利亚迪肯大学、埃及亚历山大大学签署了校际合作协议。

兰州大学组织“丝绸之路”中国政府奖学金生与导师见面会

会议时间：2017年9月26日

会议地点：兰州市

主办单位：兰州大学

参会人员：兰州大学副校长安黎哲、省科技厅国际合作处处长欧阳春光、兰州大学国际文化交流学院院长孟兴民参加见面会。生命科学学院微生物学方向全体导师及2017年新录取的“丝绸之路”中国政府奖学金生参加了此次见面会。

“一带一路”国际商学教育论坛在敦煌举办

会议时间：2017年9月27日

会议地点：敦煌市

主办单位：兰州大学、甘肃省人民政府外事办公室、敦煌市人民政府

参会人员：来自“一带一路”沿线国家和国内一流大学商学院（管理学院）院长、著名学者，政府、企业界的重要嘉宾，以及相关商学教育和国际认证组织负责人近百人与会。

会议主题：携手推进“一带一路”建设，商学教育的新挑战与新使命。

在这里，感知中国——兰州大学国际文化交流学院承办"感知中国——丝绸之路新体验"留学生主题社会体验活动

会议时间：2017年9月29日至30日

主办单位：国家留学基金管理委员会

承办单位：兰州大学国际文化交流学院

参会人员：此次活动由兰州大学、兰州交通大学、兰州理工大学和西北师范大学四所学校的中国政府奖学金留学生共同参与，参加师生共计96人。

会议主题：本次主题社会体验活动以全角度、多层次的方式给留学生们以深度了解中国、体验中国和感知中国的机会，促进了不同学校间留学生的交流与学习，加深了留学生知华、友华、爱华的情感基础。

兰州大学第二医院举办“2017丝绸之路妇科微创新技术及第四届盆底重建高峰论坛”

会议时间：2017年10月21日至27日

会议地点：兰州市

主办单位：甘肃省医学会、甘肃省医学会妇科专业委员会、甘肃省医学会妇科肿瘤专业委员会、兰州大学第二医院妇产科学系

承办单位：兰州大学第二医院妇科

参会人员：国内著名妇产科临床医学专家以及全省各地、市（州）、县医院妇产科同道200余人参加了本次大会。

会议主题：2017丝绸之路妇科微创新技术及第四届盆底重建高峰论坛、第七期宫腹腔镜培训班和兰州大学第二医院妇产科专科联盟启动仪式。

兰州大学举办首届“丝路杯”文化创意大赛暨丝绸之路文化创意论坛

会议时间：2017年11月24日

会议地点：兰州大学文学院、兰州大学丝绸之路文化创意教育基地

参会人员：兰州大学副校长曹红，北京大学文化产业研究院副院长向勇，嘉乐中国执行董事奚天龙，北大青鸟音乐集团总裁许晓峰，中央财经大学文化产业系系主任周正兵，以及兰州大学教务处、团委、艺术学院、文学院负责人参加了开幕式。

会议主题：兰州大学首届“丝路杯”文化创意大赛决赛暨丝绸之路文化创意论坛。

丝绸之路中外艺术交流学术会议在兰州大学举行

会议时间：2017年12月9日

会议地点：兰州市

主办单位：兰州大学文学院

参会人员：教育部“长江学者”、中华美学学会副会长、浙江师范大学人文学院张法教授，甘肃省文物局局长马玉萍研究员，来自中国艺术研究院、上海大学、东华大学、新疆师范大学、兰州财经大学、四川文化产业职业学院、天水麦积山石窟艺术研究所等机构的课题组成员，西北师范大学文学院、兰州大学文学院、艺术学院的部分师生参加了论坛。

会议主题：丝绸之路中外艺术交流。

沈阳市委教科工委来校调研“一带一路”高校联盟工作

会议时间：2017年12月12日

会议地点：兰州市

参会人员：甘肃省教育厅国际合作与交流处处长王筱亭、甘肃省高校工委党建处处长李常锋，学校国际处、机关党委、社科处负责人参加调研。

会议主题：沈阳市委教科工委常务副书记齐舒一行3人来兰州大学调研“一带一路”高校联盟有关工作。

第六部分　国际交流

中亚研究所所长杨恕访问土库曼斯坦

印度驻华大使康特访问兰州大学

『世界丝绸之路大学联盟』活动

亚欧主流媒体考察团访问兰州大学

2013年：

学校领导会见
肯尼亚农业大学Otieno副校长一行

时间：2013年10月15日至18日

主题：肯尼亚农业大学（Jomo Kenyatta University of Agriculture and Technology，JKUAT）常务副校长Romanus Odhiambo Otieno教授一行4人前来参加由我校举办的“2013年气候变化下干旱农业和生态系统可持续性大会”。10月17日上午，副校长景涛在科学馆贵宾室会见了Otieno副校长一行。国际合作与交流处、生命科学学院干旱农业生态研究所相关负责人陪同会见。

我校共建孔子学院
在格鲁吉亚举办武术散打锦标赛

时间：2013年11月23日

主题：我校共建第比利斯自由大学孔子学院与格鲁吉亚武术协会联合主办的格鲁吉亚“孔子学院杯”第六届武术散打锦标赛在第比利斯开幕。来自格鲁吉亚和伊朗的50余名优秀武术散打选手参加了比赛。我国驻格鲁吉亚大使岳斌、政务参赞邓浩，格鲁吉亚体育与青年事务部部长基皮亚尼以及格武术协会各地分会负责人出席开幕式并观看了比赛。比赛吸引了当地数百名大、中、小学师生及体育爱好者到场观看。

中亚研究所所长杨恕访问土库曼斯坦

时间：2013年11月14日至16日

主题：我校中亚研究所所长杨恕教授代表教育部出席了土库曼斯坦“幸福强盛时代完善教育系统的现代方法”国际会议，并在会议上做了题为“中国教育现代化的成就和途径”的报告。

杨恕教授应邀参加哈萨克斯坦共和国独立22周年招待会

时间：2013年12月11日

主题：应哈萨克斯坦驻华大使努尔兰·叶尔梅克巴耶夫及夫人邀请，我校中亚研究所所长杨恕教授参加了哈萨克斯坦共和国独立22周年招待会。在招待会上，杨恕与哈使馆公使衔参赞（职位仅次于大使）艾达尔·阿比舍夫及哈铁路总公司驻华首席代表阿曼亲切会面。

2014年：

王乘校长会见塔吉克斯坦外交部副部长佐西多夫一行

时间：2014年5月26日

地点：兰州市

主题：王乘校长在科学馆贵宾室会见了塔吉克斯坦外交部副部长佐西多夫一行。

王乘校长会见吉尔吉斯斯坦外交学院院长阿伊特特穆尔扎耶夫

时间：2014年7月8日

地点：兰州市

主题：吉尔吉斯斯坦外交学院院长阿伊特特穆尔扎耶夫应邀来校访问，王乘校长在科学馆贵宾室会见了来宾。

2014年两岸四地青年牵手丝绸之路行在兰州大学启动

时间：2014年7月22日

地点：兰州市

主办单位：中国华夏文化遗产基金会、兰州大学

参与人员：邀请香港、澳门、台湾与大陆12所高校100名师生携手重走丝绸之路，体验华夏文明。

主题：活动以“牵手丝绸之路　传承华夏文明”为主题。

王乘校长会见印度苏里尼大学校长P.K.Khosla教授及夫人并签署校级合作备忘录

时间：2014年8月25日

地点：兰州市

主题：王乘校长在科学馆贵宾室会见来我校访问的印度苏里尼大学（Shoolini University）校长P. K. Khosla教授及夫人，并签署校级合作备忘录。国际合作与交流处、科研处负责人，生命科学学院教授陪同会见。

王乘校长率团访问哈萨克斯坦等国高校

时间：2014年9月24日至29日

地点：哈萨克斯坦阿里·法拉比国立民族大学、哈萨克斯坦萨特巴耶夫国立技术大学和吉尔吉斯斯坦斯科梁比纳国立农业大学、奥什阿德舍夫理工大学和吉尔吉斯斯坦外交学院。

参与人员：王乘校长、国际合作与交流处、资源环境学院、地质科学与矿产资源学院、国际文化交流学院相关负责人一行6人。

访问哈萨克斯坦阿里·法拉比国立民族大学

访问哈萨克斯坦民族大学孔子学院

访问哈萨克斯坦萨特巴耶夫国立技术大学

访问吉尔吉斯斯坦国立农业大学

访问吉尔吉斯斯坦外交学院

参加“文明对话”世界公众论坛（罗德岛论坛）第12届年会并主办中国圆桌会议“丝绸之路：文明对话的过去与未来”

时间：2014年9月25日至29日

地点：希腊罗德岛

参与人员：来自世界60多个国家和地区的400余名代表与会。

主题：中国宋庆龄基金会组织由兰州大学学者以及基金会和媒体代表等15位成员组成中国代表团，在本届论坛上主办中国主题圆桌会议“丝绸之路：文明对话的过去与未来”。

印度驻华大使康特访问兰州大学

时间：2014年11月2日

地点：兰州市

主题：印度驻华大使康特（H.E. Mr. Ashok K. Kantha）先生一行来校访问。

兰州大学地质工程学科师生
参加2014丝绸之路古遗址保护国际学术研讨会

时间：2014年10月8日至9日

地点：敦煌市

主办单位：敦煌研究院、国家古代壁画与土遗址保护工程技术研究中心、国际岩石力学学会古遗址保护专业委员会

参与人员：来自美国、日本、澳大利亚、英国、意大利、葡萄牙、巴基斯坦、埃及、秘鲁、中国等10多个国家和地区的180余名专家学者。

主题：与会专家学者围绕文化遗产管理、古代壁画与土遗址制作材料与工艺研究、古代壁画与土遗址病害机理研究、古遗址预防性保护研究、古遗址保护无损检测与评价、古遗址保护加固工程实例等议题展开了交流与讨论。

中亚研究所杨恕教授一行访问乌兹别克斯坦

时间：2014年11月12日

地点：塔什干

主题：中亚研究所杨恕、曾向红、朱永彪一行参加了由塔什干孔子学院举办的第十一届汉学暨“丝绸之路经济带”国际学术研讨会，分别做了题为“亚洲中部经济发展轴：区位优势及问题”“丝绸之路经济带与中乌合作”和“文化因素在丝绸之路经济带中的意义”的发言。塔什干东方大学校长马曼诺夫教授、中国驻乌兹别克斯坦大使孙立杰出席会议并致词。

中国驻格鲁吉亚大使馆为兰大共建第比利斯自由大学孔子学院师生举办“开放日”活动

时间：2014年11月17日

主题：中国驻格鲁吉亚大使馆为兰州大学共建格鲁吉亚第比利斯自由大学孔子学院师生举办“开放日”活动。岳斌大使、邓浩参赞以及孔子学院外方院长玛琳娜女士出席了活动，第比利斯国立大学、自由大学、国际关系大学、圣·安德里亚大学以及孔子学院的百余名汉语师生参加了此次活动。

2015年：

生命科学院干旱农业生态学课题组赴肯尼亚开展学术交流

时间：2015年1月30日至2月6日

主题：干旱农业生态研究所James F. Reynolds教授、李凤民教授、熊友才教授和叶建圣副教授赴肯尼亚开展土地退化综合研究与评估网络(ARID-net)——肯尼亚维多利亚湖流域案例分析研讨会，并作为主办方之一出席“生态系统退化、恢复生态学与水资源管理：从科学到社会经济综合发展”国际学术会议。

乌兹别克斯坦总统战略研究所原所长访问中亚研究所

时间：2015年4月17日

主题：乌兹别克斯坦总统战略研究所原所长、著名中亚问题专家拉菲克·沙穆鲁拉耶维奇·赛弗林及夫人访问兰州大学中亚研究所，并与中亚研究所研究人员进行了座谈。

文学院杨建军副教授应邀参加“丝绸之路经济带与中亚东干人”国际学术研讨会

时间：2015年5月9日至10日

地点：西安

主题：本次会议由吉尔吉斯斯坦国家科学院东干学汉学研究中心和陕西师范大学中国西部边疆研究院回族-东干学研究所共同举办。来自中亚国家、俄罗斯、德国、墨西哥以及国内各地东干学研究学者专家40余人参会。文学院杨建军副教授应邀参加会议，并在大会期间做了“中亚东干文学与中国回族文学”的专题报告。

学校领导参加“新丝绸之路大学联盟”成立仪式暨校长论坛

时间：2015年5月23日

地点：西安市

主办单位：西安交通大学

参与人员：来自丝绸之路经济带沿线22个国家和地区的政府官员、大学校长、专家学者、国内部分院校代表共200余人参加了此次活动。

哈萨克斯坦边防军司令季里马诺夫一行访问兰州大学

时间：2015年6月4日

主题：哈萨克斯坦边防军司令季里马诺夫一行访问兰州大学。潘保田副校长在科学馆贵宾室会见了来宾一行。中亚研究所所长杨恕教授、国际合作与交流处及兰州军区相关负责人参加了会见。

兰州银行杯首届“丝绸之路”国际大学生创新创业大赛暨甘肃省第六届大学生创新创业大赛启动仪式在兰州大学举行

时间：2015年6月18日

地点：兰州市

主办单位：省科技厅、教育厅、人社厅、商务厅、外事办、团省委

协办单位：兰州大学国家大学科技园、兰州大学国际文化交流学院

参与人员：科技部高新司巡视员耿战修、省政府副秘书长俞建宁，兰州大学校长王乘，副校长安黎哲、高新才出席了仪式。大赛各主办、承办、协办单位代表，在兰高校领导和参赛创业团队参加了仪式。

主题：成就创业梦想、培育西部创客、再铸丝路辉煌

兰州大学与巴基斯坦农业研究理事会联合筹建“中国兰州大学—巴基斯坦农业研究理事会丝绸之路生态循环农业研究发展中心”

时间：2015年6月28日

地点：巴基斯坦伊斯兰堡

参与人员：PARC主席Iftikhar Ahmad博士，巴基斯坦国家农业研究中心主任Mohammad Azeem Khan博士以及其他二十余名高级官员和专家参加了会谈。

主题：兰州大学科研处处长龙瑞军教授一行访问了巴基斯坦农业研究理事会（PARC），就兰州大学与PARC筹建“中国兰州大学—巴基斯坦农业研究理事会丝绸之路生态循环农业研究发展中心”进行协商。

兰州大学参加“世界丝绸之路大学联盟”活动

时间：2015年8月21至23日

地点：韩国庆州市

发起单位：韩国外国语大学和庆尚北道公署

参与人员：中国、韩国、日本、蒙古、印度、越南、缅甸、斯里兰卡、哈萨克斯坦、乌兹别克斯坦、伊朗、阿拉伯联合酋长国、阿曼、土耳其、希腊、美国、俄罗斯、波兰、埃及等二十余国大学校长及学者参加了本次会议。

主题：以复兴丝路精神为主旨。

亚欧主流媒体考察团访问兰州大学

时间：2015年9月16日

主题：来自俄罗斯、哈萨克斯坦、吉尔吉斯斯坦、乌兹别克斯坦、塔吉克斯坦、乌克兰、白俄罗斯、阿塞拜疆等8个“一带一路”沿线国家主流媒体负责人、资深编辑、记者一行16人访问兰州大学。

两岸媒体"一带一路"(甘肃)联合采访团访问兰州大学

2015年10月13日，由中央人民广播电台组织的两岸媒体“一带一路”（甘肃）联合采访团一行22人参观访问我校敦煌学研究所。

兰州大学拓展与“一带一路”高校及科研机构合作交流

时间：2015年9月22日至10月1日

参与人员：国际合作与交流处、生命科学学院、医学院及图书馆相关负责人陪同出访。

主题：为进一步拓展和深化兰州大学与“一带一路”相关高校及科研机构的合作交流，王乘校长应邀率团对马达加斯加、肯尼亚、巴基斯坦三国的合作院校及科研机构进行工作访问。

王乘与拉马诺埃里纳分别代表两校签署了《兰州大学—塔那那利佛大学合作备忘录》。

在马达加斯加国防部，国防部部长多米尼克·奥利维耶·拉库图扎菲会见了王乘一行。

王乘会见了肯尼亚东南大学校长 Geoffery Muluvi 教授，并签署了《兰州大学—肯尼亚东南大学合作备忘录》。

在巴基斯坦科学基金委员会（PSF），王乘会见了委员会主席、第三世界科学院院士、我校荣誉教授Muhammad Ashraf教授等，双方就学术合作、学生交流、人才培养等工作进行了广泛深入的交流。在合作备忘录的签约仪式上，包括巴基斯坦科技部部长Rana Tanveer Hussain、秘书长Fazal Abbas Mekan在内的200余位嘉宾出席仪式。

在巴基斯坦农业研究理事会，王乘与理事会主席Nadeem Amjad教授、秘书长Munir Ahmad教授等进行了会谈，Munir Ahmad签署了《合作备忘录》。

在巴基斯坦古艾得-阿赞姆大学，王乘会见了该校校长Javed Ashraf教授、研究创新和商业化办公室主任Shahid Hameed教授等。王乘表示希望与古艾得-阿赞姆大学在物理、化学、伊斯兰文化等领域开展合作，推动友好关系不断向前发展。会谈后，双方签署了《兰州大学—古艾得-阿赞姆大学合作备忘录》。

“一带一路”战略与汉语国际传播研究暨第四届汉语国际传播学术研讨会在津举行

时间：2015年10月31日

主题：“一带一路”战略与汉语国际传播研究暨第四届汉语国际传播学术研讨会在天津大学举行。本次研讨会由中国语文现代化学会汉语国际传播研究分会主办、天津大学国际教育学院承办、南开大学汉语文化学院和外语教学与研究出版社协办。来自全国40余所高校和相关科研机构的140余名专家和教师参加了研讨。文学院副院长李利芳和曾芳老师应邀参加了会议。

中亚国家智库学者考察团一行访问兰州大学

时间：2015年11月25日

主题：由哈萨克斯坦、吉尔吉斯斯坦、乌兹别克斯坦、塔吉克斯坦四国知名学者组成的中亚国家智库学者考察团一行12人访问兰州大学，王乘校长在科学馆贵宾室会见了来宾一行。中联部研究室三秘陈曦，甘肃省外办副主任张宝军，我校副校长潘保田，经济学院、外国语学院及国际合作与交流处负责人陪同会见。中亚国家智库学者考察团一行与我校中亚研究所研究团队进行了深入的交流。

2016年：

兰州大学—香港大学举行2016年敦煌丝绸之路历史与文化考察课程

时间：2016年3月3日至13日

地点：兰州市

主办单位：兰州大学港澳台事务办公室

承办单位：兰州大学敦煌学研究所

参与人员：兰州大学师生和香港大学师生共同组成，其中有来自香港大学的师生61人。

主题：2016年敦煌丝绸之路历史与文化考察课程。

巴基斯坦COMSATS信息技术学院萨希瓦尔校区主任Abdul Waheed教授一行访问兰州大学

时间：2016年4月4日至7日

主题：巴基斯坦COMSATS信息技术学院萨希瓦尔校区主任Abdul Waheed教授一行访问兰州大学。4月6日，兰州大学副校长潘保田在科学馆贵宾室会见了Waheed教授一行，并代表学校向Waheed教授颁发了客座教授聘书。国际合作与交流处、草地农业科技学院相关负责人陪同会见。

兰州大学“科技部中巴生物质能源技术研发与示范联合中心”项目组赴巴基斯坦商讨联合中心建设事宜

时间：2016年4月23日至25日

主题：应巴基斯坦农业研究理事会（Pakistan Agricultural Research Council，简称PARC）邀请，受兰州大学“科技部中巴生物质能源技术研发与示范联合中心”科技援外项目负责人安黎哲教授委托，我校生命科学学院李祥锴教授一行赴巴基斯坦伊斯兰堡访问PARC，就中巴生物质能源技术研发与示范联合中心建设事宜进行了磋商。

兰州大学共建哈萨克民族大学孔子学院中方教师获得中国驻阿拉木图总领馆嘉奖

时间：2016年5月26日

主题：中国驻阿拉木图总领事张伟会见到访的兰州大学副校长潘保田一行，其间向兰州大学共建的哈萨克民族大学孔子学院中方院长王政、中方教师史会洲颁发奖状，以表彰二人为推动哈萨克斯坦汉语教学、宣传中国文化、促进中哈两国人文交流与合作做出的突出贡献。

王乘校长应邀访问欧洲和“一带一路”沿线高校及科研机构

时间：2016年6月17日至24日

地点：法国巴黎南大学（University Paris Sud），世界卫生组织癌症机构（IARC），俄罗斯圣彼得堡信息技术、机械和光学大学（ITMO University）、俄罗斯科学院东方文献研究所（The Institute of Oriental Studies），喀山联邦大学（KFU）

参与人员：兰州大学国际合作与交流处、第一医院、化学化工学院、药学院有关负责人陪同出访。

主题：王乘与S. Retailleau代表两校签订《兰州大学—巴黎南大学学生交流合作协议》、与弗拉基米尔·瓦西里代表两校签订《兰州大学—圣彼得堡信息技术、机械与光学大学校际合作协议》等。

两岸学生牵手丝绸之路行活动启动
探寻古今文明

时间：2016年7月16日

地点：兰州市

参与人员：来自海峡两岸15所高校的45名青年学子。

主题：十二届海峡两岸学子牵手丝绸之路行活动暨兰州大学赴丝路探寻古今文明暑期社会实践团出征，开展学术研讨与交流、探寻丝绸之路魅力文化。

兰州大学教师参加“一带一路”
背景下民族文化传承与创新全国学术研讨会

时间：2016年7月8日至10日

地点：兰州市

主办单位：甘肃省文化发展学会与甘肃民族师范学院

协办单位：甘肃省黄河文化研究会与兰州大学西部文化发展研究中心

参与人员：相关研究领域的五十多名专家学者参加会议。

主题：与会代表围绕“民族地区文化发展如何融入‘一带一路’战略”“民族地区文化产业发展”“藏羌彝文化产业走廊建设中的甘南文化”“民族地区非物质文化遗产的保护与传承”“民族文献的抢救、整理与研究”“民族文化高层次研究人才的培养”等议题进行了热烈的分会场研讨。

兰州大学大气科学学院黄建平教授率团参加第三届亚洲沙尘暴及环境变迁国际学术研讨会

时间：2016年8月7日至13日

主题：应蒙古国立气象水文环境研究所所长S. Khudulmur研究员邀请，黄建平教授率三名青年教师赴蒙古乌兰巴托参加第三届亚洲沙尘暴与环境变迁国际学术研讨会。此次会议由蒙古国立气象水文环境研究所、日本名古屋大学、中国兰州大学共同举办，会议主题是探讨戈壁、塔克拉玛干沙漠及蒙古干旱区等亚洲主要沙尘源区产生的沙尘暴及其对环境变迁影响机制，并总结相关重大研究问题的研究进展。参会人员主要是来自蒙古、中国、日本、美国和德国等多个国家高校、科研院所的100余名学者。黄建平教授做了题为"Comparison of Optical Properties Between Pure and Anthropogenic Dust Measurement by Ground-Based Lidar"的特邀报告。

2016年哈萨克斯坦本土汉语教师培训班在兰州大学举办

时间：2016年8月8日至21日

承办单位：兰州大学国际文化交流学院

参与人员：来自哈萨克斯坦阿里·法拉比国立民族大学、欧亚大学以及阿拉木图中学的14名本土汉语教师参加了为期半个月的教学培训。

两岸学子跋山涉水共探古丝路历史文化遗产

时间：2016年8月9日

地点：兰州市

主办单位：兰州大学历史文化学院

参与人员：海峡两岸15所高校近50名师生。

主题：第三届“海峡两岸文化遗产友好使者研习营”，共同参访丝绸之路历史文化遗产、体验少数民族风情、参加世界遗产志愿服务、交流青年志愿服务理念。

2016澳门优秀大学生一带一路兰州青海学习交流团来访兰州大学

时间：2016年8月18日

地点：兰州市

主办单位：兰州大学

参与人员：“2016澳门优秀大学生一带一路兰州青海学习交流团”一行90人。

兰州大学携手香港大学生访问丝绸之路民族社区

时间：2016年8月28日

地点：兰州市

主办单位：兰州大学

参与人员：36名来自香港城市大学和兰州大学、西北民族大学的高校营员。

塔什干孔子学院再次受邀参加乌兹别克斯坦国际教育展

时间：2016年11月3日至5日

地点：塔什干

主题：塔什干孔子学院再次应邀参加乌兹别克斯坦国际教育展。此次国际教育展在塔什干青年宫举行，由乌兹别克斯坦高教部、乌对外经济投资贸易部主办，由英国文化委员会赞助协办。

学校领导率“中巴经济走廊”研究团队访问巴基斯坦高校

时间：2016年11月

参与人员：兰州大学丝绸之路经济带研究中心、“中巴经济走廊建设系列研究”课题组一行10人在副校长高新才教授的带领下访问巴基斯坦的六所大学。

主题：代表团应邀访问了巴基斯坦科学基金委、真纳大学、费萨尔巴德政府女子大学、扎卡里亚大学、拉合尔政府学院大学、旁遮普大学和萨果达大学，参加了在旁遮普大学举办的中巴经济走廊国际研讨会，和在萨果达大学举办的第四届国际小麦学术研讨会。来自我校经济学院、历史文化学院、管理学院、哲学社会学院、草地农业生态系统国家重点实验室和资产处的相关人员围绕中巴经济走廊建设，就事先拟订的研究议题同巴方专家展开了深入的交流。

中国日报记者探访“一带一路”上的孔子学院

时间：2016年12月4日

地点：塔什干

主题：中国日报记者探访了位于乌兹别克斯坦的两所孔子学院——塔什干东方学院孔子学院和撒马尔罕外国语大学孔子学院，看看这个古丝绸之路国家是如何爱上中国文化的。

2017年:

兰州大学共建第比利斯自由大学孔子学院举办"丝绸之路经济带"建设专题知识讲座

时间：2017年1月24日

主题：兰州大学共建第比利斯自由大学孔子学院举办了题为"丝绸之路经济带建设中的贸易与产业合作"的专题知识讲座。我校经济学教授汪晓文受邀主讲。汪晓文以"丝绸之路经济带"为主线，讲述了"丝绸之路经济带"的基本内涵、建设"丝绸之路经济带"的国际战略意义、贸易合作基础及产业合作基础等方面，并针对"丝绸之路经济带"背景下如何加强贸易与产业合作提出了建设性的对策。

兰州大学共建哈萨克民族大学孔子学院赴哈萨克国立儿童图书馆做中国文化讲座

时间：2017年2月16日

地点：哈萨克斯坦

参与人员：国立儿童图书馆外国文学部负责人古丽江主持本次活动，小学6至9年级的小学生参与该讲座。

主题：哈萨克国立儿童图书馆举办了哈萨克斯坦的中国年暨中国春节系列活动。

巴基斯坦农业研究理事会 Yusuf Zafar教授访问兰州大学

时间：2017年4月13日至17日

主题：应兰州大学安黎哲教授邀请，巴基斯坦农业研究理事会（PARC）Yusuf Zafar教授访问兰州大学。4月15日，王乘校长会见了Yusuf Zafar教授。国际合作与交流处、生命科学学院的相关人员参加了会见。Yusuf Zafar教授参加了在我校举办的“一带一路”微生物组国际论坛，介绍了巴基斯坦的农业在“一带一路”中的发展前景。

首届"一带一路"国际音乐文化学术交流音乐会系列活动——兰州大学艺术学院、俄罗斯华人艺术家协会学术交流音乐会举行

时间：2017年5月12日至13日

地点：兰州市

主办单位：兰州大学艺术学院

主题：举办了首届"一带一路"国际音乐文化学术交流音乐会系列活动——兰州大学艺术学院、俄罗斯华人艺术家协会学术交流音乐会。

“一带一路”音乐大师之夜——圣彼得堡国立音乐学院著名音乐家走进兰州音乐会圆满落幕

时间：2017年6月2日

主办单位：中共甘肃省委宣传部、兰州大学、甘肃省文化厅、甘肃省文学艺术界联合会

主题：“一带一路”音乐大师之夜——圣彼得堡国立音乐学院著名音乐家走进兰州音乐会于6月2日晚在兰州音乐厅拉开帷幕。“一带一路”音乐大师之夜音乐会以“和平、友谊”为主题。圣彼得堡国立音乐学院校长、圣彼得堡爱乐交响乐团功勋团体成员阿列克谢·瓦西里耶夫，圣彼得堡国立音乐学院室内歌唱艺术系主任、艺术学副博士、副教授、俄罗斯功勋艺术家荣誉获得者玛利亚·柳金科以及圣彼得堡国立音乐学院国际关系部主任、副教授丽贾娜·格拉祖诺夫娜携手兰州大学艺术学院音乐家为金城观众献上了一场经典高雅的音乐盛宴。

兰州大学共建第比利斯自由大学孔子学院助力"中格友谊日"暨中格建交25周年庆祝活动

时间：2017年6月9日

主题：兰州大学共建第比利斯自由大学孔子学院助力"中格友谊日"暨中格建交25周年庆祝活动。

兰州大学共建第比利斯自由大学孔子学院教师参加第比利斯第98公立学校汉语学习成果汇报演出

时间：2017年6月13日

主题：兰州大学共建第比利斯自由大学孔子学院教师参加第比利斯第98公立学校汉语学习成果汇报演出。

“汉语桥”世界大中学生中文比赛格鲁吉亚赛区决赛落幕

时间：2017年6月15日

主题：“汉语桥”世界大中学生中文比赛格鲁吉亚赛区决赛在我校共建第比利斯自由大学孔子学院举行。孔子学院师生、家长及汉语爱好者等百多人观看了比赛。

中乌企业家讲坛在塔什干孔子学院开讲

时间：2017年6月16日

主题：科瑞集团乌兹别克斯坦合资公司总经理王超应邀为来自孔子学院、东方学院等学校的近百名学生做了题为《“一带一路”倡议下中乌经贸发展的新机遇》的讲座。这是塔什干孔子学院结合丝绸之路经济带建设组织策划的首场“中乌企业家讲坛”讲座。

兰州大学共建塔什干孔子学院
设立首个汉语教学点

时间：2017年6月30日

主题：兰州大学共建塔什干孔子学院与乌兹别克斯坦国家武术协会签署协议，正式在该协会建立塔什干孔子学院乌兹别克斯坦国家武术协会汉语教学点。此为塔什干孔子学院拓展设立的首个院外汉语教学点。

乌兹别克斯坦经济部访华团一行来华培训

时间：2017年7月5日至18日

主题：兰州大学共建塔什干孔子学院组织的乌兹别克斯坦经济部合作管理与科教中心访华团来华培训。

“探索中国，放眼世界——京港陇大学生‘一带一路’领袖文化考察项目”举行

时间：2017年7月15日至29日

地点：北京、甘肃和香港

发起单位：兰州大学

举办单位：兰州大学与香港中文大学、清华大学联合举办

参与人员：三校师生共35人。

“一带一路”亚洲孔子学院联席会议在曼谷召开

时间：2017年9月8日至10日

地点：泰国曼谷

参加人员：来自“一带一路”沿线30个亚洲国家的77所孔子学院、部分中方合作院校以及泰国中资企业的约250余名代表出席了会议。我校孔子学院工作办公室副主任陶红参加了会议。

国家社科基金重大项目“丝绸之路中外艺术交流图志”课题组赴格鲁吉亚调研

时间：2017年9月27日至10月9日

主题：应格鲁吉亚开放教育大学邀请，以程金城教授为首席专家的国家社科基金重大项目“丝绸之路中外艺术交流图志”课题组成员赴格鲁吉亚开展课题调研与学术交流。

亚美尼亚文化部副部长阿列芙会见兰州大学国家社科基金重大项目“丝绸之路中外艺术交流图志”课题组成员

时间：2017年9月28日到10月2日

主题：应亚美尼亚文化部邀请，以兰州大学文学院程金城教授为首席专家的国家社科基金重大项目“丝绸之路中外艺术交流图志”课题组部分成员赴亚美尼亚开展课题调研与学术交流。亚美尼亚文化部副部长阿列芙女士会见了课题组，中国驻亚美尼亚使馆的郭宇参赞、亚美尼亚负责中国与亚美尼亚文化交流的安娜女士及该国负责非物质文化遗产保护的马卡琳女士等政府官员一同参加了会见。

兰州大学共建哈萨克国立民族大学孔子学院举办孔子学院日系列活动

时间：2017年9月30日

参加人员：孔子学院师生、中国留学生、阿拉木图中资机构及当地民众300多人参加了活动。

主题：兰州大学共建哈萨克国立民族大学孔子学院举办了孔子学院日系列活动。

乌克兰基辅大学客人来访兰州大学

时间：2017年10月20日至27日

主题：乌克兰基辅保利斯格林琴科大学（Kyiv Borys Grinchenko University）东方学系教授、汉学专家Rezanenko Volodymyr一行2人来访兰州大学。26日，副校长潘保田在科学馆贵宾室会见了代表团一行。国际合作与交流处、马克思主义学院和历史文化学院相关负责人陪同会见。

土木工程与力学学院谌文武教授等人赴尼泊尔进行世界文化遗产科学考察

时间：2017年11月16日至29日

地点：尼泊尔加德满都谷地

参与人员：兰州大学土木工程与力学学院谌文武教授、张景科副教授、王南博士研究生和李卷强硕士研究生四人。

主题：考察内容为尼泊尔2015年地震后加德满都谷地7处世界文化遗产震害特征及震后保护修复工作。

兰州大学“丝绸之路中外艺术交流图志”课题组赴俄罗斯开展调研

时间：2017年11月20日至29日

主题：以兰州大学文学院程金城教授为首席专家的国家社科重大项目“丝绸之路中外艺术交流图志”课题组一行赴俄罗斯开展调研，课题组一行参观了莫斯科特列季亚科夫美术馆、普希金造型艺术博物馆、东方艺术博物馆、俄罗斯国家历史博物馆、克里姆林宫博物馆、圣彼得堡国立艾尔米塔什博物馆等，访问了俄罗斯圣彼得堡施蒂格利茨国立艺术设计学院，并与当地部分丝绸之路艺术研究专家及学者进行了学术交流。

第七部分 大事记

国家科技支撑计划『丝绸之路文化溯源展示系统技术集成与应用』获准立项

『丝绸之路考古与历史』国际学术会议在兰州大学举行

兰州大学校领导参加『新丝绸之路大学联盟』成立仪式暨校长论坛

2013年

2013年3月29日，由兰州大学“长江学者”特聘教授郑炳林主持的，由甘肃万维信息技术有限责任公司、兰州大学敦煌学研究所、兰州大学信息科学与工程学院联合承担的国家科技支撑计划“丝绸之路文化溯源展示系统技术集成与应用”获准立项（项目编号：2013BAH40F00），经费支持845万人民币。

2013年5月6日，兰州大学历史文化学院院长、教育部人文社会科学重点研究基地兰州大学敦煌学研究所所长、“长江学者”郑炳林教授，兰州大学敦煌学研究所魏文斌教授应邀做客陇东大讲堂解析丝绸之路与陇东石窟文化，分别以“丝绸之路与敦煌文化”和“泾川大云寺遗址考古新发现”为题做了报告。历史文化学院师生及北石窟寺文物研究所研究人员120余人聆听了讲座。

2013年8月8日，由韩国庆尚北道东亚地方政府联合会和高丽大学民族文化学院主办、兰州大学敦煌学研究所协办的“敦煌和丝绸之路国际学术研讨会”在兰州大学召开。来自韩国、日本、英国、中国大陆及台湾地区的30余位专家学者参加了此次会议。本会议共收到学术论文20余篇，对丝绸之路、敦煌学、韩国汉学研究以及IDP（国际敦煌项目）等领域进行了交流讨论。

2013年10月15日至18日，肯尼亚农业大学（Jomo Kenyatta University of Agriculture and Technology, JKUAT）常务副校长Romanus Odhiambo Otieno教授一行4人前来参加由我校举办的“2013年气候变化下干旱农业和生态系统可持续性大会”。10月17日上午，副校长景涛在科学馆贵宾室会见了Otieno副校长一行。国际合作与交流处、生命科学学院干旱农业生态研究所相关负责人陪同会见。

2013年11月5日至11日，为了及时向乌兹别克斯坦师生宣传中国的对外政策，加深他们对作为联系中国与中亚纽带的丝绸之路的认识和了解，我校共建的塔什干孔子学院积极策划并推出的"丝绸之路"文化系列讲座于塔什干国立东方学院举办，约有200余师生到场聆听讲座。

2013年11月14日至16日，我校中亚研究所所长杨恕教授代表教育部出席了土库曼斯坦"幸福强盛时代完善教育系统的现代方法"国际会议，并在会议上做了题为"中国教育现代化的成就和途径"的报告。

2013年11月23日，我校共建第比利斯自由大学孔子学院与格鲁吉亚武术协会联合主办的格鲁吉亚"孔子学院杯"第六届武术散打锦标赛在第比利斯开幕。来自格鲁吉亚和伊朗的50余名优秀武术散打选手参加了比赛。我国驻格鲁吉亚大使岳斌、政务参赞邓浩，格鲁吉亚体育与青年事务部部长基皮亚尼以及格武术协会各地分会负责人出席开幕式并观看了比赛。

2013年12月11日，应哈萨克斯坦驻华大使努尔兰·叶尔梅克巴耶夫及夫人邀请，我校中亚研究所所长杨恕教授参加了哈萨克斯坦共和国独立22周年招待会。在招待会上，杨恕与哈使馆公使衔参赞（职位仅次于大使）艾达尔·阿比舍夫及哈铁路总公司驻华首席代表阿曼亲切会面。

2014年

2014年5月26日，王乘校长在兰州大学科学馆贵宾室会见了塔吉克斯坦外交部副部长佐西多夫一行。

2014年6月2—3日，由教育部人文社会科学重点研究基地兰州大学敦煌学研究所、兰州大学历史文化学院和瑞典乌普萨拉大学联合举办的"丝绸之路考古与历史"国际学术会议在兰州大学举行。兰州大学副校长潘保田出席会议。开幕式由兰州大学历史文化学院党委书记杨建文主持。会议上学者们就丝路文化和考古进行了热烈的讨论，"深入研究""加强合作"等关键词引起了中瑞学者的广泛共鸣。

2014年7月8日，吉尔吉斯斯坦外交学院院长阿伊特特穆尔扎耶夫应邀来兰州大学访问，王乘校长在科学馆贵宾室会见了来宾。

2014年7月22日，由中国华夏文化遗产基金会与兰州大学主办，信和财富投资管理（北京）有限公司协办的“2014年两岸四地青年牵手丝绸之路行”活动在兰州大学举行启动仪式，中国华夏文化遗产基金会会长耿莹、甘肃省政协副秘书长陈强、兰州大学副校长徐生诚等出席，启动仪式由兰州大学副校长曹红主持。本次活动邀请香港、澳门、台湾与大陆12所高校100名师生携手重走丝绸之路，体验华夏文明。

2014年7月18日，兰州大学达尔文协会开展主题为“牵手丝绸之路，筑梦绿色之行”的丝绸之路经济带生态环境调研活动。自7月18日起，兰州大学达尔文协会以“丝路客”为名，重走西北陆上丝绸之路，途径甘肃、陕西两省，在各个丝路的重要站点进行了为期二十天的生态调研和环保宣传。

2014年8月24日至25日，由兰州大学、中国宋庆龄基金会主办的“一带一路”文化圆桌会议在兰州举行。来自全球范围内20多个国家的百余位专家学者与会，探讨如何发挥民间组织与高校的作用，推进“一带一路”区域内国家间的交流与合作，为和平发展、交流互鉴、合作共赢凝聚共识和智慧。

2014年8月25日，王乘校长在科学馆贵宾室会见来我校访问的印度苏里尼大学（Shoolini University）校长P. K. Khosla教授及夫人，并签署校级合作备忘录。国际合作与交流处、科研处负责人，生命科学学院教授陪同会见。

2014年9月24日至29日，王乘校长率团访问哈萨克斯坦等国高校。王乘校长、国际合作与交流处、资源环境学院、地质科学与矿产资源学院、国际文化交流学院相关负责人一行6人访问哈萨克斯坦阿里·法拉比国立民族大学、哈萨克斯坦萨特巴耶夫国立技术大学和吉尔吉斯斯坦斯科梁比纳国立农业大学、奥什阿德舍夫理工大学和吉尔吉斯外交学院。

2014年9月25日至29日，来自世界60多个国家和地区的400余名代表参加“文明对话”世界公众论坛（罗德岛论坛）第12届年会。中国宋庆龄基金会组织由兰州大学学者以及基金会和媒体代表共15位成员组成的中国代表团参会，在本届论坛上还主办了中国主题圆桌会议“丝绸之路：文明对话的过去与未来”。

2014年10月10日，由甘肃省委宣传部主办，甘肃省教育厅和兰州大学承办的“敦煌论坛：丝绸之路文化的复兴”学术研讨会在兰州大学召开。来自美国、俄罗斯、德国、日本、吉尔吉斯斯坦等国家和地区的近40位专家学者，围绕“丝绸之路文化的复兴”主题展开深入研讨，以期增进丝绸之路沿线各国文明对话，促进民心相通，共谋和平发展。

2014年10月15日，由敦煌研究院、国家古代壁画与土遗址保护工程技术研究中心、国际岩石力学学会古遗址保护专业委员会联合主办的“敦煌论坛：2014丝绸之路古遗址保护国际学术研讨会”在甘肃敦煌举行。兰州大学地质工程学科师生参加了该研讨会，并与来自美国、日本、澳大利亚、英国、意大利、葡萄牙、巴基斯坦、埃及、秘鲁等10多个国家和地区的180余名专家学者一起交流和讨论了国内外古遗址研究保护方面的最新研究成果与保护实践，同时展望了古遗址保护未来发展的方向与趋势。

2014年10月27日，由孔子学院总部/国家汉办主办，兰州大学承办的亚洲部分孔子学院联席会议在兰州大学召开。来自哈萨克斯坦、吉尔吉斯斯坦、乌兹别克斯坦、塔吉克斯坦、格鲁吉亚、亚美尼亚和阿塞拜疆等7国的14所孔子学院的校长、中外方院长及10所中国大学的校领导参加了会议。旨在让中亚和外高加索地区孔子学院互相交流经验，群策群力，凝聚共识，促进孔子学院可持续发展。

2014年11月2日，印度驻华大使康特（H.E. Mr. Ashok K. Kantha）先生一行来兰州大学访问。

2014年11月12日，中亚研究所杨恕、曾向红、朱永彪一行参加了由塔什干孔子学院举办的第十一届汉学暨“丝绸之路经济带”国际学术研讨会,分别做了题为“亚洲中部经济发展轴：区位优势及问题”“丝绸之路经济带与中乌合作”和“文化因素在丝绸之路经济带中的意义”的发言。塔什干东方大学校长马曼诺夫教授、中国驻乌兹别克斯坦大使孙立杰出席会议并致词。

2014年11月17日，中国驻格鲁吉亚大使馆为兰州大学共建格鲁吉亚第比利斯自由大学孔子学院师生举办“开放日”活动。岳斌大使、邓浩参赞以及孔子学院外方院长玛琳娜女士出席了活动，第比利斯国立大学、自由大学、国际关系大学、圣·安德里亚大学以及孔子学院的百余名汉语师生参加了此次活动。

2014年12月5日至7日，中国人类学民族学研究会丝绸之路文化产业专业委员会成立大会暨“丝绸之路与民族文化发展”学术研讨会在中国社会科学院民族学与人类学研究所举行。杨文炯教授当选为中国人类学民族学研究会丝绸之路文化产业专业委员会副主任并做了《丝绸之路经济带-河湟民族走廊与西部民族文化产业发展》的主题报告。

2014年12月26日上午，甘肃省“丝绸之路经济带建设研究中心”揭牌仪式在兰州大学逸夫科学馆报告厅隆重举行。甘肃省委常委、宣传部部长连辑，兰州大学校长王乘，省委宣传部副巡视员赵延河，兰州大学副校长潘保田、高新才出席了揭牌仪式。甘肃省委宣传部有关处室负责人，兰州大学相关学科带头人、部分师生代表参加了揭牌活动。揭牌仪式由潘保田主持。

2014年12月28日，由甘肃省丝绸之路研究会主办的甘肃省丝绸之路研究会换届大会暨“丝绸之路与文化产业发展”学术研讨会在兰州大学召开。莅临本次大会的有西北师范大学副校长田澍教授、西北民族大学副校长李正元教授、兰州大学科研处处长龙瑞军教授以及省社科联、省民间组织管理局、省教育厅等方面的领导。

2015年

2015年1月30日至2月6日，干旱农业生态研究所James F. Reynolds教授、李凤民教授、熊友才教授和叶建圣副教授赴肯尼亚开展土地退化综合研究与评估网络（ARIDnet）——肯尼亚维多利亚湖流域案例分析研讨会，并作为主办方之一出席“生态系统退化、恢复生态学与水资源管理：从科学到社会经济综合发展”国际学术会议。

2015年4月17日，乌兹别克斯坦总统战略研究所原所长、著名中亚问题专家拉菲克·沙穆鲁拉耶维奇·赛弗林及夫人访问兰州大学中亚研究所，并与中亚研究所研究人员进行了座谈。

2015年5月9日至10日，文学院杨建军副教授应邀参加“丝绸之路经济带与中亚东干人”国际学术研讨会。本次会议由吉尔吉斯斯坦国家科学院东干学汉学研究中心和陕西师范大学中国西部边疆研究院回族-东干学研究所共同举办。来自中亚国家、俄罗斯、德国、墨西哥以及国内各地的东干学研究学者专家40余人参会。

2015年5月23日，兰州大学校领导参加“新丝绸之路大学联盟”成立仪式暨校长论坛。来自丝绸之路经济带沿线22个国家和地区的政府官员、大学校长、专家学者、国内部分院校代表共200余人参加了此次活动。

2015年6月4日，哈萨克斯坦边防军司令季里马诺夫一行访问兰州大学。潘保田副校长在科学馆贵宾室会见了来宾一行。中亚研究所所长杨恕教授、国际合作与交流处及兰州军区相关负责人参加了会见。

2015年6月15日，由兰州大学历史文化学院，甘肃省丝绸之路研究会，兰州大学博物馆联袂主办的“丝绸之路经济带建设与不同宗教的对话共处”学术研讨会在兰州大学举行。国家宗教事务局司长马劲，甘肃省宗教事务局局长丁军年，兰州大学国家级教学名师、甘肃省丝绸之路研究会会长王希隆教授分别在开幕式上致辞。兰州大学博物馆馆长张克非教授做了会议筹备情况的汇报。会议开幕式由兰州大学教授、甘肃省丝绸之路研究会常务副会长兼秘书长杨文炯主持。本次学术研讨会会期两天，共收到参会论文32篇，有30位专家学者做了大会主题发言。

2015年6月19日，由省科技厅、教育厅、人社厅、商务厅、外事办、团省委共同主办，兰州大学国家大学科技园等单位具体承办，兰州大学国际文化交流学院等单位协办的兰州银行杯首届“丝绸之路”国际大学生创新创业大赛暨甘肃省第六届大学生创新创业大赛启动仪式在兰州大学举行。科技部高新司巡视员耿战修、省政府副秘书长俞建宁，兰州大学校长王乘，副校长安黎哲、高新才出席了仪式。大赛各主办、承办、协办单位代表，在兰高校领导和参赛创业团队参加了仪式。仪式由大赛组委会主任、省科技厅副厅长巨有谦主持。

2015年6月24日，中国驻阿拉木图总领馆与哈萨克斯坦阿里·法拉比国立民族大学联合举办“新丝绸之路——持续发展与共同繁荣之路”国际研讨会。该研讨会由兰州大学共建孔子学院承办，驻阿拉木图总领事张伟，哈萨克斯坦阿里·法拉比国立民族大学校长穆塔诺夫，联合国公共信息局代表弗拉斯基米尔，哈首任驻华大使阿乌埃佐夫，以及来自哈国内、吉尔吉斯斯坦等周边国家的高校校长、专家、学者、中资企业、媒体、学生等各界代表等150多人参加研讨会。

2015年7月初，兰州大学赴武威市关于甘肃省实施“一带一路”向西开放战略调研暑期社会实践团成立，并于7月30日至8月9日实地考察了甘肃省首个海关特殊监督区——武威综合保税物流园区，通过问卷和结构式访谈的形式调查物流园区的运营情况及未来发展状况，探索如何建立校企合作新模式等。

2015年7月5日，为实施一带一路倡议，巩固和发展与巴基斯坦在技术创新、人才交流等方面的合作，应巴基斯坦农业研究理事会（Pakistan Agricultural Research Council，简称PARC）的邀请，兰州大学就与巴基斯坦农业研究理事会联合筹建“中国兰州大学—巴基斯坦农业研究理事会丝绸之路生态循环农业研究发展中心”进行协商。PARC主席Iftikhar Ahmad博士，巴基斯坦国家农业研究中心主任Mohammad Azeem Khan博士以及其他二十余名高级官员和专家参加了会谈。

2015年“七一”前夕，在即将开赴肯尼亚和巴基斯坦执行国际合作项目之际，生命科学学院驻“一带一路”党小组在天演楼召开了别开生面的党性原则研讨会。会议就如何在国外艰难环境下坚守党性原则、承担国家使命、开创前沿科学研究等交流思想，并展开了热烈讨论。会议由农业生态党支部书记杜彦磊主持，生命科学学院党委书记冯济骞、科技处重大项目办公室张东凯、榆中农技站农艺师李小燕和农技员熊良兵、课题组成员和学院相关支部的党员代表参加了会议。

2015年7月6—7日，由兰州大学主办，定西市科技局、甘肃东方天润玫瑰科技发展有限公司协办的“2015中韩丝绸之路带药用植物资源综合开发与可持续利用研讨会”（2015 China and South Korea Conference on the Comprehensive Development and Sustainable Utilization of Medicinal Plant Resources of the Silk Road）在兰州大学召开，副校长陈发虎代表兰州大学向会议表示祝贺，中韩专家、政府官员、企业代表以及兰州大学药学院师生参加了此次研讨会。此次会议意义重大并取得四项重要成果。

2015年7月14日，由省科技厅主办，省生产力促进中心承办，兰州大学协办的“丝绸之路经济带发展中国家创新合作论坛”与“科技部发展中国技术培训班联谊活动”在兰州大学举行。参加“北京科技政策与管理国际研修班”与参加兰州大学“发展中国家农业废弃物生物质能源转化培训班”的来自巴基斯坦、摩洛哥、柬埔寨、哈萨克斯坦、乌兹别克斯坦、老挝、柬埔寨、伊朗、孟加拉、尼日利亚等17个发展中国家的共44名海外专家及国际学员参加了本次论坛与活动。论坛期间，龙瑞军教授、Monzur Morshed Ahmed、Pr. Karima Selmaoul等10人分别做了有关“一带一路”建设的报告。

2015年8月7日，兰州大学管理学院青年志愿者协会赴甘肃省博物馆开展为期半个月的暑期社会实践，旨在鼓励同学们积极参与到传播丝路文化，宣扬"一带一路"有关政策的活动中，弘扬社会主义核心价值观。志愿者团队所有成员本着无私奉献的精神，时刻保持一个志愿者应有的精神风貌，以满怀的热情投入省博相关岗位的服务当中，并取得了良好实效。

2015年9月1日，兰州大学王乘校长应邀率兰州大学代表团赴韩国庆州市参加由韩国外国语大学和庆尚北道公署共同发起的"世界丝绸之路大学联盟"（the Silk-Road Universities Network，简称SUN）成立大会。中国、韩国、日本、蒙古、印度、越南、缅甸、斯里兰卡、哈萨克斯坦、乌兹别克斯坦、伊朗、阿拉伯联合酋长国、阿曼、土耳其、希腊、美国、俄罗斯、波兰、埃及等二十余国大学校长及学者参加了本次会议。

2015年9月6日，首届西部丝绸之路骨科高峰论坛暨2015年甘肃省骨科年会在兰州召开。会议由中国健康促进基金会、甘肃省医学会骨科学分会主办，兰州大学第二医院骨科临床医学中心承办，来自西部、中西部、华北、华南的700余名参会代表齐聚兰州进行学术交流。开幕式由甘肃省医学会骨科学分会主任委员、兰大二院骨科临床医学中心副主任夏亚一教授主持。此次论坛的召开恰逢兰大二院骨科医院成立之际，夏亚一表示，此次会议是骨科医院发展的重要契机，为医院骨科临床医学中心向骨科医院的转变打下了基础，必将为将来的工作起到助力和推动作用。

2015年9月16日，来自俄罗斯、哈萨克斯坦、吉尔吉斯斯坦、乌兹别克斯坦、塔吉克斯坦、乌克兰、白俄罗斯、阿塞拜疆等8个"一带一路"沿线国家的主流媒体负责人、资深编辑、记者一行16人访问兰州大学。

2015年9月22日至10月1日，兰州大学校长王乘应邀率团对马达加斯加、肯尼亚、巴基斯坦三国的合作院校及科研机构进行工作访问。国际合作与交流处、生命科学学院、医学院及图书馆相关负责人陪同出访。访问期间签署了《兰州大学—塔那那利佛大学合作备忘录》《兰州大学—肯尼亚农业大学学生交流协议》《兰州大学—肯尼亚东南大学合作备忘录》《兰州大学—古艾得-阿赞姆大学合作备忘录》等重要文件，进一步推动了"一带一路"高校及科研机构合作交流。

2015年10月8日，应兰州大学邀请，中国人民解放军国防大学训练部教学督导组专家、兰州大学兼职教授纪明葵将军在飞云楼报告厅为我校副处级以上领导干部做了题为《"一带一路"与中国外交转型新战略、新构想》的国防教育专题报告。校党委副书记李正元、郭琦，副校长曹红，校长助理范宝军出席报告会。报告会由曹红主持。

2015年10月14日，由中央人民广播电台组织的两岸媒体“一带一路”（甘肃）联合采访团一行22人参观访问兰州大学敦煌学研究所。采访团参观了敦煌学研究所的馆藏资料，重点参观了已藏的《敦煌石窟全集》《西域美术》《佛光大藏经》《中国敦煌学百年文库》《甘藏敦煌文献》等大型图书资料和其他外文资料。详细了解了图书购买途径、藏书数量以及与国内外相关学术机构资料交换和共享情况。敦煌研究所王晶波、魏文斌两位教授就敦煌文献和丝绸之路相关问题接受了采访。

2015年10月22日，由甘肃省委宣传部主办，兰州大学承办的文化传承创新高端学术研讨会在敦煌市举行。兰州大学与复旦大学、四川大学和俄罗斯乌拉尔国立经济大学、韩国釜庆大学等46所高校发起成立“‘一带一路’高校战略联盟”，共同发布《敦煌共识》。甘肃省副省长郝远，我校校长王乘，甘肃省教育厅厅长王嘉毅出席研讨会。

2015年10月31日，“一带一路”战略与汉语国际传播研究暨第四届汉语国际传播学术研讨会在天津大学举行。本次研讨会由中国语文现代化学会汉语国际传播研究分会主办、天津大学国际教育学院承办、南开大学汉语文化学院和外语教学与研究出版社协办。来自全国40余所高校和相关科研机构的140余名专家和教师参加了研讨。文学院副院长李利芳和曾芳老师应邀参加了会议。

2015年11月16日，由武汉大学媒体发展研究中心、中国西部传媒与社会发展研究院和兰州大学新闻与传播学院主办，兰州大学新闻与传播学院承办，人民日报社甘肃分社、甘肃省委对外宣传办公室协办的第五届中国西部传媒与社会发展高层论坛“丝绸之路经济带与华夏文明传播”在兰州大学本部逸夫科学馆报告厅举行。本次论坛分为六场分论坛，来自中国人民大学、上海交通大学、厦门大学、中山大学、浙江大学等二十余所高等院校、科研院所的专家学者出席了本次论坛。

2015年11月25日，由哈萨克斯坦、吉尔吉斯斯坦、乌兹别克斯坦、塔吉克斯坦四国知名学者组成的中亚国家智库学者考察团一行12人访问兰州大学，王乘校长在科学馆贵宾室会见了来宾一行。中联部研究室三秘陈曦，甘肃省外办副主任张宝军，我校副校长潘保田，经济学院、外国语学院及国际合作与交流处负责人陪同会见。中亚国家智库学者考察团一行与我校中亚研究所研究团队进行了深入的交流。

2015年12月30日，由兰州大学管理学院和甘肃银行主办的“2015金城峰会”在兰州举行，汇聚各方智慧，问诊甘肃发展。此次金城峰会以“‘一带一路’战略中的甘肃：向西开放的机遇与挑战”为主题，邀请来自省内外的企业家、著名学者和政府官员500余人集聚一堂，为甘肃在“一带一路”战略环境中如何发展建言献策。

2016年

2016年3月3日至13日，由兰州大学港澳台事务办公室主办，教育部人文社会科学重点研究基地兰州大学敦煌学研究所承办的“2016年敦煌丝绸之路历史与文化考察课程”活动举行。此次活动成员由兰州大学师生和香港大学师生共同组成，其中有来自香港大学的师生61人。活动主要围绕甘肃省丝绸之路沿线的历史遗迹进行考察和教学，参观了永靖炳灵寺、武威天梯山石窟、武威文庙、西夏博物馆、罗什寺塔、张掖大佛寺、高台县博物馆、雷台汉墓、张掖马蹄寺石窟、敦煌莫高窟、阳关、玉门关、河仓城、鸣沙山、月牙泉等历史文化遗迹。

2016年4月4日至7日，巴基斯坦COMSATS信息技术学院萨希瓦尔校区主任Abdul Waheed教授一行访问兰州大学。4月6日，兰州大学副校长潘保田在科学馆贵宾室会见了Waheed教授一行，并代表学校向Waheed教授颁发了客座教授聘书。国际合作与交流处、草地农业科技学院相关负责人陪同会见。

2016年4月23日至25日，应巴基斯坦农业研究理事会（Pakistan Agricultural Research Council，简称PARC）的邀请，受兰州大学“科技部中巴生物质能源技术研发与示范联合中心”科技援外项目负责人安黎哲教授委托，我校生命科学学院李祥锴教授一行赴巴基斯坦伊斯兰堡访问PARC，就中巴生物质能源技术研发与示范联合中心建设事宜进行了磋商。

2016年5月25日至26日，兰州大学国际文化交流学院17名留学生由王珊带队应邀参加了由留学基金委主办、兰州理工大学组织的“感知中国——行丝路品中华”活动。本次活动为期两天，共有来自两校的76名学生参加。活动期间，留学生实地参观了武山北顺村、武山蔬菜产业示范园区、水帘洞景区，亲身参与、体验、感受了西部地区“三农”巨大的发展与变化。

2016年5月26日，中国驻阿拉木图总领事张伟会见到访的兰州大学副校长潘保田一行，其间向兰州大学共建的哈萨克民族大学孔子学院中方院长王政、中方教师史会洲颁发奖状，以表彰二人为推动哈萨克斯坦汉语教学、宣传中国文化、促进中哈两国人文交流与合作做出的突出贡献。

2016年6月6日，中华医学会“泌尿外科腔镜一带一路行”和“泌尿系结石培训基地”启动仪式暨学术论坛在兰州大学飞云楼报告厅召开。大会开幕式上，由中华医学会泌尿外科学分会、中国医师协会泌尿外科分会牵头发起的“一带一路腔镜行”公益活动首站走进兰州。周利群教授对项目开展情况做了简要介绍，之后在孙颖浩院士，郭应禄院士，兰州大学副校长、医学院院长李玉民，甘肃省卫计委副主任尚裕良及周利群、贺大林、王志平、王勤章、Daneshgari等教授的共同参与下完成“泌尿外科腔镜一带一路行”的授旗及交接仪式，宣布“泌尿外科腔镜一带一路行”首站（兰州）启动。

2016年6月17日至24日，王乘校长应邀率团访问法国巴黎南大学（University Paris Sud）、世界卫生组织癌症机构（IARC），俄罗斯圣彼得堡信息技术、机械和光学大学（ITMO University）、俄罗斯科学院东方文献研究所（The Institute of Oriental Studies），喀山联邦大学（KFU）等“一带一路”沿线高校及科研机构。兰州大学国际合作与交流处、第一医院、化学化工学院、药学院有关负责人陪同出访。访问期间签署了《兰州大学—巴黎南大学校际合作协议》《兰州大学—圣彼得堡信息技术、机械与光学大学校际合作协议》《兰州大学—延雪平大学校际合作协议》等重要文件。

2016年7月15日至17日，首届“丝绸之路经济带”大学生草业科学实践技能大赛在兰州大学举行。来自西北农林科技大学、南京农业大学、四川农业大学、海南大学、内蒙古农业大学、新疆农业大学、甘肃农业大学、宁夏大学、青海大学、东北林业大学和兰州大学等11所高校的49名本科生参加了本次活动。

2016年7月16日，第十二届海峡两岸学子牵手丝绸之路行活动暨兰州大学赴丝路探寻古今文明暑期社会实践团出征仪式在兰州大学举行。来自海峡两岸15所高校的45名青年学子，将共同开展学术研讨与交流、探寻丝绸之路魅力文化。本次活动以"感悟丝路文化，传承华夏文明"为主题，本次活动时间为7月15日—8月1日，沿线将到访刘家峡水库及炳灵寺、景泰黄河石林、雷台汉墓和文庙、嘉峪关、莫高窟等地。

2016年7月20日，由甘肃省文化发展学会与甘肃民族师范学院主办、甘肃省黄河文化研究会与兰州大学西部文化发展研究中心协办的"'一带一路'背景下民族文化传承与创新全国学术研讨会"在甘肃民族师范学院召开。包括兰州大学教师在内的五十多名专家学者参加会议，研讨会期间还召开了甘肃省文化发展学会理事会扩大会议。

2016年8月1日，由兰州大学与西安电子科技大学联合承办的"两岸IT之星丝绸之路夏令营"代表团在结束了西安电子科技大学的交流活动后，来到兰州大学交流访问。来自台湾成功大学、元智大学、东华大学、宜兰大学、义守大学、逢甲大学及交通大学等7所台湾高校的18名同学与西安电子科技大学和兰州大学的志愿者一道，重走丝绸之路，体验丝路文明。

2016年8月3日，由甘肃省医学会骨科专业委员会、甘肃省医学会运动医学委员会主办，中华医学会骨科学分会协办，兰州大学第二医院骨科临床医学中心、河西学院附属张掖人民医院承办的第二届中国西部丝绸之路骨科高峰论坛暨金张掖论坛顺利召开。甘肃省医学会骨科专业委员会主任委员、兰州大学第二医院骨一科主任夏亚一教授主持开幕式。本次大会设有关节、脊柱、创伤三大分会场，内容涵盖脊柱、创伤、关节、运动医学、骨与软组织肿瘤及小儿骨科等临床及相关基础研究的较新的进展。

2016年8月7日至13日，应蒙古国立气象水文环境研究所所长S. Khudulmur研究员的邀请，黄建平教授率三名青年教师赴蒙古乌兰巴托参加第三届亚洲沙尘暴与环境变迁国际学术研讨会。此次会议由蒙古国立气象水文环境研究所、日本名古屋大学、中国兰州大学共同举办，会议主题是探讨戈壁、塔克拉玛干沙漠及蒙古干旱区等亚洲主要沙尘源区产生的沙尘暴及其对环境变迁影响机制，并总结相关重大研究问题的研究进展。

2016年8月8日至21日，2016年哈萨克斯坦本土汉语教师培训班在兰州大学举办，来自哈萨克斯坦阿里·法拉比国立民族大学、欧亚大学以及阿拉木图中学的14名本土汉语教师参加了为期半个月的教学培训。

2016年8月13日，第三届"海峡两岸文化遗产友好使者研习营"在兰州大学闭幕，在15天的行程中，海峡两岸15所高校近50名师生携手行走近3000公里，跋山涉水共探古丝路历史文化遗产、体验少数民族风情、参加世界遗产志愿服务、交流青年志愿服务理念。

2016年8月15日至17日，中国地质调查局与兰州大学于西安市签署《丝绸之路经济带地学协同发展战略合作协议》。来自国家发展和改革委员会、科技部、国土资源部、商务部、中国工程院以及国内地勘单位、高等院校、科研机构等的150多名专家学者出席会议。我校潘保田副校长和地质科学与矿产资源学院宋春晖副院长参加了这次会议。这次研讨会以“分析形势、构建平台、对接需求、信息服务”为主题，对接“一带一路”建设对地质工作的需求，研究推进“一带一路”地质调查国际合作的措施。

2016年8月23日，“2016澳门优秀大学生一带一路兰州青海学习交流团”一行90人来兰州大学交流。中央人民政府驻澳门特别行政区联络办公室社会工作部任铁键处长、社工部助理李菁菁，澳门街坊会联合总会副理事长莫伟成，甘肃省人民政府港澳事务办公室李太安处长、魏军副调研员及学校港澳台事务办公室相关负责人参加了欢迎仪式。

2016年8月28日，为了响应国家“一带一路”发展战略，推动兰大“双一流”建设，兰州大学北京校友会暨北京甘肃企业商会兰州大学工商分会联合主办的“丝路·兰大”论坛在京举行。在中国人民大学重阳金融研究院执行院长王文主持下，兰州大学副校长曹红，兰州大学历史文化学院院长、敦煌研究所所长郑炳林，中国劳动关系学院院长刘向兵，西安隆基集团代表钟宝申，中共中央联络部当代世界研究中心副主任金鑫，恒丰银行研究院执行院长董希淼等校友参与其中，和在座的100余名兰大校友一起追溯丝路与兰大的故事，探讨在“一带一路”政策下兰大的新机遇，并在论坛中提出了协助学校完善学科建设等有益建议。

2016年9月9日，首届“丝绸之路民族社区访问计划”在兰州大学闭幕，36名来自香港城市大学和兰州大学、西北民族大学的高校营员参与了为期4周的民族社区实践课程，先后走进甘肃省哈萨克族、裕固族、藏族、回族、保安族等10个少数民族聚居社区和学校、企业，通过深入调研和课程学习、志愿服务等形式，促进两地大学生对沿线少数民族社区文化、社会、经济状况的了解。主办单位为所有参与营员颁发结业证书，鼓励大家将沿途所见所学带回香港和身边的同学们中间，积极推动青年人关注、认识和了解祖国西部的历史文化与社会发展。

2016年9月13日，第32个教师节之际，由兰大二院和中国医师协会《医院与医学》杂志编委会共同举办的2016年医院与医学兰州高峰论坛在兰大二院医疗二号综合楼萃英学术报告厅顺利召开。旨在深入贯彻落实习近平总书记系列重要讲话精神，学习全国卫生与健康大会精神，加深"一带一路"沿线医学和医院管理学术交流，探讨新形势下全方位、全周期保障人民健康的新战略，共同促进"一带一路"沿线，尤其西部地区医疗卫生事业的发展，不断提高服务西部地区人民健康的能力。

2016年9月18日，由甘肃省委宣传部和省教育厅主办，兰州大学、西北师范大学、甘肃中医药大学和甘肃政法学院承办，敦煌市政府协办的首届"一带一路"高校联盟主题论坛在敦煌举行。随着中国科技大学、印度苏里尼大学、英国斯旺西大学等79所高校的加盟，至此，联盟高校由最初的47所增加至126所，涵盖了亚、欧、非、北美、南美等6大洲的23个国家和地区，共商沿线国家高等教育交流合作的"大计"，并签署了"一带一路"高校联盟合作备忘录。

2016年9月19日，由兰州大学主办的首届敦煌文博会商学院院长论坛在敦煌举办。来自国内外28所高校的商学院院长，共商商学院与区域协同发展，围绕"一带一路"倡议中的重大问题与重要对策、商学教育发展展望、文化创意产业与创新创业等议题展开讨论，内容涉及"一带一路"与宗教文化关系的历史反思及未来展望、"一带一路"倡议和甘肃全面开放、展望商学教育的未来等。

2016年9月20日，由甘肃省人民政府、中华人民共和国文化部、国家新闻出版广电总局、国家旅游局、中国贸促会等5家单位主办，外交部等13家单位协办的备受瞩目的文化盛宴——首届丝绸之路（敦煌）国际文化博览会在敦煌国际会展中心盛大开幕。中华人民共和国国务院副总理刘延东宣读习近平主席发来的贺信，并发表主旨演讲。

2016年9月23日，首届丝绸之路（敦煌）国际文化博览会分项活动之首届丝绸之路文化传承与发展法治论坛在兰州举办。此次会议由甘肃省委宣传部、甘肃省政法委、甘肃省法学会联合主办，由兰州大学法学院承办。中国法学会副会长张鸣起，省人大常委会副主任、省法学会会长罗笑虎出席论坛并为论坛主题征文获奖作者代表颁奖。此次活动共征集稿件342篇，最终确定33篇获奖论文，7个优秀组织单位。其中，兰州大学法学院师生获二等奖两项。

2016年10月8日，由甘肃省科学技术协会、甘肃省科技厅、中国科学院西北生态环境资源研究院、兰州大学、西北师范大学、甘肃省治理荒漠化基金会主办。甘肃省可持续发展研究会、敦煌飞天生态产业有限公司、沙漠都江堰院士工作站、甘肃建投新能源科技有限公司承办的敦煌文博会“一带一路”与绿色发展论坛在兰州大学举办。在本届论坛上，专家学者们结合“一带一路”特别是丝绸之路甘肃黄金段的具体实际，围绕生态文明建设核心议题，就推进绿色富国、绿色惠民、绿色生产，形成绿色价值取向、绿色思维方式、绿色生活方式等问题进行了深入探讨。

2016年10月12日，由中国计算机学会主办，中国计算机学会大数据专家委员会、兰州大学、兰州新区管委会承办的第四届中国计算机学会（CCF）大数据学术会议暨丝绸之路西北大数据高峰论坛在兰州召开。专家学者、师生、企业界代表逾500人参加会议，与行业引领者相识互动，寻找最新技术方案，把握大数据未来。

2016年11月，兰州大学丝绸之路经济带研究中心、“中巴经济走廊建设系列研究”课题组一行10人在副校长高新才教授的带领下访问巴基斯坦的六所大学。

2016年11月3日至5日，塔什干孔子学院再次应邀参加乌兹别克斯坦国际教育展。此次国际教育展在塔什干青年宫举行，由乌兹别克斯坦高教部、乌对外经济投资贸易部主办，由英国文化委员会赞助协办。

2016年11月7日，南开大学校友会和兰州大学校友会联合举办《丝绸之路与古代中外物质文化》沙龙讲座。据悉，这次讲座是南开大学、兰州大学校友会之间的首次合作，未来两大名校校友会之间还将举办更多、更好的文化公益活动，促进两校之间、校友之间的深度合作和文化交流。

2016年12月，《中国日报》记者探访了位于乌兹别克斯坦的塔什干东方学院孔子学院和撒马尔罕外国语大学孔子学院。位于塔什干的孔子学院是兰州大学和塔什干东方学院在2004年6月联合创办的，这也是中国在海外签约的第一家孔子学院，被誉为“世界第一孔院”。目前，塔什干孔院的学生人数已经累计近4000人，年龄从8岁至60岁不等。

2017年

2017年1月24日，兰州大学共建第比利斯自由大学孔子学院举办第二届“中格经济贸易合作论坛”。中国驻格鲁吉亚大使季雁池，第比利斯自由大学董事长本杜基泽、校长瓦列扎瓦，格鲁吉亚外交部亚非澳太司参赞阿契尔，中国驻格鲁吉亚大使馆商务参赞万连坡出席，格外交部、经济部、国家旅游局代表，中格高校经济专家，在格中资企业代表，孔子学院师生代表及当地媒体记者等近百人参加了论坛。

2017年2月16日，兰州大学共建哈萨克民族大学孔子学院赴哈萨克国立儿童图书馆做中国文化讲座，举办了哈萨克斯坦的中国年暨中国春节系列活动。国立儿童图书馆外国文学部负责人古丽江主持本次活动，小学6至9年级的小学生参与该讲座。

2017年3月20日，“一带一路”学术讲坛（第一讲）圆满举行。兰州大学西北少数民族研究中心、博士生导师王建新教授在文汇楼报告厅举办了题为“丝绸之路发展战略与内陆亚洲社会文化研究”的学术讲坛。中国西部边疆研究院的马强教授、中亚研究中心的李如东博士出席并评议，黄达远教授主持了本次讲坛。王建新教授从三个视角对“丝绸之路发展战略与内陆亚洲社会文化研究”进行了论述。

2017年4月13日至17日，应兰州大学安黎哲教授的邀请，巴基斯坦农业研究理事会（PARC）Yusuf Zafar教授访问兰州大学。4月15日，王乘校长会见了Yusuf Zafar教授。国际合作与交流处、生命科学学院的相关人员参加了会见。Yusuf Zafar教授参加了在我校举办的“一带一路”微生物组国际论坛，介绍了巴基斯坦的农业在“一带一路”中的发展前景。

2017年4月29日，由国际商学院丝绸之路挑战赛组委会主办，安徽行道户外运动投资有限公司承办的第三届国际商学院丝绸之路挑战赛在敦煌正式开赛。比赛历时三天，总行程50多公里，汇聚了来自北京、上海、武汉、南京、石家庄等多个城市的参赛选手。兰州大学MPA同学作为后勤保障志愿者全程参与赛事服务工作。

2017年5月9日，由兰州大学文学院教授程金城担任首席专家的国家社科基金重大项目“丝绸之路中外艺术交流图志”开题论证会在兰州大学举行。兰州大学副校长潘保田、甘肃省文联副主席王登渤等出席开幕式并致辞。“丝绸之路中外艺术交流图志”项目总负责人为程金城，子课题负责人分别由上海大学上海电影学院教授林少雄、新疆师范大学美术学院教授李勇、中国艺术研究院舞蹈研究所研究员茅慧、东华大学服装与艺术设计学院教授刘瑜、剑桥大学教授高亦睿（Dr.Imre Galambos）、四川文化产业发展研究中心副教授詹颖担任。

2017年5月12—13日，兰州大学艺术学院积极响应“一带一路”号召，坚定文化自信，坚持中外音乐交流，5月12日在盘旋路校区大学生活动中心礼堂、5月13日在榆中校区艺术学院闻韶楼音乐厅举办了首届“一带一路”国际音乐文化学术交流音乐会系列活动——兰州大学艺术学院、俄罗斯华人艺术家协会学术交流音乐会。学校领导、来自省内相关职能部门的负责人以及社会各界千余名观众欣赏了音乐会。

2017年5月15日，“第五届全国高校俄语专业院长/系主任高级论坛”在兰州举行。此次论坛由中国俄语教学研究会、兰州大学、上海外语教育出版社举办，来自全国60多所高校的外语学院院长、俄语系主任及俄语专业负责人参加。随着“一带一路”建设的推进，现今中国多所高校开始新建俄语专业，甚至还有一些中学将俄语作为高考外语语种来学习，迎来了学习俄语的“热潮”。

2017年5月16日，来自北京大学、北京外国语大学、天津外国语大学、上海外国语大学、兰州大学等全国60多所高校的外语学院院长、系主任汇聚兰州，围绕“一带一路”建设中俄语人才培养和专业建设等主题研讨和交流。旨在加强语言互通，为“一带一路”建设铺好服务之路。

2017年5月17日，兰州大学党委书记袁占亭发表专稿：“一带一路”建设中的大学使命是建设决策智库。“一带一路”沿线国家官方语言达40多种，沿线国家涵盖全球约63%的面积，约44亿人口。各个国家处在不同的文明圈，政治经济制度迥异，社会发展水平差距较大，历史文化千姿百态，民族宗教纷纭杂沓。复杂情势给我们提出了十分艰深的命题。要顺利推进这项前无古人的事业，依靠领导者单一的智慧、知识和经验无法做出科学的判断和决策，甚至稍有考虑不周会导致难以挽回的失误。因此要顺利推进“一带一路”建设，必须借助于专业智库这支决策辅助力量。

2017年5月24日，丝绸之路不仅是我国与欧亚非各国之间商业贸易的通道，更是沟通东西方文明的桥梁。丝路的历史，几乎是一部浓缩的全球文明史，一部世界古代艺术史，更是人类文明的宝贵遗产。多年以来，丝绸之路不仅促进审美观念变迁，而且使得东西方文明交汇碰撞多样化，更是表达了人类文明交汇。

2017年5月26日，“丝路启航”兰州大学艺术学院2017届本科生毕业设计作品展暨产学研项目签约仪式在甘肃画院举行。甘肃省文化厅副厅长杨建仁，甘肃省委网信办副主任仇颖琦，甘肃省文联党组成员、副主席王登渤，兰州大学副校长曹红，甘肃省美术家协会主席李宝堂，省政府参事、甘肃画院原院长马国俊，甘肃省美协副主席、甘肃画院院长李伟，甘肃画院原党委书记安邕江，甘肃省美协常务副主席、甘肃省民革画院院长樊威，兰州大学艺术学院党委书记项亮、院长潘义奎，校团委书记李华龙，甘肃省美协常务副主席、西北民族大学美术学院院长王万成等领导与嘉宾莅临出席。开幕式及签约仪式由艺术学院副院长尚竑主持。

2017年5月26至29日，兰州大学共建孔子学院三方联席会议在塔什干孔子学院举行，孔子学院中外方理事出席会议。为期三天的会议进行了联席会议开幕式、联席会议全体会议以及塔什干孔子学院理事会议和哈萨克国立民族大学孔子学院理事会议。

2017年6月2日，兰州大学艺术学院、兰州演艺集团承办的大型音乐盛会——“一带一路”音乐大师之夜圣彼得堡国立音乐学院著名音乐家走进兰州音乐会在兰州音乐厅拉开帷幕。“一带一路”音乐大师之夜音乐会以“和平、友谊”为主题。圣彼得堡国立音乐学院校长、圣彼得堡爱乐交响乐团功勋团体成员阿列克谢·瓦西里耶夫，圣彼得堡国立音乐学院室内歌唱艺术系主任、艺术学副博士、副教授、俄罗斯功勋艺术家荣誉获得者玛利亚·柳金科以及圣彼得堡国立音乐学院国际关系部主任、副教授丽贾娜·格拉祖诺夫娜携手兰州大学艺术学院音乐家为金城观众献上了一场经典高雅的音乐盛宴。

2017年6月9日，兰州大学共建第比利斯自由大学孔子学院助力“中格友谊日”暨中格建交25周年庆祝活动。

2017年6月10日，陕西师范大学党委书记、学校“一带一路”国家教育行动计划推进工作领导小组（以下简称“领导小组”）组长甘晖，副校长、领导小组副组长冯旭东率陕西师范大学相关单位负责人访问兰州大学和西北师范大学，就共建“丝绸之路”相关联盟进行座谈商洽，并签署合作框架协议。

2017年6月13日，兰州大学共建第比利斯自由大学孔子学院教师参加第比利斯第98公立学校汉语学习成果汇报演出。

2017年6月15日，“汉语桥”世界大中学生中文比赛格鲁吉亚赛区决赛在我校共建第比利斯自由大学孔子学院举行。孔子学院师生、家长及汉语爱好者等百多人观看了比赛。

2017年6月16日，科瑞集团乌兹别克斯坦合资公司总经理王超应邀为来自孔子学院、东方学院等学校的近百名学生做了题为《“一带一路”倡议下中乌经贸发展的新机遇》的讲座。这是塔什干孔子学院结合丝绸之路经济带建设组织策划的首场“中乌企业家讲坛”讲座。

2017年6月30日，兰州大学共建塔什干孔子学院与乌兹别克斯坦国家武术协会签署协议，正式在该协会建立塔什干孔子学院乌兹别克斯坦国家武术协会汉语教学点。此为塔什干孔子学院拓展设立的首个院外汉语教学点。

2017年7月5日至18日，兰州大学共建塔什干孔子学院组织的乌兹别克斯坦经济部合作管理与科教中心访华团来华培训。

2017年7月11日，文学院汉语国际教育硕士生“一带一路”文化微课比赛颁奖仪式在观云楼601教室举行。文学院部分教师和2016级汉语国际教育硕士研究生参加了活动，活动由文学院汉硕中心主任邓文靖副教授主持。本次微课比赛共收到35件微课视频作品，讲授内容涉及“一带一路”沿线国家的历史、地理、文化、文学等诸多方面。旨在培养专业学位研究生利用现代媒介技术进行文化课教学的能力，同时探索微课在汉语教学、文化传播中的有效途径。

2017年7月13日，兰州大学赴云南省蒙自市“一带一路”暑期实践团于医学校区勤博楼开展关于云南的安全知识集训，我们邀请公共卫生学院有多次前往云南出差的李晋老师进行交流。李晋老师为我们详细讲述了关于防虫、饮食等方面的注意事项，为我们带来第一课，并祝此次云南之行平平安安，收获满满。实践团于当日下午出发。

2017年7月15日，经过三个月的前期筹备，兰州大学赴新疆巴州“一带一路”专项蒙古族经济生活发展调研团队从兰州出发，开始为期16天的暑期实践调研活动。调研主要分为深入基层牧民以及政府部门数据统筹两部分。队员们齐心协力共同谱写大草原上的“一带一路”愿景。

2017年7月18日，为了深入调研甘肃兰州旅游资源文化，兰州大学赴甘肃省兰州市“一带一路”自然、人文旅游资源暑期社会实践团前往中山桥调研，寻找旅游资源文化相关材料。本次社会实践不仅使成员们了解到了兰州的旅游资源文化，更深刻地体会到了兰州人民的热情，也为接下来的调研工作奠定了深厚的基础。

2017年7月，兰州大学组建了13个类别538支暑期社会实践团队，近7000名学生参与其中。值得一提的是，学校将学生社会实践融入“一带一路”倡议和“建设幸福美好新甘肃”的发展目标，派出一百余支由青年学子组成的“一带一路”国情民情调研考察专项团队和“县域经济发展调研”专项团队，赴“一带一路”沿线地区和省内各基层县市开展调研和社会服务。

2017年7月15日至29日，由兰州大学发起，与香港中文大学、清华大学联合举办的“探索中国，放眼世界——京港陇大学生‘一带一路’领袖文化考察项目”，先后在北京、甘肃和香港举行，该项目由三校师生共35人组成。三校有关方面紧密合作，项目取得了圆满成功。该活动让三校学生加深了对祖国历史文化和经济社会的认识和了解，为期半个月的活动也让三校学生结下了深厚友谊。

2017年7月30日，第二届“丝绸之路民族社区访问计划实践课程”在兰州大学启动。来自香港城市大学与兰州大学、西北民族大学等高校的40名大学生将利用28天时间再访丝绸之路沿线的哈萨克族、蒙古族、东纳藏族、裕固族、土族和回族社区，通过考察调研、专题研修、企业实习、志愿服务等多种形式，感受西北社会的新发展。

2017年8月6日，为了贯彻中央“又快又好”发展目标，把我国建设成绿色节约环保型社会，响应我校开展的以“丝路燃情·青春筑梦”为主题的“一带一路”暑期社会实践专项活动，萃英学院“一带一路”关于丝绸之路沿线资源利用和环境保护的实践活动就此展开。在本次实践活动中，实践团队通过对丝绸沿线的自然地貌，环境构造进行实地考察，希望能够对“一带一路”上的环境保护和资源利用有所帮助。

2017年8月24日，台湾清华大学副校长陈信文教授、明新科技大学解文玉教授一行访问兰州大学，做客萃英大讲坛暨“一带一路”发展论坛。校长助理贺德衍会见客人，港澳台办、化学化工学院、物理科学与技术学院、学生处负责人陪同会见。来访期间，港澳台办与陈信文就研究生联合培养、研究生双学位、台湾清华大学教师长短期来校开展合作科研教学等合作交流做了深入探讨。

2017年9月8日至10日，来自“一带一路”沿线30个亚洲国家的77所孔子学院、部分中方合作院校以及泰国中资企业的约250余名代表出席了在泰国曼谷召开的“一带一路”亚洲孔子学院联席会议。我校孔子学院工作办公室副主任陶红参加了会议。

2017年9月22日，由校团委组织的我校外国语学院、萃英学院、口腔医学院、历史文化学院的100名志愿者圆满完成第二届敦煌文博会2017“一带一路”媒体合作论坛的来宾接待、注册登记、沟通翻译、参观游览及语言保障服务等志愿服务工作。

2017年9月24日，“一带一路”高校联盟2017大学校长论坛在敦煌成功举行。作为第二届丝绸之路（敦煌）国际文化博览会系列活动之一，本次论坛由甘肃省人民政府主办，兰州大学和甘肃省教育厅承办，敦煌市政府协办。甘肃省副省长、省政协副主席郝远，兰州大学王乘校长，教育部国际合作与交流司副司长王慧，甘肃省教育厅厅长、省高校工委书记王海燕和副厅长徐宏伟，兰州大学作为主请单位邀请的10余个国家和地区的27所国内外高校的60多名校长、专家出席论坛并围绕“开放、交流、发展——强化‘一带一路’高校联盟，助推一流大学建设”展开对话交流。

2017年9月26日，“丝绸之路”中国政府奖学金生与导师见面会在生物楼二号楼905会议室举行。兰州大学副校长安黎哲，省科技厅国际合作处处长欧阳春光，兰州大学国际文化交流学院院长孟兴民参加见面会。生命科学学院微生物学方向全体导师及今年新录取的“丝绸之路”中国政府奖学金生参加了此次见面会。见面会由我校巴基斯坦留学生Kamran Malik主持。

2017年9月27日，“一带一路”国际商学教育论坛在敦煌举办。此次论坛由兰州大学、甘肃省人民政府外事办公室、敦煌市人民政府共同主办，兰州大学管理学院承办，论坛以“携手推进‘一带一路’建设：商学教育的新挑战与新使命”为主题，共有来自“一带一路”沿线国家和国内一流大学商学院（管理学院）院长、著名学者，政府、企业界的重要嘉宾，以及相关商学教育和国际认证组织负责人近百人与会，共同探讨当前在“一带一路”倡议深入推进背景下商学教育发展的最新趋势、面临的热点问题，中国企业在“一带一路”沿线国家的对外投资，以及在产业发展与创新创业等领域的机遇与挑战。

2017年9月27日至10月9日，应格鲁吉亚开放教育大学邀请，以程金城教授为首席专家的国家社科基金重大项目“丝绸之路中外艺术交流图志”课题组成员赴格鲁吉亚开展课题调研与学术交流。

2017年9月28日至10月2日，应亚美尼亚文化部邀请，以兰州大学文学院程金城教授为首席专家的国家社科基金重大项目“丝绸之路中外艺术交流图志”课题组部分成员赴亚美尼亚开展课题调研与学术交流。亚美尼亚文化部副部长阿列芙女士会见了课题组，中国驻亚美尼亚使馆的郭宇参赞、亚美尼亚负责中国与亚美尼亚文化交流的安娜女士及该国负责非物质文化遗产保护的马卡琳女士等政府官员一同参加了会见。

2017年9月29日至30日，由国家留学基金管理委员会主办、兰州大学国际文化交流学院承办的中国政府奖学金生“感知中国——丝绸之路新体验”主题社会体验活动在兰州大学举办。此次活动由兰州大学、兰州交通大学、兰州理工大学和西北师范大学四所学校的中国政府奖学金留学生共同参与，参加师生共计96人。活动当日国家留学基金管理委员会来华事务部副主任李婷婷到现场进行指导。

2017年9月30日，兰州大学共建哈萨克国立民族大学孔子学院举办了孔子学院日系列活动。孔子学院师生、中国留学生、阿拉木图中资机构及当地民众300多人参加了活动。

2017年10月12日，由推进“一带一路”建设工作领导小组办公室指导，国家信息中心“一带一路”大数据中心编著的《“一带一路”大数据报告（2017）》在京发布。兰州大学中亚研究所入选“一带一路”最有影响力高校智库榜单，排名第八位。

2017年10月18日，由兰州大学第一医院联合嘉峪关市第一人民医院主办，并经国家消化系统疾病临床医学研究中心、中国医师协会消化医师分会、首都医科大学附属北京友谊医院、北京市消化疾病中心、北京友谊消化疾病诊疗技术创新战略联盟评审通过，兰州大学第一医院—嘉峪关市第一人民医院医联体联盟暨“一带一路‘友谊’消化直通车万里行”嘉峪关市第一人民医院基地挂牌仪式及甘肃省上消化道早癌筛查项目在嘉峪关市成功召开。

2017年10月20日至27日，乌克兰基辅保利斯格林琴科大学（Kyiv Borys Grinchenko University）东方学系教授、汉学专家Rezanenko Volodymyr一行2人来访兰州大学。26日，副校长潘保田在科学馆贵宾室会见了代表团一行。国际合作与交流处、马克思主义学院和历史文化学院相关负责人陪同会见。

2017年10月21—27日，由甘肃省医学会、甘肃省医学会妇科专业委员会、甘肃省医学会妇科肿瘤专业委员会、兰州大学第二医院妇产科学系主办，兰州大学第二医院妇科承办的“2017丝绸之路妇科微创新技术及第四届盆底重建高峰论坛、第七期宫腹腔镜培训班和兰州大学第二医院妇产科专科联盟启动仪式”在第二医院召开。本次大会紧跟国内外学术前沿，内容丰富严谨，普及与提高并重，精彩纷呈。

2017年11月10日，兰州大学赴江苏省苏北地区“一带一路”下的苏北文化传承与创新暑期社会实践团于2017年7月21日正式开始实施实地调研。来自物理学院的张凯扬、赵子祥，管理学院的焦婕、丁楚楚、朱琳琳、沈梦秋、潘振扬，土木工程学院的赵野，信息学院的潘煜煊，经济学院的石滢伦十位同学在本次暑期社会实践中结成了深厚的友谊。此次探寻苏北文化之旅也取得优异的调研成果。

2017年11月24日，由北京大学文化产业研究院、兰州大学教务处指导，兰州大学文学院、兰州大学丝绸之路文化创意教育基地承办的“兰州大学首届‘丝路杯’文化创意大赛决赛暨丝绸之路文化创意论坛”在兰州大学大学生活动中心502会议室举行。兰州大学副校长曹红、北京大学文化产业研究院副院长向勇、嘉乐中国执行董事奚大龙、北大青鸟音乐集团总裁许晓峰、中央财经大学文化产业系系主任周正兵出席开幕式。兰州大学教务处、团委、艺术学院、文学院负责人参加开幕式。开幕式由文学院院长李利芳主持。

2017年12月5日，应尼泊尔国家岩石力学学会主席Prem Krishna K.C教授邀请，兰州大学土木工程与力学学院谌文武教授、张景科副教授、王南博士研究生和李卷强硕士研究生四人赴尼泊尔加德满都谷地开展了为期14天的科学考察，考察内容为尼泊尔2015年地震后加德满都谷地7处世界文化遗产震害特征及震后保护修复工作。考察成果得到了尼泊尔国家岩石力学学会和尼泊尔考古局世界文化遗产保护部的肯定。

2017年12月12日，沈阳市委教科工委常务副书记齐舒一行3人来兰州大学调研“一带一路”高校联盟有关工作。副校长安黎哲会见齐舒一行。甘肃省教育厅国际合作与交流处处长王筱亭、甘肃省高校工委党建处处长李常锋，学校国际处、机关党委、社科处负责人参加调研。

2017年12月13日，由兰州大学文学院主办，国家社科基金重大项目丝绸之路中外艺术交流图志课题组承办的丝绸之路中外艺术交流学术会议在兰州大学召开。教育部“长江学者”、中华美学学会副会长、浙江师范大学人文学院张法教授、甘肃省文物局局长马玉萍研究员，来自中国艺术研究院、上海大学、东华大学、新疆师范大学、兰州财经大学、四川文化产业职业学院、天水麦积山石窟艺术研究所等机构的课题组成员，西北师范大学文学院、兰州大学文学院和艺术学院的部分师生参加了论坛。

2017年12月18日，经学校批准，兰州大学丝绸之路艺术研究与国际交流中心成立。该中心为校内非实体性科研机构，挂靠单位为兰州大学文学院，由文学院艺术学理论一级学科带头人、国家社科基金项目“丝绸之路中外艺术交流图志”首席专家程金城教授担任中心主任。